中央民族大学"十五""211工程"学术出版物编审委员会

主 任 委 员：陈　理
副主任委员：郭卫平
委　　　员：王锺翰　施正一　牟钟鉴　戴庆厦　杨圣敏　文日焕
　　　　　　刘永佶　李魁正　朱雄全　宋才发　冯金朝　邓小飞

经济学院"十五""211工程"编委会

主　　任：刘永佶
副 主 任：张丽君　张建平　李克强
编　　委：施正一　刘永佶　宋才发　张丽君　李克强　张建平
　　　　　王文长　王天津　黄健英　李红梅　谢丽霜　王玉杰

中央民族大学国家"十五""211工程"建设项目

梁积江 吴艳珍 编著

西部生态区划与经济布局

中央民族大学出版社

图书在版编目（CIP）数据

西部生态区划与经济布局/梁积江，吴艳珍编著.
—北京：中央民族大学出版社，2008.2
ISBN 978-7-81108-465-8

Ⅰ.西… Ⅱ.①梁…②吴… Ⅲ.①生态环境-研究-西北地区②生态环境-研究-西南地区③地区经济-研究-西北地区④地区经济-研究-西南地区
Ⅳ.X321.2 F127

中国版本图书馆 CIP 数据核字（2007）第 178356 号

西部生态区划与经济布局

编　　著	梁积江　吴艳珍
责任编辑	李苏幸
封面设计	布拉格工作室
出　版　者	中央民族大学出版社
	北京市海淀区中关村南大街 27 号　邮编：100081
	电话：68472815（发行部）传真：68932751（发行部）
	68932218（总编室）　　68932447（办公室）
发　行　者	全国各地新华书店
印　刷　者	北京宏伟双华印刷有限公司
开　　本	880×1230（毫米）　1/32　印张：11.375
字　　数	282 千字
印　　数	2000 册
版　　次	2008 年 2 月第 1 版　2008 年 2 月第 1 次印刷
书　　号	ISBN 978-7-81108-465-8
定　　价	28.00 元

版权所有　翻印必究

内 容 摘 要

对于西部地区而言,西部大开发是一种机遇,也是一种挑战,面对这一历史性的新契机,民族经济要实现跨越式发展。西部经济的腾飞依赖诸多因素,如产业结构调整、产业政策倾斜、东西部经济合作等。本书运用区域经济理论将西部12省区整体经济区,划分为西南和西北两个经济区域,结合区域资源和区位优势,对两区域经济各自发展模式及其两区域经济合作进行了探讨,并对我国西部大开发的现状及存在问题进行了深刻的剖析。西部经济快速健康的发展,要依托资源优势,通过产业结构调整和区域经济合作来实现。

全书共分八章。第一章西部大开发战略目标、任务及措施。在分析我国西部地区的基本发展状况,包括资源优势、经济发展状况的基础上,结合国家西部大开发的政策方针,分析我国西部大开发的进程及存在的问题,并对其战略思想及战略阶段的划分给予理论分析。

第二章西部大开发的区域经济理论分析。本章将"均衡"和"非均衡"的区域经济发展理论与邓小平"两个大局"思想作为我国西部大开发的区域经济理论基础,系统论述西部大开发的可持续发展,重点论证了可持续发展战略中环境和社会两大因素与西部大开发战略之间的关系。

第三章西部生态资源分析。在收集西部省区环境状况变化的相关数据的基础上,以判断聚类效果作为客观标准,运用环境资源指标、经济发展水平指标、经济技术替代能力指标、与其他地区联系程度指标以及人口素质指标五大脆弱生态区评价指标,对西部地区生态环境的脆弱性及其成因进行分析，认为我国西部地区生态建设正处在治理与破坏相峙的关键阶段，重点和难点在于治理。

第四章西部经济布局的现状及问题。重复建设、缺乏特色、产业结构调整进展不平衡，是我国西部地区经济布局存在的主要问题。通过对西部省区生产总值、固定资产投资、市场消费力、对外投资与产业结构之间以及产业结构内部的关联分析，挖掘西北经济区和西南经济区两大区域的经济优势，剖析存在问题，并就两大经济区域的经济规划提出建议。

第五章经济布局中的产业布局。产业布局是经济布局的核心。本章深入分析西部省区经济产业布局及产业结构调整现状及存在的问题，指出作为以资源型产业为特色的西部区域经济，要充分发挥自身在畜牧、矿产、水电、旅游、交通方面的优势；积极有效地利用政策优势，加快对西部地区产业的开发与调整。

第六章西部经济布局中的流域带的建设。以亚当·斯密的绝对成本理论和李嘉图的比较优势理论和赫克歇尔和俄林提出的要素禀赋理论作为流域带经济发展的理论分析基础，分析流域经济的形成发展及东西部合作通过流域经济区的专业化分工与协作，将东部"软件"优势与西部资源等硬件优势结合起来，实现东西部经济的一体化发展。

第七章西部经济布局中的经济一体化发展模式。分析区域经济一体化的内涵、形式及其运行，并探讨实现区域经济一体化的措施。

第八章日本北海道综合开发与美国西部开发的启示。旨在为我国的西部大开发和经济布局与合作提供借鉴。

目　　录

第一章　西部大开发战略目标及任务、措施……………(1)
　1.1　西部资源及经济状况分析 ……………………(1)
　　1.1.1　西部地区的资源及开发利用现状 …………(2)
　　1.1.2　西部地区经济发展状况 ……………………(8)
　1.2　西部大开发战略的指导方针、战略目标
　　　　和主要任务 ………………………………(14)
　　1.2.1　西部大开发战略的指导方针和指导思想 …(15)
　　1.2.2　实施西部大开发的战略目标和战略阶段 …(17)
　　1.2.3　西部大开发的主要任务 ……………………(19)
　1.3　西部大开发的进程 ………………………………(28)
　　1.3.1　经济总量规模不断加大，经济
　　　　　　增长速度加快 ……………………………(28)
　　1.3.2　产业结构调整步伐加快，特色
　　　　　　产业发展开始起步 ………………………(29)
　　1.3.3　基础设施建设取得重大进展 ………………(31)
　　1.3.4　生态环境保护和建设显著加强 ……………(35)
　　1.3.5　科技教育等各项社会事业加快发展 ………(36)
　1.4　西部发展的整体思路与前景展望 ………………(38)
　　1.4.1　西部发展的整体思路 ………………………(39)
　　1.4.2　未来西部发展的前景展望 …………………(45)
　参考文献 ……………………………………………(48)
第二章　西部大开发的区域经济理论分析 ……………(50)
　2.1　西部大开发的理论发展 …………………………(50)

2.1.1 实施西部大开发的理论依据和战略背景 ……… (50)
2.1.2 西部大开发的可持续发展理念 ……………… (55)
2.2 区域经济的可持续协调发展 ………………………… (62)
2.2.1 区域经济可持续协调发展的含义 …………… (63)
2.2.2 区域经济可持续协调发展的系统 …………… (64)
2.2.3 区域经济可持续协调发展的特点 …………… (65)
2.2.4 实现区域经济可持续协调发展的条件 ……… (69)
2.3 环境可持续发展的区域经济分析 …………………… (72)
2.3.1 环境可持续发展对区域经济可持续
发展的重要意义 ……………………………… (72)
2.3.2 西部大开发中经济发展与生态环境
的协调统一 …………………………………… (77)
2.4 社会可持续发展的区域经济分析 …………………… (82)
2.4.1 社会可持续发展对区域经济可持续发展
的重要意义 …………………………………… (82)
2.4.2 西部大开发中的社会可持续发展 …………… (85)
参考文献 ……………………………………………………… (93)

第三章 西部生态资源分析 ……………………………… (95)
3.1 西部生态资源概况及生态环境特征 ………………… (95)
3.1.1 西部生态资源概况 …………………………… (95)
3.1.2 西部生态环境特征 …………………………… (102)
3.2 西部生态环境的脆弱性及成因 ……………………… (104)
3.2.1 西部生态环境 ………………………………… (104)
3.2.2 西部生态环境的脆弱性及其成因 …………… (107)
3.3 西部生态区域规划 …………………………………… (111)
3.3.1 根据环境资源因子进行的环境资源约束型
脆弱生态区分类 ……………………………… (111)
3.3.2 根据经济发展水平因子进行的经济水平约

　　　　　束型脆弱区分类 ……………………………… (114)
　　3.3.3 以与其他地域的联系（域外支持）因子为
　　　　　聚变量进行分类 ………………………………… (120)
　　3.3.4 以区域社会发展水平因子为聚类变量
　　　　　进行聚类 ………………………………………… (123)
　　3.3.5 采用分层的聚分类方法对中国西部脆弱生态区
　　　　　的类型划分 ……………………………………… (125)
　3.4 发展西部经济的生态学视角 ………………………… (128)
　　3.4.1 西部生态环境恶化的原因 …………………… (128)
　　3.4.2 西部生态环境对经济的制约 ………………… (130)
　　3.4.3 西部经济发展的生态学思考及对策 ………… (134)
　参考文献 …………………………………………………… (139)

第四章　西部经济布局的现状及问题 ……………………… (141)
　4.1 西部经济状况的整体评价 …………………………… (141)
　　4.1.1 西部地区生产总值 …………………………… (142)
　　4.1.2 西部地区固定资产投资 ……………………… (143)
　　4.4.3 西部地区市场消费 …………………………… (144)
　　4.1.4 西部地区对外开放 …………………………… (146)
　　4.1.5 西部地区的产业结构 ………………………… (147)
　　4.1.6 西部地区的财政收支 ………………………… (153)
　　4.1.7 西部地区的科技发展 ………………………… (155)
　　4.1.8 西部地区的交通发展 ………………………… (156)
　　4.1.9 西部地区的水利建设 ………………………… (157)
　4.2 西部经济布局原则 …………………………………… (159)
　4.3 西部地区的经济区划 ………………………………… (166)
　　4.3.1 西部地区经济区划的结构 …………………… (167)
　　4.3.2 西北经济区 …………………………………… (167)
　　4.3.3 西南经济区 …………………………………… (172)

参考文献 …………………………………………………… (176)
第五章 经济布局中的产业布局 …………………………… (178)
5.1 西部产业布局现状及其发展战略 ……………………… (178)
5.1.1 西部地区产业布局现状 ………………………… (178)
5.1.2 西部产业布局的战略选择 ……………………… (195)
5.2 资源型产业开发的对策 ………………………………… (197)
5.3 西部地区产业结构调整 ………………………………… (200)
5.3.1 西部地区产业结构现状 ………………………… (200)
5.3.2 西部地区产业结构调整的政策建议 …………… (203)
5.4 发展西部特色经济 ……………………………………… (207)
5.4.1 西部地区发展特色经济的基础 ………………… (208)
5.4.2 西部地区发展特色经济的指导思想和
指导原则 ……………………………………… (208)
5.4.3 西部地区发展特色经济的成就与问题 ………… (209)
5.4.4 促进西部地区特色优势产业
发展的建议 …………………………………… (212)
5.5 产业布局中的资金问题 ………………………………… (214)
5.5.1 西部地区产业布局中的资金现状及
存在的问题 …………………………………… (215)
5.5.2 如何解决西部地区产业布局中的
资金问题 ……………………………………… (219)
参考文献 …………………………………………………… (223)
第六章 西部经济布局中流域经济带的建设 ……………… (225)
6.1 流域经济概论 …………………………………………… (225)
6.1.1 流域经济的形成 ………………………………… (225)
6.1.2 流域经济的概念和特征 ………………………… (230)
6.1.3 流域经济的作用及实践意义 …………………… (233)
6.2 流域经济一体化与东西部经济合作 …………………… (236)

6.2.1　流域经济与东西部经济合作的理论分析 …… (237)
　　6.2.2　生产要素转移与流域经济发展的
　　　　　东西部合作 ………………………………… (240)
　　6.2.3　流域经济一体化与东西部经济合作模式 … (244)
6.3　流域经济与可持续发展 ………………………… (250)
　　6.3.1　流域可持续发展的原则 ………………… (251)
　　6.3.2　流域经济可持续发展的现状 …………… (253)
　　6.3.3　流域可持续发展存在的问题 …………… (254)
　　6.3.4　流域经济可持续发展的应对措施 ……… (258)
　　6.3.5　流域经济可持续发展的协调机制 ……… (262)
参考文献 ……………………………………………… (264)

第七章　西部经济布局中的区域经济发展模式 ………… (265)
7.1　西部区域经济发展的一体化 …………………… (265)
　　7.1.1　区域经济一体化的涵义 ………………… (265)
　　7.1.2　西部地区区域经济一体化 ……………… (271)
7.2　区域经济一体化的构建 ………………………… (274)
　　7.2.1　贸易、要素及市场的一体化 …………… (274)
　　7.2.2　规范并优化区域政策，实现西部地区经济发展
　　　　　的政策一体化 ………………………………… (283)
　　7.2.3　科学合理地进行投资布局，充分发挥投资
　　　　　对西部区域经济一体化的引导作用 ……… (294)
7.3　区域经济一体化的运行 ………………………… (298)
　　7.3.1　壮大经济规模，实现西部区域经济一体化
　　　　　的规模经济 …………………………………… (298)
　　7.3.2　优化经济结构，促进西部一体化区域经济
　　　　　结构的高度化、合理化 ……………………… (302)
　　7.3.3　区域经济一体化的组织形式 …………… (310)

第八章　日本北海道综合开发及美国西部开发的启示 …… (314)

8.1 日本北海道综合开发的历程 ……………………（314）
　　8.1.1 日本北海道概况 ……………………………（314）
　　8.1.2 北海道开发的历史 …………………………（315）
8.2 日本北海道综合开发的评价与总结 ……………（327）
8.3 美国的西部开发 …………………………………（335）
8.4 美国西部开发中值得借鉴的经验 ………………（337）
8.5 日本北海道综合开发及美国西部
　　开发的启示 ………………………………………（343）
参考文献 …………………………………………………（352）

第一章 西部大开发战略目标及任务、措施

世纪之交，党中央从社会主义现代化建设的全局出发，高瞻远瞩，审时度势，提出了实施西部大开发的重大战略决策。1999年6月，江泽民同志在陕西考察时号召，要把加快开发西部地区作为党和国家的一项重大战略任务，必须不失时机地加快中西部地区的发展，特别是抓紧研究西部地区的大开发。1999年9月22日，党的十五届四中全会通过的《中共中央关于国有企业改革和发展若干重大问题决定》正式提出了"国家要实施西部大开发战略"。1999年11月15日至17日召开的中央经济工作会议敲定对西部进行大开发的战略决策。2000年1月16日，国务院西部地区开发领导小组及其办公室成立，实施西部大开发战略全面展开。

1.1 西部资源及经济状况分析

按目前的行政区划，西部地区的范围包括重庆、云南、贵州、四川、西藏、陕西、甘肃、宁夏、青海、新疆、广西和内蒙古等12个省、自治区、直辖市，面积约686.7万平方公里，占全国国土面积的71.5%，人口约3.71亿，占全国人口的28.7%，其中少数民族人口占全国少数民族人口的一半。从总体上讲，西部地区的发展具有以下有利条件：一是地域辽阔，水能、石油、天然气、稀土、有色金属等能源矿产资源储量大，光热条件较

好，生物资源多种多样，文化旅游资源丰富。二是西部地区劳动力资源丰富，劳动力成本较低，具有发展劳动力密集型产业的优势。三是西部地区拥有绵长的边境线，与十几个国家和地区接壤，是我国通往亚欧一些国家的重要通道，具有发展周边经济贸易合作的区位优势。四是在长期大三线建设中形成的老工业基地、国防工业企业、科研机构和大专院校，集中了一批专门人才，初步具有了产业发展和协作配套的条件。

1.1.1 西部地区的资源及开发利用现状

（一）土地资源

土地作为人类赖以生存的最基本的自然资源，其合理开发利用对包括农业在内的各产业的健康发展，有着极其重要的作用。截至 2004 年底，我国西部地区 12 个省、自治区、直辖市土地总面积约 68670 万公顷，占全国土地总面积的 71.5%，人均土地面积 27.8 亩，是全国人均土地面积的 2.5 倍。西部地区农用地 43900 万公顷，占西部土地总面积的 64%，占全国农用地的 67.1%；其中，耕地 72690 万亩，林地 179679 万亩，牧草地 387222 万亩。人均占有耕地、林地、牧草地面积分别为 2.1 亩、5.1 亩和 10.9 亩，分别为全国平均水平的 1.4 倍、1.9 倍和 3.6 倍[①]。

我国西部地区土地空间差异显著。受地形地貌的影响，西北地区沙漠戈壁较多，西南地区多山少土，适合农耕的土地面积并不占很大比重。耕地主要集中分布在内蒙古、云南和四川，面积占整个西部耕地面积的 42.05%。牧草地主要集中分布在内蒙古、新疆、青海、西藏，面积占整个西部牧草地面积的 86.24%。

---

① 张丽君：《区域经济政策》，中央民族大学出版社 2006 年版，第 235 页。

但是，我国西部地区土地质量普遍较差，土地利用率和产出率均较低。据统计，西部地区坡耕地面积占全国的66.84%，其中25度以上的坡耕地占全国的77.92%。贵州、四川、重庆、陕西25度以上的坡耕地粮食亩产平均仅150公斤，最低的亩产仅15公斤。这导致广种薄收比较普遍，荒弃现象也比较严重。林地中人工林、优质林较少，有林地只占林地总量的61%。牧草地质量较差，退化、沙化、碱化的草地面积占到了牧草地总面积的33%，这使产草量大为降低，每公顷草地载畜量仅为一只羊单位。因此，西部地区的各类土地利用率均较低，土地垦殖率、林地覆盖率、建设用地率和农业用地率也都低于全国平均水平（见表1-1）[①]。

表1-1 西部地区土地利用程度表（单位:%）

地区	土地利用率	土地垦殖率	林地覆盖率	建设用地率	农业用地率
全国	72.57	13.59	24.01	3.79	68.78
东部	85.78	27.85	37.08	10.51	75.25
中部	86.40	19.75	32.62	5.08	81.32
西部	62.08	6.86	16.29	1.46	60.61

我国未开发利用土地总面积的86.8%都集中在西部，面积达22399万公顷，主要集中分布在新疆、西藏和青海。其中有5185万公顷的未开发利用土地适宜开发为农用地，占全国宜开发农用地的70.1%，进一步开发利用的潜力很大。

（二）水资源

水资源是西部地区经济发展的关键因素。合理开发利用水资

[①] 王洛林主编、魏后凯副主编：《未来50年中国西部大开发战略》，北京出版社2002年版，第75页。

源对于西部地区经济社会的发展、生态环境的建设和保护均有重要意义。

我国西部水资源的总量较大。到 2004 年底，西部地区 12 个省、市、自治区水资源总量为 14751 亿立方米，占全国水资源总量的 61.1%。但由于受地形、气候、自然地理和地质条件的影响，西部地区水资源的时空分布很不均匀。从时间分布来看，干旱季节相对缺水；从空间分布来看，西北与西南地区及其各自内部的水资源分布都有很大悬殊。西北地区地处干旱、半干旱地带，多黄土高原和沙漠盆地，生态环境较为脆弱，水资源严重短缺，平均每年水资源总量为 2566 亿立方米，仅占西部水资源总量的 16%，不足全国总量的 10%；西南地区多是高原山地，降水比较充分，地表水和水能资源丰富，总量为 13353 亿立方米，占西部水资源总量的 84%，全国水资源总量的 47.4%。另一方面，从水资源的内部分布来看，西北地区虽然地下水资源总量较少，但分布较广，调蓄能力强，且水质水量相对稳定，保证程度较高，在很大程度上弥补了地表水资源时空分布不均的缺陷；西南地区虽然降水丰富，但岩溶山石连片分布面积多达 40 余万平方公里，沟壑纵横，土壤层薄而贫瘠，地表渗透性强，持水性差，这种独特的漏斗形地形造成地表水极缺、严重干旱和生态环境恶化，从而严重制约了社会和经济的发展。

西部丰富的水资源中未开发利用的地下水储量十分巨大。西北地区的陕、甘、宁、新、青 5 省区及内蒙古的鄂尔多斯市和阿拉善盟地区地下水资源总量每年为 1160 亿立方米，占全国地下水资源总量的 1/8，地下水可开采资源量每年为 470 亿立方米，占全国地下水开采资源总量的 1/6。但目前西北 6 省区的地下水开采量每年仅为 145 亿立方米，约占地下水可开采资源量的 23%。可见地下水资源开发利用的程度还较低，开发潜力还很大。西南岩溶地区现已调查发现 2836 条地下河，每秒总流量为

1482立方米，相当于黄河的流量。但由于地下河、溶洞的分布和埋藏都比较复杂，勘探和开发利用的难度较大，加之目前的勘探和开发技术还不够发达，这一丰富的水资源仅在一部分地区得到了利用，大部分地区都未能有效地开发利用。

此外，西部地区水资源开发利用的效率总体上不高，缺乏科学合理的布局，存在严重的浪费现象。西北地区有些地方上游河段用水过多，农灌区长期采用传统的大水漫灌、串灌，加剧了土壤的盐渍化，使下游出现荒漠化；而地下水资源的开发利用又缺乏科学合理的布局，不仅没有解决部分严重缺水地区的供水来源问题，反而加剧了生态恶化。

西部地区水能资源十分丰富，占全国的75%以上，但开发率却只有8%。这远远低于占全国水能资源量仅7%的东部地区超过50%的开发率水平。水电是可再生的清洁能源，应该在西部大开发中加以充分的开发利用。但我国目前的水能利用率尚不及亚洲的平均水平，而西部地区的开发利用率又低于全国的平均水平。加快西部的水电建设，实施"西电东送"战略，变西部资源优势为经济优势，是西部乃至全国经济发展和能源发展的客观需要。

（三）矿产资源

我国西部地区成矿地质条件优越，是世界上能源、金属和盐湖矿产都相对较为富集的地区。西部地区已经探明而尚未开发利用和未探明的矿产资源量均较大，是我国新时期矿业发展的重要接替地区。截至2000年底，我国已经发现的172种矿产在西部地区均有发现，在全国已经探明储量的156种矿产资源中，西部地区就有138种。其中，能源矿产8种，金属矿产54种，非金属矿产74种，水气矿产2种。在这138种探明储量的矿产中，保有储量占全国50%以上的有38种，80%以上的有18种。目前西部地区的煤炭、天然气、铬铁矿、镍、钛、稀土、钾盐、石棉等在全国处于绝对优势地位；此外，锰、铅、锌、锡、铝、铜、芒硝、云母等 20 多种矿产资源也具有明显的比较优势。如表 1-2 所示，西部省区很多的能源矿产在全国的排位都十分靠前，特别是在全国仅有四个省份拥有储量为 21385 万吨的钛铁矿，西部的四川、新疆两省区就拥有 20831.1 万吨。

表 1-2　2004 年西部各省区部分能源、矿产储量在全国的排位

	煤炭	天然气	铬铁矿	锰矿	钛铁矿	铜矿	铅矿	锌矿	铝土矿	磷矿
内蒙古	2	3	2	14	—	10	2	2	—	16
广西	21	20	—	1	—	21	10	7	3	—
重庆	19	6	—	4	—	—	24	21	5	—
四川	14	4	—	12	—	12	6	5	—	4
贵州	5	19	—	—	—	27	22	22	—	3
云南	4	17	8	6	—	3	1	1	8	—
西藏	30	—	1	—	—	6	15	26	—	14
陕西	7	2	—	7	9	—	18	18	11	6
甘肃	13	14	—	13	—	7	4	3	—	—
青海	18	5	6	—	—	15	5	9	—	11
宁夏	12	21	—	—	—	—	—	—	—	19
新疆	8	1	—	—	3	13	13	12	—	20

资料来源：根据《中国统计年鉴 2005》相关数据整理计算得出。

西部地区矿产资源的分布较为集中。石油、天然气储量集中分布于塔里木、鄂尔多斯、准噶尔、四川、柴达木、吐哈等盆地；煤炭储量的 86.9% 集中于内蒙古、新疆、陕西和贵州；铜矿储量的 77.6% 集中于西藏、云南、内蒙古和甘肃；锰矿储量的 76% 分布于广西和贵州；铅锌储量的 96% 主要分布在云南（48%）、甘肃、四川、陕西和青海；81% 的铝土矿高度集中于贵

州；70%的镍储量分布在甘肃；97.2%的钾盐和90%的钠盐集中于青海柴达木盆地；70.9%的磷矿集中在云南和贵州等省。矿产资源的这种相对集中分布，为西部矿产资源的勘探提供了便利条件，有利于建设各具特色的矿产资源开发基地和形成一系列资源城市。如四川的天然气、西藏的铬铁矿、甘肃金山铜镍矿、云南个旧锡矿、锡铁山铅锌矿、攀枝花钒钛磁铁矿、云南和贵州的磷矿、青海的钾盐、新疆阿舍勒铁矿等大型矿产品生产基地建设，有力地推动了这些地区的城市化建设。

2004年我国西部地区矿产资源储量价值34399亿元，中部地区矿产资源储量价值24300亿元，东部地区矿产资源储量价值10490亿元。西部、中部和东部地区矿产资源储量价值所占比重分别为49.8%、35.2%和15.0%，查明资源储量价值比重分别为58.1%、31.7%和10.2%（如图1-1、1-2所示）。

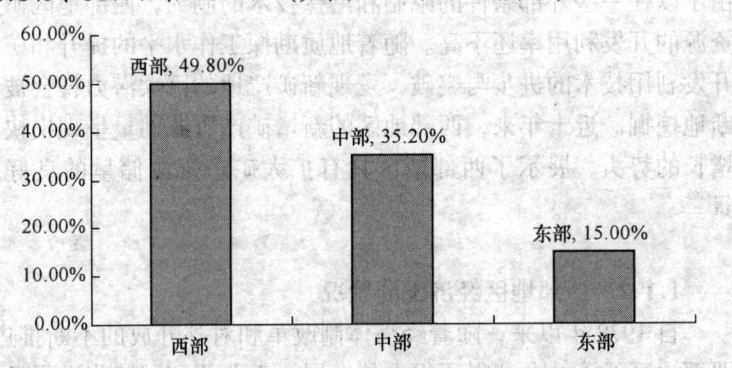

图1-1 各地区矿产资源储量价值比重

此外，我国西部地区全部矿产资源保有储量的潜在价值（即指探明的可利用储量按其初级产品价格折算的价值）极高，总计达61.9万亿元，占全国总额的66.1%，分别约是东部、中部地区的7倍、2.7倍；人均潜在价值分别约是东部、中部地区的9倍、3.1倍。西部地区四川、贵州、云南、陕西、青海、新疆、

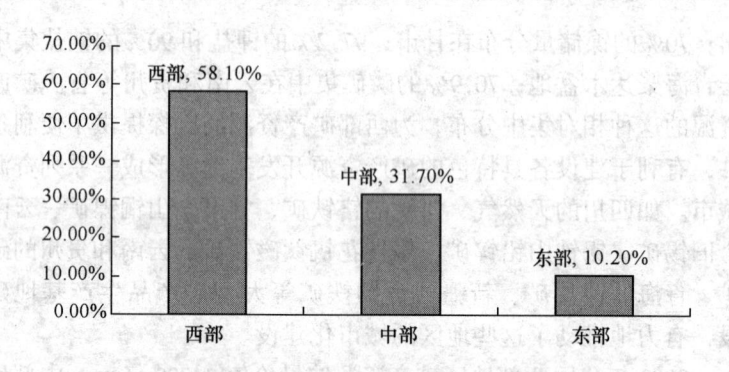

图1-2 各地区查明矿产资源储量价值比重

内蒙古7省区矿产资源保有储量的潜在价值的排位处于全国的前10名，四川、贵州、西藏、陕西、青海、宁夏、新疆、内蒙古8省区人均矿产资源保有储量的潜在价值位于全国前10名。但是由于以往一些外部条件的限制和勘探技术的制约，西部地区矿产资源的开发利用率还不高。随着地质勘探工作水平的提升和矿产开发利用技术的进步与突破，发现新矿产地的巨大潜力将会被不断地挖掘。近十年来，西部地区的新增矿产资源储量呈现出快速增长的势头，展示了西部地区具有扩大矿产资源储量的良好前景。

1.1.2 西部地区经济发展状况

自1978年以来，随着经济体制改革和对外开放的不断推进，西部地区经济社会获得了很大的发展，工业化和城镇化进程日益加快，居民收入和福利水平明显提高。但由于多方面的原因，西部地区现有的经济发展水平还较低，市场发育迟缓，与发展程度较高的东部地区相比还有很大差距。

（一）东西部经济总量比较

当前普遍采用的经济总量测度指标是国内生产总值（GDP），以下就用GDP来分析东西部经济总量差异（见表1-3）。

表 1-3 东西部地区 GDP 比较

年份	GDP 总量（亿元） 东部	GDP 总量（亿元） 西部	东、西部 GDP 占全国的比重（%）东部	东、西部 GDP 占全国的比重（%）西部	东西部差异 绝对值（亿元）（东部-西部）	东西部差异 相对值（东部/西部，以西部为1）
1978	1742.5	712.7	50.33	20.59	1029.8	2.44
1979	1954.2	815.3	49.67	20.72	1138.9	2.40
1980	2196.2	893.7	50.03	20.36	1302.5	2.46
1981	2396.2	964.0	50.07	20.14	1432.2	2.49
1982	2669.5	1093.9	50.10	20.53	1575.6	2.44
1983	2975.5	1219.8	49.74	20.39	1755.7	2.44
1984	3584.1	1434.5	50.31	20.14	2149.6	2.50
1985	4371.7	1737.9	50.71	20.16	2633.8	2.52
1986	4907.7	1931.9	50.80	20.00	2975.8	2.54
1987	5895.4	2250.0	51.46	19.64	3645.4	2.62
1988	7551.1	2844.6	52.24	19.68	4706.5	2.65
1989	8583.2	3204.9	52.46	19.59	5378.3	2.68
1990	9490.3	3749.3	51.59	20.38	5741.0	2.53
1991	11124.5	4326.3	52.63	20.47	6798.2	2.57
1992	13946.6	5118.3	53.86	19.77	8828.3	2.72
1993	18916.9	6519.6	55.24	19.04	12397.3	2.90
1994	25283.7	8489.8	55.63	18.68	16793.9	2.98
1995	32009.0	10589.3	55.50	18.36	21419.7	3.02

续表

年份	GDP总量（亿元）		东、西部GDP占全国的比重（%）		东西部差异	
	东部	西部	东部	西部	绝对值（亿元）（东部-西部）	相对值（东部/西部，以西部为1）
1996	37834.2	12295.9	55.38	18.00	25538.3	3.08
1997	42636.2	13645.9	55.50	17.76	28990.3	3.12
1998	46176.9	14647.4	55.97	17.75	31529.5	3.15
1999	49620.0	15354.0	56.60	17.51	34265.9	3.23
2000	55689.6	16654.6	57.29	17.13	39035.4	3.34
2001	61393.2	18248.4	57.50	17.09	43114.8	3.36
2002	68055.8	20168.6	57.91	17.16	47887.2	3.37
2003	79283.4	22954.7	58.49	16.94	56328.7	3.45
2004	95305.8	27585.2	58.38	16.90	67720.6	3.45

资料来源：根据历年《中国统计年鉴》有关数据计算得出。

注：东部地区包括北京、天津、河北、辽宁、上海、江苏、浙江、福建、山东、广东和海南等11个省区（以下统称东部地区）。

从纵向来看，改革开放以来东西部的经济均取得了巨大的发展。1999年西部地区的GDP为15354.0亿元，是1978年712.7亿元的21.5倍，特别是实施西部大开发以来GDP更是有了较快的增长，2004年达到27585.2亿元，是1978年的38.7倍。东部地区1978年GDP总量为1742.5亿元，2004年GDP总量为95305.8亿元，增长了近54倍。

从横向来看，东西部地区的经济发展有很大差距。其一，从1978年到2004年，东部地区GDP在全国GDP中所占比重不断上升,由1978年的50.33%提高到2004年的58.38%,上升了8个百分点;西部地区GDP仅占全国的20%左右,而且呈下降趋势,由1978年的20.59%下降到2004年的16.90%,下降了3.7个百分点,远低于东部地区GDP占全国50%以上的水平。其二,东西部地区GDP的绝对差值在日益扩大,从1978年的1029.8亿元上升到2004年的67720.6亿元,上升了65倍,可见东西部经济规模的绝对差异是在扩大的。其三,东部与西部地区GDP的相对比值从总体上来说也是上升的,从1978年的2.44倍上升到2004年的3.45倍,上升了1倍,进一步说明东部与西部地区的经济差异在扩大。

(二)东西部人均GDP比较

从表1-4中可以看出,改革开放以来,我国西部地区人均GDP呈不断上升的趋势,从1978年的259元上升到2004年的7728元,增长了29倍。但同时东部地区人均GDP从1978年的478元上升到2004年的20331元,增长了41倍,这说明东部地区人均GDP的增长幅度要大于西部地区,二者的差距还在扩大。首先,东西部地区人均GDP的绝对差异在扩大,从1978年的219元上升到2004年的12601元,上升了近57倍,而且除1990年以外该差距是逐年增加的。其次,东西部地区人均GDP的相对差异总体上也是在扩大的。东部与西部人均GDP的比值虽然个别年份有所下降,但仍然从1978年的1.85倍上升到2004年的2.63倍,增幅为0.78倍,年均上升0.03倍。再次,从东、西部地区人均GDP与全国人均GDP的比较看,1978年东部地区人均GDP相当于全国平均水平的133.15%,而2004年该比重提高到162.90%,26年间上升了近30个百分点,平均每年上升1.14百分点;而1978年西部地区人均GDP相当于全国平均水平的72.14%,2004年该比值下降到61.53%,总体下降10.6个百分点,年均下降0.4个百分点。可见,我国东部发达地区的人均

GDP越来越高,而西部落后地区的人均 GDP 越来越低,进一步表明了东西部经济差异在扩大。

表1-4 东西部地区人均 GDP 比较

年份	人均 GDP(元) 东部	人均 GDP(元) 西部	东部/全国(以全国为100)	西部/全国(以全国为100)	东西部人均 GDP 差异 绝对值(元)(东部-西部)	东西部人均 GDP 差异 相对值(东部/西部,以西部为1)
1978	478	259	133.15	72.14	219	1.85
1979	529	293	131.59	72.89	236	1.81
1980	588	317	132.43	71.40	271	1.85
1981	633	338	132.43	70.71	295	1.87
1982	693	353	134.82	68.68	340	1.96
1983	764	418	131.05	70.70	346	1.83
1984	911	485	132.61	70.60	426	1.88
1985	1101	582	133.62	70.63	519	1.89
1986	1221	642	133.73	70.32	579	1.90
1987	1441	729	134.55	68.07	712	1.98
1988	1848	910	139.26	68.58	938	2.03
1989	2071	979	141.17	66.73	1092	2.12
1990	2211	1155	136.99	71.56	1056	1.91
1991	2566	1316	140.07	71.83	1250	1.95
1992	3188	1539	143.54	69.29	1649	2.07
1993	4290	1937	147.52	66.61	2353	2.21
1994	5689	2491	148.77	65.14	3198	2.28

续表

年份	人均GDP（元）东部	人均GDP（元）西部	东部/全国（以全国为100）	西部/全国（以全国为100）	东西部人均GDP差异 绝对值（元）（东部-西部）	东西部人均GDP差异 相对值（东部/西部，以西部为1）
1995	7014	3070	148.15	64.03	4034	2.31
1996	8350	3538	147.92	62.67	4812	2.36
1997	9358	3897	148.33	61.77	5461	2.40
1998	10078	4153	149.68	61.68	5925	2.43
1999	10770	4321	151.67	60.85	6449	2.49
2000	12003	4646	153.37	59.37	7357	2.58
2001	13018	5048	153.03	59.34	7970	2.58
2002	14171	5498	152.77	59.27	8673	2.58
2003	16323	6227	154.37	58.89	10096	2.62
2004	20331	7728	162.90	61.53	12601	2.63

资料来源：根据历年《中国统计年鉴》有关数据计算得出。

（三）东西部地区居民生活水平比较

西部地区居民整体生活水平的落后，可以从人均年收入、人均可支配收入、农村居民人均年收入以及社会消费品零售总额等方面得到反映（见表1-5）。

表1-5 2004年东西部地区居民收入、消费水平比较

	全国	东部	西部	东部/全国	西部/全国
社会消费品零售总额（亿元）	53950	31739.8	8908.2	58.8%	16.4%

续表

	全国	东部	西部	东部/全国	西部/全国
城镇居民人均可支配收入（元）	9422	11034	8031	117.11%	85.24%
农村居民人均纯收入（元）	2936	4277	2192	145.67%	74.66%

资料来源：根据《中国统计年鉴2005》相关数据计算得出。

从上表可以看出，西部地区的各项指标均低于全国平均水平，与东部地区相比差距更大。2004年西部地区社会消费品零售总额为8908.2亿元，仅占全国社会消费品零售总额的16.4%，仅为同期东部地区社会消费品零售总额的28.1%，说明西部地区的商业发展远远落后于东部地区。而这主要是由西部地区居民生活水平低直接造成的。2004年西部地区城镇居民人均可支配收入为8031元，不仅远低于东部地区人均11034元的水平，而且低于全国人均9422元的水平，东西部绝对差距为3003元；西部地区农村居民人均纯收入仅为2192元，仅相当于全国平均水平的74.66%，东部平均水平的51.25%，即西部地区农村居民人均纯收入仅相当于东部地区农村居民人均纯收入的一半，差距更大。

1.2 西部大开发战略的指导方针、战略目标和主要任务

西部大开发战略是党和国家领导人面对国际政治经济形势新的变化，从我国经济社会发展的实际状况出发做出的正确决策，是关系到我国社会主义现代化建设第三步战略目标能否顺利实现

的重大战略部署。党的十六大以来,以胡锦涛同志为总书记的党中央多次强调要积极推进西部大开发,促进区域协调发展。国务院把继续实施西部大开发战略作为一项重大任务列入重要议事日程。党中央、国务院多次明确提出,中央实施西部大开发的战略绝不会动摇,国家对西部大开发的支持力度不会减弱,西部地区经济社会发展步伐不会减慢。在新形势下继续推进西部大开发,要以邓小平理论和"三个代表"重要思想为指导,全面贯彻党的十六大和十六届三中全会精神,认真明确西部大开发的战略目标,认真落实党中央、国务院关于实施西部大开发的战略部署、方针政策和重点任务。

1.2.1 西部大开发战略的指导方针和指导思想

(一) 西部大开发的指导方针

我国政府提出西部大开发战略的基本方针是:"优势互补、互惠互利、长期合作、共同发展。"按照国家发展计划委员会和国务院西部地区开发领导小组办公室2002年颁布的《"十五"西部开发总体规划》,我国西部大开发的指导方针是:实施西部大开发,要坚持从实际出发,积极进取,量力而行,充分做好长期艰苦奋斗的思想准备;统筹规划,科学论证,按客观规律办事,把开发的主要任务落到实处;突出重点,分步实施,抓住关键环节和主要矛盾,集中力量解决关系全局的重大问题;深化改革,扩大开放,依靠制度创新和科技创新,有效地推进西部大开发[①]。

具体来讲,实施西部大开发,要注意处理好以下七种关系:

(1) 把解决基础设施薄弱、生态环境恶化、科技教育发展滞

[①] 国务院西部地区开发领导小组办公室:《实施西部大开发总体规划和政策措施》,中国计划出版社2002年版,第4页。

后、产业结构不合理等眼前问题同实现全面振兴西部地区经济的长远目标结合起来。

(2) 把突出基础设施、生态环境、科技教育、特色经济等重点开发工程同带动和促进西部地区经济社会的全面发展结合起来。

(3) 把充分发挥市场配置资源的基础性作用、深化经济体制改革同发挥政府宏观调控作用创造良好的体制和政策环境结合起来。

(4) 把积极发展优势特色产业、提高经济效益同高度注重社会效益和生态效益结合起来,特别是要加强生态建设和环境保护,为西部地区和全国提供生态安全保障,实现可持续发展。

(5) 把加快经济发展同推动社会进步结合起来,大力发展文化、卫生、体育事业,加强法制建设和思想道德建设,促进经济和社会协调发展、物质文明和精神文明共同进步。

(6) 把国家政策和社会各方面的支持同西部地区的自力更生、艰苦奋斗结合起来,逐步建立西部地区自我发展的良性机制,提高经济活力和市场竞争力。

(7) 把西部开发和东部、中部地区的发展结合起来,进一步发挥东部地区带动中西部地区发展的作用,发挥中部地区承东启西的区位优势,促进区域经济合作,扬长避短,互惠互利,形成地区经济协调发展的良好格局。

(二) 新形势下推进西部大开发的指导思想

温家宝总理2005年2月4日著文《开拓创新不断开创西部大开发的新局面》强调指出:推进西部大开发,要坚持以邓小平理论和"三个代表"重要思想为指导,全面贯彻党的十六大和十六届三中、四中全会精神,牢固树立科学发展观,认真落实党中央、国务院关于实施西部大开发的战略部署,总结经验,完善政策,以更大的决心、更有力的措施、更扎实的工作,努力走出一条加快西部地区发展的新路子，不断开创西部大开发的新局面①。在新形势下继续推进西部大开发，要坚持解放思想，更新观念，树立竞争意识、市场意识、创新意识，用新思路、新体制、新机制推进西部地区加快发展；坚持统筹兼顾，协调发展，即按照"五个统筹"的要求，积极促进西部地区经济社会协调发展、城乡协调发展、人与自然和谐发展；坚持深化改革，扩大开放，着力推进体制创新与机制创新，消除西部大开发的体制障碍，广泛吸引国内外资金、技术和人才，拓展发展空间，以开放促改革促开发；坚持从实际出发，讲求实效，既要增强紧迫感，积极进取，又要量力而行，逐步推进；既要着力解决当前的突出问题，又要着眼长远发展，脚踏实地、扎实工作；坚持自力更生，艰苦奋斗，依靠广大干部群众的积极性、创造性，充分发挥自身优势，不断增强自我发展能力，最终改变西部地区的面貌。

1.2.2 实施西部大开发的战略目标和战略阶段

西部大开发是一项规模宏大的系统工程。实施西部大开发的总体战略目标是：经过几代人的艰苦奋斗，到 21 世纪中叶全国基本实现现代化时，从根本上改变西部地区相对落后的面貌，显著地缩小地区发展差距，努力建成一个经济繁荣、社会进步、生活安定、民族团结、山川秀美、人民富裕的新的西部地区②。

西部大开发的艰巨性决定了它"需要几代人持之以恒地进行

---

① 新华社北京 2005 年 2 月 4 日电：温家宝：《开拓创新不断开创西部大开发的新局面》，www.xinhuanet.com。

② 国务院西部地区开发领导小组办公室：《实施西部大开发总体规划和政策措施》，中国计划出版社 2002 年版，第 6 页。

不懈努力"[①]。国家计划从2000年开始用五十年左右的时间分三个阶段推进西部大开发，以最终实现其总体战略目标。

第一个阶段是2000年到2010年左右的开发启动期。利用这十年时间完成战略规划、政策研究，进行制度建设，通过加大对基础设施、生态建设和环境保护的投入，力争取得突破性的进展，使西部地区生态环境恶化的趋势得到基本遏制，投资环境明显改善，经济运行进入良性循环，城乡居民社会公共产品的享用水平逐步接近于全国的平均水平。

第二个阶段是2011年到2030年左右的大规模开发加速期。在上一个阶段经济结构进行了战略性调整、各种历史遗留问题得以解决和制度建设取得初步成效的基础上，以提高西部地区的开发能力和建立良性开发机制为主攻目标，利用二十年左右的时间，构建具有竞争优势的地区特色经济；实现农业产业化、市场化、生态化和专业区域布局，农业劳动力向非农产业转移取得明显成就；城市化率超过50%；部分地区率先完成工业化，大多数地区进入工业化后期阶段；绝大多数地区居民基本生活和福利水平进一步趋近于全国平均水平；生态环境恶化得到全面的遏制，环境生态功能逐步得到恢复，自然生态系统开始转向良性循环。

第三个阶段是2031年到2049年左右的全面提升期。即再利用二十年左右的时间全面推进西部地区的社会主义现代化建设，大幅度地提高西部地区的城市化、市场化和国际化水平，使部分地区率先实现现代化并带动其他地区的发展，到21世纪中叶，最终建成一个经济繁荣、社会进步、生活安定、民族团结、山川秀美、人民富裕的崭新的西部地区。

[①]《中共中央关于制定国民经济和社会发展第十个五年计划的建议》，人民出版社2001年版，第53页。

1.2.3 西部大开发的主要任务

2000年12月颁布的《国务院关于实施西部大开发若干政策措施的通知》指出,当前和今后一段时间,实施西部大开发的重点任务是:加快基础设施建设;加强生态环境保护和建设;巩固农业基础地位,调整工业结构,发展特色旅游业;发展科技教育和文化卫生事业[①]。

2004年3月底颁布的《国务院关于进一步推进西部大开发的若干意见》强调,进一步推进西部大开发需要抓好十大重点工作:扎实推进生态建设和环境保护;继续加快基础设施重点工程建设;进一步加强农业和农村基础设施建设;大力调整产业结构,积极发展有特色的优势产业;积极推进重点地带开发,加快培育区域经济增长极;大力加强科技、教育、卫生、文化等社会事业;深化经济体制改革;拓宽资金渠道,为西部大开发提供资金保障;加强西部地区人才队伍建设;加快法制建设步伐,加强对西部开发工作的组织领导等。从四大重点任务到这十大重点任务的转变充分反映了科学发展观的精神实质。

在新形势下进一步推进西部大开发,要总结经验,完善政策措施,着力抓好以下十项重点任务:

(一) 扎实推进生态建设和环境保护,实现生态改善和农民增收

生态建设和环境保护是西部大开发的重要任务和切入点。加强西部地区生态建设和环境保护,关系到广大农民的当前生计和长远利益,关系到全国可持续发展战略的实现与否。因此,要以统筹实现生态改善、农民增收和地区经济发展为目标,认真搞好

---

① 国务院西部地区开发领导小组办公室:《实施西部大开发总体规划和政策措施》,中国计划出版社2002年版,第27页。

退耕还林、退牧还草、天然林保护、京津风沙源治理和已垦草原退耕还草等生态建设工程,以切实解决农民增收和长远生计问题。在这个过程中,要重点搞好"五个结合",即把退耕还林、退牧还草与加强基本农田建设、农村能源建设、生态移民、后续产业发展和封山禁牧舍饲等配套保障措施结合起来;要从规划入手加强环境保护工作,坚持预防为主、保护优先,落实重要生态功能区的保护任务,加强重大建设项目的环境监管,加强工业污染防治,加大城市污水、垃圾、大气等环境综合整治力度;要建立生态建设和环境保护补偿机制,鼓励各类投资主体积极参与生态建设和环境保护投资。

由中国绿化基金会等单位面向全社会推出的"西部绿化行动",以"西部水土流失治理"、"西部荒漠化治理"、"西部生态扶贫"三个方面为切入点,旨在深入落实西部大开发战略,配合国家重点生态工程建设,立足西部地区基础生态条件的改善,结合西部特色生态产业发展,带动西部地区的生态建设和经济发展。

(二)继续加快基础设施重点工程建设,为西部地区加快发展打好基础

基础设施建设事关西部大开发的全局,因此要从战略高度着眼,注重科学布局。一方面继续抓好事关西部开发全局的重大工程项目建设,如青藏铁路、西气东输、西电东送、水利枢纽、交通干线等。另一方面抓好与群众利益密切相关的生活性基础设施中小项目建设。具体来讲,一是坚持把水资源的合理开发利用和节约保护放在首要位置,加快推行节水技术和节水措施,加强各类节水设施建设;推进重点流域的综合治理、水资源的科学调配、水源涵养地的有效保护;因地制宜地建设大中小型水利工程;有效防治水污染,促进污水资源化,加强地下水资源勘查和监测;大力发展节水型产业,积极建设节水型社会。二是加强综

合交通运输网络的建设，发挥综合效益。到2010年建成西部开发八条公路干线；加快跨区域铁路通道建设；逐步完善以干线机场为中心、干线机场与支线机场相协调的航空网络；加强内河航运基础设施建设，改善内河通航条件。三是加强综合能源体系建设，发挥西部地区作为全国石油天然气生产和加工基地的作用，建设一批大型高产、高效、低排污的煤炭生产基地；大力开发水电，合理配置火电，建立合理的西电东送电价机制，对水电的实际税赋进行合理调整，支持西部地区水电发展。四是加强信息基础网络的建设；加快建立电信普遍服务基金和邮政普遍服务补偿机制，支持西部地区和其他地区农村普及电信和邮政服务；继续实施"西新"工程，进一步扩大广播电视覆盖率。在基础设施建设过程中，要切实加强工程管理，建立重大项目前期预测和后期评估制度，保证工程质量。

（三）进一步加强农业和农村基础设施建设，加快改善农民生产生活条件

加强西部地区农业和农村基础设施建设，改善农民生产生活条件，是促进农村经济社会发展，加快全面实现小康的重大举措。在实际工作中，要以增加农民收入为中心，加快农业产业结构调整，大力发展特色农业、特色畜牧业、旱作节水农业和生态农业。西部地区要充分利用气候多样化和生物多样性的优势，积极发展棉花、糖料、水果、肉类、奶类、毛绒类、花卉、中药材等特色农产品及其深加工；要建立健全农产品市场体系，支持一批龙头企业、生产基地、农产品加工中心和市场流通基础设施的建设，推进农业产业化经营。

在推进农村基础设施建设的过程中，在国家给予适当资金补助的基础上，广泛动员农民和其他社会力量参与节水灌溉、人畜饮水、农村道路、农村沼气、农村水电、草场围栏等小型公共工程建设。特别是为了加快西部地区社会主义新农村建设步伐，

"十一五"期间,国家将在西部12个省(市、区)规划实施"新农村建设十大工程",即基本口粮田建设工程、区域性商品粮建设工程、特色优势农产品生产基地建设工程、节水示范工程、农村饮水安全工程、异地扶贫搬迁工程、农村能源工程、农村公路建设工程、农村医疗卫生及计划生育服务工程和西部地区农民创业促进工程。

继续减轻农民税费负担,拓宽农民参与公共工程建设、外出打工等增收渠道。办好乡镇企业,大力发展县域经济,加快城镇化进程,促进农村富余劳动力的转移就业。继续开展"兴边富民"行动,对一些经济发展明显落后、少数民族人口较多、国防或生态位置重要的贫困地区,国家给予重点支持,进行集中连片开发。

(四)大力调整产业结构,积极发展有特色的优势产业

调整和优化产业结构,大力发展特色经济,促进资源优势向产业优势、经济优势转化,是增强西部地区自我发展能力、扩大社会就业、改善人民生活的根本大计。要密切结合西部地区资源特点和产业优势,以市场为导向,积极发展能源、矿业、机械、旅游、特色农业、中药材加工等优势产业。促进西部地区传统优势产业参与国内外竞争,充分发挥国防科技工业优势,推广应用信息技术,在有条件的地方发展高新技术产业,探索一条适合西部地区的新型工业化道路。加强西部地区矿产资源勘探,增加公益性调查评价的资金投入。严格整顿矿业秩序,对重要矿产资源实行强制性保护,提高资源综合利用率,有序推进矿业市场改革和开放,逐步将西部地区建设成为全国能源、矿产资源主要接替区。

发展特色优势产业要因地制宜,以企业为主体、市场为导向、效益为中心、先进适用技术为支撑、保护环境为前提,切实防止盲目投资和低水平重复建设,严格控制被淘汰的生产工艺、

设备转移到西部地区。合理调整全国产业分工格局，支持西部地区具备基本条件的地方发展资源深加工项目，由国家投资或需要国家批准的重点项目，只要西部地区有优势资源、有市场，就优先安排在西部地区。此外还要根据不同地区的特色和比较优势，加强跨省区的经济合作与协调。

(五) 积极推进重点地带开发，加快培育区域经济增长极

在西部地区经济布局的过程中，要继续贯彻以线串点、以点带面的区域发展指导方针，依托水陆交通干线、通讯干线和能源通道等连接起来的线状基础设施束，重点发展一批中心城市，形成新的经济增长极。积极培育并形成西陇海—兰新线经济带、京包—宝兰经济带、长江上游经济带和南贵昆经济区等重点经济区域。为此，应制订区域规划，加大交通、通信、市政等基础设施的建设力度，逐步建成通江达海的骨干交通网络、快速便捷的通信网络和生产要素集聚的城镇体系。支持重点地带优势产业及企业加快发展，在项目布局、市场体系建设、信贷投入、利用国内外资金等方面给予扶持和帮助。发挥中心城市的辐射带动作用，形成区域性的经济、交通、物流、金融、信息、技术和人才中心，带动周围地区和广大农村的发展。

(六) 大力加强科技教育卫生文化等社会事业，促进经济和社会协调发展

加强科技、教育、卫生、文化等社会事业，提高劳动者素质，促进经济社会协调发展，是进一步推进西部大开发的重要任务。科技工作方面，要加强科普工作，加大推广先进适用技术的力度；加强西部地区科技能力及重点科研基地建设，提高西部开发重点任务的技术支撑水平；继续集成科技发展的相关资源，以经济结构调整为主线培育西部地区科技型产业，强化科技的产业渗透，促进经济结构的科技化。

教育工作方面，要把优先发展教育作为基础性、战略性任务

来抓，集中各方面力量，坚决打赢"两基"攻坚战。到 2007 年，西部地区普及九年义务教育人口覆盖率达到 85% 以上，青壮年文盲率降到 5% 以下；要完善教育经费保障机制，加大中央财政和省级财政对农村义务教育的支持，逐步对义务教育阶段家庭经济困难学生免除杂费、书本费，对寄宿生补助生活费；国家继续在资金投入和政策措施上给予倾斜，支持西部地区高等教育发展；以就业市场需求为导向，加快发展职业教育；积极推进东部对西部、城市对农村、企业对学校的教育对口支援。

医疗卫生工作方面，国家大力支持西部地区卫生事业的发展，加强公共卫生设施建设，完善疾病预防控制体系和医疗救治体系。逐步建立和完善新型合作医疗制度、贫困农民家庭医疗救助制度，建立健全县、乡、村三级卫生服务网络，重点支持以乡镇卫生院为主体的农村医疗设施建设。加强重大传染病和地方病的防治。加强人口和计划生育工作，采取经济措施建立农村部分计划生育家庭奖励扶助制度，鼓励贫困地区农民家庭"少生快富"，降低出生率，提高人口素质。

此外，继续加强西部地区文化艺术、广播影视、新闻出版和农村基层公共文化服务网络和文化设施建设，加强西部地区民族民间传统文化的保护工作。

（七）深化经济体制改革，为西部地区发展创造良好环境

大力改善投资环境，充分发挥市场机制作用，吸引国内外资金、技术和人才投入西部开发，是西部地区加快发展的根本性措施。第一，西部地区要增强紧迫感，进一步解放思想，转变观念，以深化行政审批制度改革为突破口，切实把政府经济管理职能转变到主要为市场主体服务和创造良好发展环境上来。大力加强公务员队伍建设，依法规范行政和执法行为，强化服务意识，提高行政效率。第二，要完善市场体系，规范市场秩序，打击假冒伪劣等经济欺诈行为，依法保护知识产权。第三，积极推行公

有制特别是国有制的多种有效实现形式，加快调整国有经济布局和结构，积极鼓励、支持和引导个体、私营等非公有制经济发展，鼓励社会资本参与基础设施和生态环境建设、优势产业发展，参股、兼并和重组国有企业。支持国有企业改革、改组、改造的各项政策措施向西部地区倾斜。第四，努力扩大社会就业，健全社会保障体系。落实社会治安综合治理各项措施，维护安定团结的社会局面。第五，加强西部与东部、中部地区之间的经济交流与合作，建立市场化的跨地区企业协作机制，把东部、中部地区的资金、技术和人才优势与西部地区的资源、市场和劳动力优势结合起来，实现优势互补、互惠互利、共同发展。第六，深化涉外经济体制改革，进一步扩大对外开放。建立以企业为主体的对外招商引资新机制，依托优势产业、重点工程、重点地带，吸引外来投资以加快西部地区的经济发展。放宽西部地区金融、旅游、运输等公共服务领域以及基础设施建设的准入条件，采取有力措施推动西部地区发展对外贸易和经济技术合作，全方位、多形式地扩大与周边国家和地区的经济合作和技术交流，努力开拓国际贸易和边境贸易。

（八）拓宽资金渠道，为西部大开发提供资金保障

建立长期稳定的西部开发资金渠道，是持续推进西部大开发的重要保障。要继续保持用长期建设国债等中央建设性资金支持西部开发的投资力度，采取多种方式筹集西部开发专项资金。首先，中央财政性建设资金、其他专项建设资金继续向西部地区基础设施建设倾斜，中央财政对西部地区的转移支付力度进一步加大。其次，努力拓宽西部大开发的间接和直接融资渠道。创新重大基础设施建设投入机制，采取多种方式鼓励和引导社会资金和境外资金参与基础设施建设。鼓励各金融机构采取银团贷款、混合贷款、委托理财、融资租赁、股权信托等多种方式，加大对西部地区的金融支持。加快商业银行对西部地区国债配套贷款项目

的评估审贷速度，提高贷款审核效率。支持国家政策性银行扩大贷款规模，延长贷款期限，支持西部地区基础设施建设、进出口贸易。进一步推进西部地区农村金融体系建设，加大农村信用社改革力度，继续扩大农户小额贷款和农户联保贷款，支持有生产能力、守信用的贫困农户尽快脱贫致富。加强扶贫贴息贷款管理，增加对西部地区的信贷投入。提高西部地区利用国际组织和外国政府赠款及国外优惠贷款的比例。积极支持西部地区符合条件的企业优先发行企业债券和股票，支持西部地区以股权投资方式吸引内外资。

（九）加强西部地区人才队伍建设，为西部大开发提供有力的人才保障

西部大开发，关键在人才，特别是领导干部和高层次专业人才。要贯彻人才强国战略，认真实施《西部地区人才开发十年规划》。落实干部交流和人才培训任务，促进西部地区党政人才队伍、专业技术人才队伍和企业经营管理人才队伍协调发展。其一，加大干部的交流力度，通过调动任职、挂职锻炼、对口支援等多种方式，每年选派相当数量和相应级别的干部到西部地区县级以上领导班子中工作，适当延长西部地区县级以上干部到东部地区、中央和国家机关单位挂职锻炼期限。其二，逐步完善艰苦边远地区津贴制度，建立科技、教育、卫生、文化等专业人才定期到西部地区农村支援工作的制度。加快研究制定有利于西部地区留住人才、吸引人才、用好人才的政策措施，鼓励各类人才及大中专毕业生到西部地区发展、创业。把组织选派与发挥人才市场的作用结合起来，尽快建立起人才开发新机制。其三，以就业和再就业为导向，依托西部地区现有职业教育培训资源，充分利用东部地区职业教育资源，加强西部地区各类适用人才和劳务输出人员的职业技能培训和创业培训，加强少数民族干部和专业人才培养。组织和协调各地区各部门多渠道地为西部大开发提供智

力服务和人才支持。对于西部地区人才培训给予资金补助，加强西部地区人才开发的国际合作。

（十）加快法制建设步伐，加强对西部开发工作的组织领导

加强西部大开发的法制建设和组织领导，是进一步推进西部大开发的基本保障。一方面，要借鉴世界发达国家开发欠发达地区的经验，结合我国西部开发的实践，本着注重实效、突出重点、逐步完善的原则，加快西部开发法制建设步伐，为西部大开发提供法律保障。抓紧起草《西部开发促进法》和《西部开发生态环境保护监督条例》等法律法规，逐步建立和完善西部开发法律法规体系。西部地区各级人民政府公务人员要提高法治意识，确保法律法规的有效实施，树立诚信政府形象，为推进西部大开发打造良好的法制环境。

另一方面，要加强对西部开发工作的组织领导和综合协调。要建立专家咨询制度，提高科学、民主决策的水平。各地区、各部门要加强和稳定西部开发工作机构和人员，进一步增强责任感和使命感，加强对西部开发工作的领导，把实施西部大开发纳入重要议事日程，放在突出位置，加大贯彻实施西部大开发战略的工作力度，研究制定推进西部开发的具体政策措施。西部地区要认真落实中央关于西部大开发的战略决策、指导方针和各项重点任务，发扬自力更生、艰苦奋斗精神，创造性地开展工作。东部和中部地区要继续积极支持和参与西部大开发。国务院西部地区开发领导小组办公室要加强与各地区、各部门的联系和沟通，健全西部开发工作机制，加强调查研究、综合协调和督促检查，对重大问题提出政策建议，协调解决西部开发中遇到的各种问题。各方面要共同努力，团结奋斗，坚持不懈地把西部大开发扎实向前推进。

1.3 西部大开发的进程

到 2004 年 12 月,西部大开发战略已经实施了五年。五年以来,西部各省区纷纷采取有效的政策措施,经济和社会均取得较大发展,西部大开发战略有了良好开局。

1.3.1 经济总量规模不断加大,经济增长速度加快

实施西部大开发战略以来,西部各省区经济获得了较大的发展。首先,从 1999 年到 2004 年,我国西部地区国内生产总值不断提高,分别为 15354.0 亿元、16654.6 亿元、18248.4 亿元、20168.6 亿元、22954.7 亿元和 27585.2 亿元,经济总量不断攀升,图 1-3 很直观地反映了这一点。其次,我国西部地区经济增长的速度逐年加快。如表 1-6 所示,从 2000 年到 2004 年,我国西部地区国内生产总值分别增长 8.5%、8.8%、10.0%、11.2% 和 12.7%,五年年均增长 10.2%,同全国同口径地区生产总值增速的差距由"八五"期间的 2.8 个百分点和"九五"期间的 1.3 个百分点缩小到 0.7 个百分点。尤其是 2004 年,大部分省

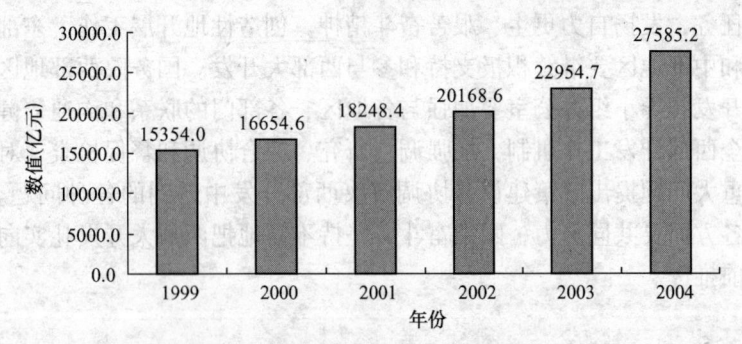

图 1-3 西部地区各年 GDP 增长情况

区的经济发展速度都是近年来之最。其中，内蒙古2003、2004年地区生产总值分别增长16.8%和19.4%，连续两年居全国首位。再次，实施西部大开发以后西部地区与东部地区经济增长速度的差距较实施西部大开发之前有所缩小。从表1-6中可以看出，1999年东西部地区GDP增长速度的差距是2.1个百分点，2000年这一差距缩小到1.7%，2001年更是降为1.0%，之后的几年内直到2004年这一差距仍维持在1.7%的水平之内。

表1-6 东西部地区GDP增长速度比较（%）

地区	1999年	2000年	2001年	2002年	2003年	2004年
东部	9.6	10.2	9.8	11.3	12.8	14.0
西部	7.5	8.5	8.8	10.0	11.2	12.7
东西部差距	2.1	1.7	1.0	1.3	1.6	1.3

资料来源：根据《中国中西部地区开发年鉴》整理得出。

1.3.2 产业结构调整步伐加快，特色产业发展开始起步

西部大开发战略实施以来，我国西部地区产业结构调整的步伐在逐步加快。1999年区域产业结构的比重分别为：第一产业23.8%，第二产业41.0%，第三产业35.2%。到2004年，区域产业结构比重已调整为：第一产业19.5%，第二产业44.4%，第三产业36.1%。

表1-7 东西部地区三次产业增加值占GDP的比重（%）

地区	1999年			2000年		
	第一产业	第二产业	第三产业	第一产业	第二产业	第三产业
全国	17.6	49.4	33.0	16.4	50.2	33.4
东部	12.6	48.7	38.7	11.4	49.2	39.4
西部	23.8	41.0	35.2	22.3	41.5	36.2

续表

地区	2001年			2002年		
	第一产业	第二产业	第三产业	第一产业	第二产业	第三产业
全国	15.8	50.1	34.1	15.4	51.1	33.55
东部	10.9	48.7	40.4	10.2	47.3	42.5
西部	21.0	40.7	38.3	20.0	41.3	38.7

地区	2003年			2004年		
	第一产业	第二产业	第三产业	第一产业	第二产业	第三产业
全国	14.8	52.9	32.3	15.2	53.0	31.8
东部	9.3	50.9	39.8	9.1	52.9	38.0
西部	19.4	42.8	37.8	19.5	44.4	36.1

资料来源：根据1999—2004年《中国统计年鉴》计算得出。

（一）1999年—2004年，第一产业在GDP中所占比重下降了4.3个百分点，这是在国家高度重视"三农"问题、大力发展西部地区特色农业的背景下实现的，西部地区农业综合生产能力和生产效率均获得了较大程度的提高。特别是2004年，国家以前所未有的力度对西部地区农业发展提供了大力支持，西部地区第一产业的增加值获得了20.5%的高速增长，从而导致西部地区2004年第一产业增加值在GDP中所占的比重与2003年相比不降反增，提高了0.1个百分点。这反映出国家的西部大开发战略对西部地区的特色优势农业发展取得了较好的实践效果。

（二）1999年—2004年，第二产业增加值在GDP中所占比重提高了3.4个百分点，西部地区工业生产速度不断加快，经济效益明显回升。五年来，西部12个省区以重点项目和技术改造为重点，加速推进工业化进程，工业生产规模的迅速扩大成为经济快速增长的主要支撑之一。但是，从整体上看，西部地区第二产业发展的速度仍显迟缓，与基础设施发展适度超前的局面形成了反差。西部地区有着丰富的能源资源，我国一些重要的能源工业不断地向西部转移，而制造业在很大程度上有向东部集中的趋势。再加上西部本身原有的制造业规模相对较小，发展水平较低，竞争力较弱，各地对特色产业尤其是加工制造业的发展没有引起足够的重视，导致西部工业化进程缓慢，明显滞后于东部地区，使西部经济的长期发展缺乏必要的产业支撑。

（三）第三产业比重相对稳定，比1999年有所提高。2000年—2004年，西部地区第三产业增加值在GDP中所占的比重下降了0.1个百分点，但在此期间的2001年和2002年两年内，西部地区第三产业比重提高为38.3%和38.7%，分别比1999年上升了3.1和3.5个百分点。这是与当时西部地区第二产业发展较慢甚至比重有所下降相对应的。从总体上看，西部地区第三产业仍以传统服务业为主，现代服务业在其中所占的比重较低，尤其是为生产服务的现代服务业发展尚处于较低的层次。

1.3.3 基础设施建设取得重大进展

针对西部地区在基础设施等方面相对薄弱的情况，国家加大了对西部地区重点建设资金的支持力度，带动了全社会固定资产投资的增长，使西部地区基础设施建设得到了良好的发展契机。五年来，中央政府及各级地方政府对西部地区基础设施建设的投资力度不断加强，西部基础设施建设取得了实质性的进展。中央财政性建设资金在西部地区累计投入约4600亿元，中央财政转移支付和专项补助资金累计安排5000多亿元[1]，其中大部分都用于基础设施建设投资，有力地支持了西部地区的经济建设和社会

---

[1] 数据来源：国家信息中心预测部、国务院西部大开发办公室：《2004—2005西部大开发进展和前景展望》

事业的发展。2000年到2004年西部地区全社会固定资产投资总额分别比上年增长14.4%、19.3%、20.6%、26.4%和26.6%，年均增长20%以上，明显高于全国平均水平[①]。特别是内蒙古全社会固定资产投资年均增长38.7%，增速居全国首位。西部地区基本建设投资资金在全社会固定资产投资总额中所占的比例迅速上升，2000年仅为40.08%，2003年就上升到61.50%。

固定资产投资的持续增长成为拉动西部地区经济增长的重要动力。五年来，西部地区陆续新开工60个重大建设工程，投资总规模约8500亿元。交通干线、水利枢纽、西电东送、西气东输、通信网络等重大基础设施建设进展顺利。

第一，实施西部大开发战略以来，西部地区的交通运输网络进一步增强。(1) 公路方面，五年来西部地区累计新增公路通车里程9.1万公里，其中新增高速公路5600公里[②]，公路里程已达到757258公里，占全国公路里程的40.48%。尤其是2004年10月，作为新丝绸之路和亚洲公路网重要线路，全长4395公里的连霍国道主干线全线贯通。至此西部地区9条国道主干线总里程达1.6万公里。(2) 铁路方面，累计新建铁路铺轨4066.5公里，建成投产铁路新线2819.6公里[③]，复线1653.6公里，电气化铁路1831.3公里。到2004年底，西部地区铁路营业里程已达到27062公里，比1999年增长了28.2%，占全国铁路营业里程的36.4%。尤其值得一提的是，世界上海拔最高、路线最长的青藏铁路（格尔木至拉萨段）2001年6月29日全线开工，截至2006年5月底累计完成投资294.65亿元人民币；2006年7月1日全

[①] 数据来源：2000—2004《中华人民共和国国民经济与社会运行公报》。
[②] 韦苇主编、姚慧琴副主编：《中国西部经济发展报告（2005）》，社会科学文献出版社2005年版，第73页。
[③] 新华社：《努力再造新西部——写在西部大开发五周年之际》，2005年2月14日。

线通车运营，比原计划提前一年。(3) 航空方面，西部地区在完善现有的枢纽机场和干线机场的同时，新建或扩建干线机场和支线机场22个，如新疆的阿勒泰、库车和且末，甘肃的敦煌，内蒙古的鄂尔多斯，青海的格尔木，四川的攀枝花、九寨沟、绵阳，贵州的铜仁，云南的临沧、思茅，重庆的万州五桥、黔江舟白机场等，此外在建项目16个，现有的航空网络进一步得到完善。(4) 内河航运方面，以长江三峡和黄河上游河道为中心，到2004年底，西部地区内河航道总里程达到30782公里，比2000年的21876公里增长了近40.71%，相当于全国内河航道总里程的24.96%。(5) 管道运输方面，国家在加大西部原有输油输气管道更新改造的同时，大力规划建设了一批新的输油输气管道。最具有标志性的重大工程是已于2004年8月3日全线贯通、并于2004年12月30日实现商业供气的"西气东输"工程，主干管道西起新疆塔里木的轮南油气田，向东经过甘肃、宁夏、陕西、山西、河南、安徽、江苏、浙江八省区和上海一市，最终到达上海郊区的白鹤镇，全长4212公里，输气能力为120亿立方米/年。西端则由新疆轮南到靖边，全长2500公里。

第二，国家加大了开发西部能源资源的力度，能源基地建设初见雏形。为了满足国民经济发展对能源增长的需要，国家规划了"西电东送"、"西气东输"等工程。"西电东送"工程开发贵州、云南、广西、四川、内蒙古、陕西和山西等西部省区的电力资源并将其输送到电力紧张的广东、上海、江苏、浙江和京津唐地区。五年来累计开工项目总装机容量3600多万千瓦，输变电线路13300多公里，形成输电能力2060万千瓦，完成"十五"期间总体目标的90%。到2004年底向广东的输电通道送电能力达到1150万千瓦以上，提前一年完成了向广东送电1000万千瓦的电网建设任务。截至2004年底，长江三峡工程累计完成投资1114亿元，累计投产11台发电机组，累计新增发电机组容量

770万千瓦。2006年5月20日,三峡大坝主体工程最后一车混凝土浇筑完成,长2309米、高185米的雄伟大坝全线到顶。"西气东输"工程的贯通并投入使用,使西部的石油和天然气资源在西部管道线路各城市、城镇得到充分的利用,并不断输往中东部地区。

第三,水利建设成效显著。五年来,国家加强了对塔里木河和黑河流域的综合治理,重点建设多项骨干水资源工程,如嫩江尼尔基、广西百色、黄河沙坡头、四川紫坪铺等控制性水利枢纽工程,以及黑河正义峡、黄河大柳树、泾河东庄、嘉陵江亭子口、乌江彭水、云南滇中引水、西藏旁多等骨干水利工程。加快了南水北调特别是西线调水工程的工作进度,积极抓紧建设乌鲁木齐引水、引大入湟、引大入秦、引洮等调水工程,以及青海黑泉水库、南洋渠灌溉工程和云南、四川、贵州、重庆等省区中型水库等重点水源和调水工程。此外,加大了农村饮水工程的建设投资,5年累计安排投资71亿元,解决了西部3200万人饮水问题。农田水利建设成效显著,改造了115个灌区、建设了535个节水示范项目、安排了621座病险水库除险加固工程,在西北、西南等半干旱地区兴修水窖、旱井、蓄水池等小型、微型水利工程,发展集雨节灌。同时开展了黄河上中游干流河段及重要支流、长江上游及其支流、珠江上游、西南诸河等重要河流重点河段的防洪治理和重点城市防洪工程建设。

第四,通信基础设施建设得到了快速发展。西部通信走廊、数字化城市、宽带服务和农村电话等工程的建设力度不断加强,使我国西部地区的网络通信技术和服务水平得到了全面的提升。到2004年底,西部邮电业务已达1843.36亿元,占全国邮电业务总量的19.0%。其中邮政业务总量达96.6亿元,占全国的比重为17.2%;电信业务总量达1746.78亿元,占全国的比重为19.1%。西部地区固定电话用户数已达6266.50万户,占全国固定电话用户数的20.10%，其中城市电话用户数为4486.10万户，农村电话用户数为1780.50万户；移动电话用户数已达6920.10万户，占全国移动电话用户数的20.7%；互联网用户数已达1941.00万户，占全国互联网用户数的20.7%。固定电话普及率达到16.88部/百人，移动电话普及率达到18.64部/百人。①

第五，农村基础设施建设显著加强，农民生活水平大幅度提高。西部大开发战略实施五年来，油路到县、送电到乡、广播电视到村、人畜饮水、沼气利用、节水灌溉等农村基础设施建设逐步推进，"一通（县际通沥青公路）、二退（退耕还林、退牧还草）、三到户（农村饮水解决到户、农村能源建设到户、生态移民安置到户）"等农村基础设施和生态建设项目也相继展开。农村生产生活条件得到较大改善，西部贫困地区1325万农村人口的饮水困难得到缓解。国家投入46亿元，将居住在生态环境脆弱、不具备基本生存条件地区的102万贫困人口实行生态移民。安排10亿元，用于农村96万口户用沼气池建设。解决了969个无电乡通电问题，6.8万个行政村通了广播电视。

1.3.4 生态环境保护和建设显著加强

西部大开发战略实施五年来，党中央国务院采取了强有力的、切实可行的措施，不断推进西部地区的生态环境建设和改善。西部退耕还林7350多万亩，荒山荒地造林9570多万亩，退耕还草1.9亿亩。天然林保护、京津风沙源治理、三峡库区国土整治及水污染治理、江河源头生态保护等重点工程全面展开，取得了明显成效。

五年来西北地区各省、自治区全面实施"978行动计划"，建设"山川秀美工程"，加快了黄河中上游地区水土保持重点生

---

① 数据来源：根据《中国统计年鉴2005》相关数据计算得出。

态工程建设，天然林资源得到有效保护，林草植被得以恢复。占国土面积32.19%的西北五省区的森林覆盖率由3.34%提高到了5.86%。京津风沙源治理和以防沙治沙为主攻方向的"三北"防护林重点工程建设步伐加快，三江源青海省生态建设进入新的阶段，塔里木河、黑河、石羊河下游、内蒙古阿拉善等地区的绿洲生态建设也在加紧进行。

六大林业重点工程（即天然林保护、退耕还林、京津风沙源治理、三北和长江流域等重点防护林体系建设、野生动植物保护及自然保护区建设和重点地区速生丰产用材林基地建设）使西部地区的生态明显改善，西部独特的野生动植物等珍贵物种资源得到恢复和保护，国家级自然保护区达到86处，大熊猫、金丝猴等国内外珍稀濒危野生动物数量有所增加。

生态环境的改善，有利于改变西部地区的投资环境和人民的生活条件，有利于推动西部地区的经济发展，有利于西部大开发的顺利进行。

1.3.5 科技教育等各项社会事业加快发展

西部大开发战略实施以来，中央和地方政府制定了一系列科技教育的发展规划和政策，加大了对西部科技教育的投资，西部地区的科技和教育事业有了较大的发展。

五年来，西部地区科技投入力度加大，财政科技拨款快速增长，从事科技活动的专业人员不断增加，科技体制创新不断推进，科技成果显著且转化能力增强，技术进步速度加快。科研基地和高技术产业化示范项目建设取得初步成果。国家在西部地区累计安排科研项目2100多个，建设科研基地18个，支持高新技术产业化示范项目230个。

教育方面，西部地区各项教育事业总体上稳步发展，民众的各项受教育机会进一步增加，人力资源的教育水平不断提高。如

表1-8所示,2003年与2000年相比,全国教育经费增长了近2359.2亿元,增幅为61.3%,西部地区教育经费则增长了528.2亿元,增幅更加明显,达到66.4%。西部地区教育经费在全国教育经费中所占的比重也由2000年的20.65%上升到2003年的21.35%,上升了0.7个百分点。从教育经费的增长率来看,西部地区2001年、2002年教育经费分别比上年增长25.93%和19.32%,均高于同期全国教育经费增长率的平均水平;西部地区2000—2003年教育经费的年均增长率达到17.68%,高出全国同期教育经费年均增长率16.72%近1个百分点。可见,西部地区在财政困难的情况下,依然在不断加大教育投资。五年来,西部地区重点高校基础设施建设和学科建设步伐加快,成人高等教育、民办高等教育都有较大的发展,尤其是陕西的民办高等教育在全国名列前茅;农村义务教育得到加强,7000多所农村中小学危房得到改造,240多所县级职业教育中心、中专和技校得以建设;此外,国家还重点建设了25所高校的基础设施和125所大学的计算机校园网、500多所县级优质普通高中及中小学现代远程教育试点示范工程。

表1-8 全国及西部地区2000—2003年教育经费情况

年份	全国教育经费 合计(万元)	增长率(%)	西部教育经费 合计(万元)	增长率(%)	西部教育经费占全国的比重(%)
2000	38490805.8	14.93	7949440.4	14.69	20.65
2001	46376626.2	20.49	10011087.3	25.93	21.59
2002	54800277.6	18.16	11945330.2	19.32	21.80
2003	62082653.0	13.29	13231372.1	10.77	21.31

资料来源:根据2000—2004年《中国统计年鉴》相关数据计算得出。

五年来,国家累计投入65亿元加强西部农村公共卫生设施建设，农村医疗卫生条件有所改善。国家支持建设贫困县医院260所，疾病预防控制中心建设也取得进展，干部交流和人才培训工作逐步展开。

西部大开发五年来取得的成就，使全国各族人民尤其是西部地区的人民看到了西部发展的希望和前景，进一步加强了全面建设小康社会的信息和决心，也为西部大开发的顺利进行奠定了基础。西部大开发同样也促进了其他地区的发展。西部地区重点工程建设所需的设备、技术等，有很多都是来自于东部和中部地区，这就有效地扩大了这些地区的市场空间，促进了这些地区产业结构的调整，增加了就业岗位。同时西部地区还输出大量的能源、原材料等资源，保证了东部和中部地区的经济发展，进而为保证整个国民经济的健康平稳增长发挥了重要作用。

实践证明，党中央、国务院实施西部大开发的战略决策是完全正确的，确定的重点任务和采取的政策措施也是符合实际的。

1.4 西部发展的整体思路与前景展望

实施西部大开发是一项长期而艰巨的历史任务，我们既要有紧迫感，又要做好长期奋斗的思想准备。当前，实施西部大开发主要存在三大难点：一是资金问题。西部大开发近中期的重点是抓好生态环境和基础设施建设以及发展科技教育，这都需要大量的投资。而随着投资主体的日益多元化，单纯依靠政府的财政资金将难以弥补西部大开发的巨大资金缺口。二是人才问题。我国西部地区不仅人才规模小，而且人才结构很不合理。文史哲等人才过剩，而经营管理、外贸金融、高新技术等人才缺乏。人才浪费、闲置和流失的现象严重。我国西部地区人口总体素质也较低，文盲半文盲率较高。三是科技和制度创新问题。西部地区科技水平还较为落后，制度创新也比较缓慢甚至缺乏。西部地区要想在经济和技术全球化的浪潮中迎头赶上，实现跨越式发展，就必须依靠科技和制度的创新，充分发挥后发优势。

1.4.1 西部发展的整体思路

鉴于目前西部大开发过程中存在的诸多困难，在今后较长的一段时间内，西部发展的整体思路应是：必须高度强调以人为本，把富民强区作为根本目标；以科技创新和制度创新作为两个突破口，因地制宜、分类指导、突出重点、逐步推进；遵循客观自然规律和经济规律，充分发挥政府和市场的双向调控作用，通过政府财政资金和区域政策的积极引导，广泛吸引国内外民间资本参与西部大开发。这样，力争经过较长一段时间的积极努力，使西部地区的经济社会能够获得持续的快速发展，居民收入与福利水平有较大程度的提高，西部与其他地区之间的发展差距逐步缩小，从而最终实现社会主义共同富裕的目标。①

(一) 高度强调以人为本，实行可持续发展战略，把富民强区作为根本目标

党的十六届三中全会明确提出："坚持以人为本，树立全面、协调、可持续的发展观，促进经济社会和人的全面发展"。国内外发展的经验证明，单纯的经济总量增长并不是我们所追求的目标，我们所需要的是一种以人为本的新的科学的发展观。科学发展观的确立，对于实现全面建设小康社会的宏伟目标至关重要，这是我国经济工作必须长期坚持的重要指导思想，是解决当前我国西部大开发中诸多矛盾和问题必须遵循的基本原则，是21世纪中国区域发展的主旋律。

---

① 王洛林主编、魏后凯副主编：《未来50年中国西部大开发战略》，北京出版社2002年版，第29页。

经济发展的根本目的是为了最大限度地满足人们的物质生活需要,提高全体人民的净福利水平。在过去相当长的一段时间里,人们采用以征服自然为目的、以科学技术为手段、以物质财富增长为动力的传统发展模式,在一定程度上破坏了人类赖以生存的基础,使人类改造自然的能力转化为毁坏人类自身的力量。无数的自然灾害和生态环境的严重恶化不断地向人类发出警示,我们不能再走发达国家先污染后治理的老路,而应该树立以人为本的科学发展观,寻求人与自然、人与社会、人与人之间关系的总体性和谐,找到一条经济与生态"双赢"的道路,才能实现经济与社会的和谐发展,也才能真正提高人民的净福利水平。从这种科学的发展观出发,西部大开发也必须高度强调以人为本这个本质和核心,建立相互尊重、相互理解、相互信任和相互关心的良好的人际关系;树立人力资源观念,尊重知识、尊重劳动、尊重人才、尊重创造;必须关注和推进人的全面发展,特别是要全面提高人的综合素质,为西部地区的发展贮备高素质的人力资源。

西部地区长期处于计划经济的指导之下,市场经济不发达,社会各项事业发展严重滞后,尤其是广大贫困地区和偏远山区生活水平还十分低下,与东部地区相比差距还很大。这严重制约了人民群众生活水平的全面提高和全国经济的全面协调发展。因此,西部大开发必须把富民强区作为根本目标,坚持可持续发展。"富民"是指西部地区居民收入水平和生活水平的不断提高,"强区"是指西部地区综合实力和竞争力的不断增强。对西部各个地区来说,只有民富了,区强了,才可以说是真正实现了西部大开发的目标。要实现这一根本目标,我们必须树立可持续发展的观念。一方面,那种单纯只为保护西部脆弱的生态环境而不主张搞工业化,不主张发展经济的观点是十分极端和片面的;另一方面,我们也应该清楚地意识到积极搞好生态建设和环境保护是实施西部大开发的重要前提，西部发展不能只看短期效应而忽略长期利益。因此，西部大开发必须坚持可持续发展战略，坚持资源开发与环境保护并重的开发策略，在资源开发与环境保护统一的基础上寻求新的经济增长点。

(二) 因地制宜，分类指导，突出重点，逐步推进

我国西部地区地域辽阔，各省区的地理条件和经济社会发展的差异很大，既有像西安、重庆、成都等科技和经济实力较大的大城市地区，又有诸多交通不便、经济发展水平极为落后的"老、少、边、穷"地区，甚至还有一些难以开发或根本不可能开发的荒漠戈壁、高山冻原地区。因此，实施西部大开发必须谨记"大跃进"和"三线建设"的经验教训，遵循客观自然规律和经济规律，因地制宜、分类指导、突出重点、逐步推进，绝不能盲目冒进、急于求成。

"因地制宜"就是要根据西南、西北地区以及西部各省区的区情特点，在自身所具有的比较优势的基础上科学地制定区域开发战略，积极培育和发展特色产业，逐步形成一个具有区域特色的有较强市场竞争力的产业结构。"分类指导"就是国家要根据西部各地区的实际和特点实施优惠政策，分类指导、区别对待。具体来讲，对中心城市区重点加强高新技术产业的开发和先进加工制造业的发展；对资源型地区重点加强优势资源的综合开发利用和适度加工，发展接替产业，促进地区经济的可持续发展；对生态脆弱地区重点进行生态环境的保护和建设，抓好退耕还林和"天保"工程；对贫困地区要在解决农村贫困户温饱问题的基础上以经济开发为核心，逐步建立"造血机制"，增强这些地区自我发展的能力；对边境地区重点推进"兴边富民行动"，大力发展边境贸易，更要保证边境安全。"突出重点、逐步推进"就是要有重点地分布推进，结合交通运输网络和重大基础设施的建设，以大城市为中心，充分发挥中心城市的带动和辐射作用，积

极推进城市化进程,实行"以点串线、以点带面"的点轴开发战略。具体来讲,就是要在近中期内,集中力量重点发展现有的经济基础较好、人口较为密集、沿交通干线和城市枢纽的地区,然后依托陇海—兰新大陆桥、长江黄金水道和西南出海通道,发挥各中心城市的集聚和辐射作用,促进沿线沿江重点经济带的形成。这样,一部分有条件的地区率先发展和富裕起来,带动其他地区的发展,最终实现共同富裕的宏伟目标。

(三)以科技创新和制度创新为突破口,发挥后发优势,实现西部地区的跨越式发展

目前,西部地区的整体经济水平较低,与东部沿海地区相比还有很大差距。要想缩小这一差距,西部地区就必须保持比东部沿海地区更快的增长速度,实现跨越式发展。而要实现跨越式发展,关键就是要以科技创新和制度创新为突破口,充分发挥后发优势。当今世界范围内掀起了一场以计算机、电信、个人技术、超微技术和可替代能源等为标志的新技术革命特别是信息技术革命,对全球的社会经济生活产生了新的重大影响。传统的生产模式和体制结构越来越束缚经济的发展,由此受到了巨大的挑战。西部地区如果能够抓住这个发展的机遇,采用高新技术和先进的适用性技术改造传统产业,突破落后经济体制的束缚,必然能够在全球经济一体化的大潮中实现跨越式发展。

创新是经济发展和产业结构调整的动力所在。在实施西部大开发的过程中,国家应鼓励西部地区进行科技创新,加大各类科技计划经费向西部的倾斜力度,围绕西部大开发的重点任务加强西部科技能力建设,发展重点科技示范项目,加强西部地区同中东部地区乃至国际的科技项目合作,特别要解决自主科技创新成果的转化问题。西部地区要大力进行科技创新,首先还必须要有一个鼓励科技创新的体制,没有体制的保障,科技创新活动就不可能顺利展开,创新的成果也不能被有效应用。长期以来,我国

西部地区经济发展水平低，国企所占的比重较大，民营企业规模小，经济机制不灵活，技术含量低，经济效益普遍不高；加之人们的观念落后，产业配套能力较弱，高新技术产业的发展严重滞后于全国，阻碍了西部地区的科技发展和创新。因此西部地区要实现跨越式发展，必须以制度和体制创新为突破口，树立市场意识和竞争意识，积极推进国有企业股权分置改革，逐步建立充满活力、高效运行、竞争力较强的经济结构；必须以经济结构调整为主线培育西部地区的高新技术产业，提高西部经济建设的科技含量和自然资源的利用效率；必须加强西部科技体制改革机制的重建和科技创新体系的建立，加强西部对科技成果的应用能力。

在西部地区科技创新和制度创新过程中，最重要的就是要加快重大科技成果的推广应用和产业化步伐。国家应支援西部地区科研机构和高校加强有特色的应用研究和基础研究，加快从事应用研究的科研机构向企业转化，加强产学研联合，加大对企业科研创新的经费支持。也就是说，西部地区要大力发展高新技术产业，一方面鼓励支持民营科技企业和国有企业的创新活动，大力促进企业的自主科技成果转化；另一方面也要积极吸引外来大企业，最大限度地发挥外来投资对西部高新技术产业的促进作用。

当今的市场竞争已经逐渐演变为科技和人才的竞争，其中人才是最为关键也是最为活跃的因素。无论是科技创新还是制度创新，离开了高质量的人力资源都是不能实现的。因此西部地区的创新还必须高度重视人力资源的开发。总体上讲，西南地区人力资源的开发必须按照"不求所在、但求所有、不求所有、但求所用"的原则，采取"高级人才以引进为主，初中级人才以培养为主"的战略。一方面，根据经济和社会发展的需要，积极引进一批高级专门人才和实用型人才；另一方面，要努力做好当地人才培养工作，扩大培训工作，大力发展基础教育和职业教育，提高人才的综合素质，并营造有利于人才培养和选拔的良好的外部环境，为西部地区发挥后发优势，实现跨越式发展提供所需的创新型人才。

（四）发挥财政资金的引导作用，广泛吸引国内外民间资本

根据工业化理论，我国西部经济尚处在资本推动型的发展阶段，需要大量的不间断的资金投入。但我国西部地区由于经济发展水平低，交通运输条件、通讯设施也相对落后，投资环境较差。在这种情况下实施西部大开发战略，国家财政资金必须要大量地向西部地区进行倾斜性投资，特别是对于国家新安排的西部地区重大基础设施建设项目和优先安排建设项目，此外还要提高国家政策性贷款和国际金融组织、外国政府贷款用于西部的比重。国家通过财政转移支付等方式加大对西部的投入，尤其是加大在西部基础设施和生态环境建设方面的投入是必不可少的，这也是西部大开发成功的重要前提。银行根据商业信贷自主原则，加大对西部地区基础产业建设的信贷投入，重点支持铁路、主干线公路、电力、石油、天然气等大中型能源建设项目，增加对西部地区农业、优势产业、小城镇建设、企业技术改造、高新技术企业和中小企业发展的信贷支持。

西部大开发的真正实现，单靠政府输血式的资金注入是不够的。要真正实现西部地区经济的持续发展，还要靠西部的内生发展，这就必须依靠国际资本和国内民间资本的大规模进入，搞活西部市场，为西部大开发创造初始条件。首先，政府在投资的宏观管理上要转变职能，采取鼓励民间投资的税收等优惠政策措施，退出竞争性投资领域，积极拓宽民间投资的行业和领域，形成公平的竞争机制，制定严格的竞争准则，整治社会治安和信用环境，为启动民间投资全力营造一个宽松、公平的投资环境。其次，政府各职能部门要增强服务意识，放宽民间投资，改革项目审批制度；加大民间投资的政策宣传和执行力度；加强信息服务，建立经济信息网络，及时传递民间投资的方针政策、法律法

规和市场动态；搞好法律服务，积极开展法律政策咨询活动，为启动民间投资创造良好的服务环境。再次，在加大贯彻国家优惠政策的同时，积极维护投资者的合法权益，通过由政府、民间投资者等共同出资建立赔偿保障基金的形式，建立赔偿保障机制，以降低民间投资者对西部的风险预期。同时要加大责任追究制度的执行力度，切实为民间投资者提供保障。此外，还应建立各种投资基金，集中分散的社会资本，积极培育民间投资主体，降低投资风险。最后，要进一步加大西部地区对外开放的力度，以更好地吸引外资。具体来讲，对外国投资者加大西部地区的宣传，扩大对外交流，使其对西部地区的投资环境有更多的了解；结合西部具体各地区的实际情况，更加细化吸引外资的优惠政策，把外资引导到有利于本地区经济发展的行业上；进一步加大开发西部市场的力度，鼓励外商投资企业用在境内获得的利润到西部地区再投资，适当放宽外商投资的产业和股权比重限制；政府要简化办事程序，提高招商引资效率。

1.4.2 未来西部发展的前景展望

新的世纪，国内外经济形势正在发生一系列深刻的变化，我国的经济增长也呈现出一系列新的特点，为今后西部地区的发展带来了新的机遇。其一，如前所述，为实施西部大开发战略，中央已经明确要将国家财政资金、国债资金以及国际金融组织和外国政府贷款的70%投向中西部尤其是西部地区，并先后制定了一系列优惠政策以改善西部地区的投资环境，这对于西部地区的招商引资是十分有利的。其二，近年来东部沿海地区的劳动力工资和土地价格等不断上涨，"工荒、水荒、电荒"和成本上升的新情况改革开放后第一次在东部发达地区出现，而由于西部地区资源丰富、劳动力工资水平较低，外商投资企业和沿海企业已经出现逐步向中西部地区转移的趋势，为西部地区潜在资源优势的发挥提供了良好的机遇。其三，我国的工业化迈上新的重化工业化时代，为重型工业结构的西移提供了机遇；城市化向城市群（带、圈）深化，长三角、珠三角、泛珠三角、成渝经济区等重点经济带的规划和建设如火如荼地展开，区域经济一体化进程不断加快，这为西部地区发展模式提供了启示。其四，人均收入增长和消费水平迈上一个新的台阶，对经济增长和结构变化带来重大影响。其五，当前新技术革命为我们带来了世界先进技术和现代管理经验，特别是随着信息和网络技术的迅速发展，"空间距离"已不再成为经济交往的障碍，为我国西部地区充分发挥后发优势实现跨越式发展创造了条件。

但是，我们也应该看到，在当前新的历史条件下，西部地区的发展也将面临着来自国内外的更加严峻的挑战。其一，随着现代科学技术突飞猛进的发展，自然资源禀赋在地区经济发展中的作用日益下降，而观念、制度环境、管理经验、科技和人才、营销技术等软要素的作用越来越重要。西部地区面临着从比较优势到竞争优势的转变，而这种转变中最重要的竞争要素正是西部地区所缺乏的。其二，工业生产能力的过剩和买方市场的形成使国内市场竞争日益激烈，近年来几乎达到"白热化"的程度，再加上来自国际市场的竞争，使企业选择新投资项目的困难加大，投资风险日益增加，使西部地区的投资难度有所增加。其三，目前国内竞争力较强的一些行业和企业都集中在东部地区，而且东部地区在继续保持投资、出口和第二产业强劲增长的拉动作用的同时，第三产业、城市群（圈）、收入均出现高速增长态势并成为经济增长新的三大动力；而西部地区的产业发展层次还比较低，并且承担着大量难以依靠市场机制致富的基础设施建设和生态环境工程，使得东西部差距在"西部开发输出资源、东部加工制造"的垂直分工体系下继续拉大。其四，随着可持续发展战略的实施，国家对生态环境保护的标准越来越高，这将增加企业的设备投资和生产成本，由此更加加大西部地区工业化的难度。最后，中国加入 WTO 的许多承诺和国际劳工组织的一系列约束，比如 SA8000 国际标准，也会给中国传统的发展模式带来压力，中国低成本出口导向的发展战略必将发生变化。此外加入 WTO 对市场竞争力还较弱的西部地区的冲击将会大于东部沿海地区，使西部地区的发展面临更加严峻的考验。

从总体上看，我国西部地区国土辽阔，拥有丰富的土地、水、能源、生物等资源，采用世界先进适用技术和现代经营管理方法加快对各种优势资源的综合开发利用的前景是十分广阔的。然而我们也应该清楚地意识到，要把这种潜在的资源比较优势转化成现实的经济竞争优势还要取决于诸多的前提条件，因此西部地区应充分地创造这种前提条件。具体来讲，就是要强化科技创新和制度创新，增强企业的核心竞争力；要大力发展教育和职业培训，全面提高劳动者的素质，培养高质量的人才，提高劳动生产率；要加强基础设施建设，提高政府办事效率，全面改善投资环境，提升服务水平。

从产业的发展来看，大力调整产业结构，积极发展有特色的优势产业，是西部地区今后必须面对的一项重要的战略任务。在当今国际竞争和国内竞争融为一体的情况下，西部地区必然要从自身资源特点和产业优势出发，以发展特色产业为切入点，并以此推动西部地区工业化和城镇化的进程。具体来讲，积极发展有资源优势的能源产业如石油天然气开发及油气化工、水力发电、磷及盐化工、有色金属深加工、稀土及稀有金属加工等；积极发展特色农业及农产品的深加工，如甘肃的土豆、陕西的苹果、云南的烟草、新疆的彩棉、天山南北的特色瓜果带等；依托三大牧区发展特色畜牧业，如内蒙古的毛纺、乳品和皮革，新疆的细羊毛、牛羊肉、伊犁马等；利用西部各地得天独厚的自然、人文旅游资源大力发展特色旅游业，并有效带动相关的餐饮、住宿、文化娱乐、手工艺品等的发展；依托西安、重庆、成都、兰州等城市的高新技术产业，发展包括电子信息、航空航天、新材料和生物技术等高科技产业。

从各地区的发展来看，西部一些条件较好的地区，如关中地区、成渝地区、银兰西地区、南北钦防地区等将会率先崛起，进入快速增长的"快车道"。同时，随着西部地区大型交通干线的建设和改造，基础设施将进一步完善，由此加快沿海经济带的形成。西部地区的产业布局将会沿着长江黄金水道、陇海—兰新大陆桥、银兰宝—宝成—成昆—南昆铁路以及包西渝黔通道逐渐展开，由此形成一个"井"字形的总体布局格局。

西部大开发任重而道远，使命光荣而艰巨。从长远的发展来看，随着西部大开发战略的实施，今后西部地区经济发展的速度将会逐步加快，东西部相对差距扩大的势头将会得到一定的控制，并最终朝着逐步缩小的方向发展。但从现在的条件出发，这将是一项长期的、十分艰巨的任务，不可能一蹴而就。从未来的发展趋势来看，今后西部地区的这种追赶大体上可分为三个阶段：首先，在近期内重点是打好基础，搞好基础设施建设和投资环境建设，力争使西部地区的经济增长速度逐步接近于全国各地的平均水平，逐步遏制东西部差距急剧扩大的趋势；其次，在此基础上，再经过一段时间的努力，力争使西部地区的经济增长速度超过全国的平均水平，从而使西部地区人均 GDP 和居民收入的相对水平逐步提高；最后，经过前两个阶段的努力和积累，使西部地区的增长速度在整体上超过东部地区，东西部发展差距逐步趋于缩小。

参考文献

1. 国务院西部地区开发领导小组办公室编：《实施西部大开发总体规划和政策措施》，中国计划出版社，2002年6月。

2. 王洛林主编、魏后凯副主编：《未来50年中国西部大开发战略》，北京出版社，2002年。

3. 韦苇主编、姚慧琴副主编：《中国西部经济发展报告(2005)》，社会科学文献出版社，2005年10月。

4. 杨聪、林克等著：《区域优势整合——论西部经济的统筹发展》，民族出版社，2004年11月。

5. 中华人民共和国国家统计局编：《2005中国统计年鉴》，中国统计出版社，2005年。

6. 张丽君编：《区域经济政策》，中央民族大学出版社，2006年。

7. 王文长著：《开发经济学》，海潮出版社，1999年5月。

8. 陈耀：《西部开发大战略与新思路》，中共中央党校出版社，2000年。

9. 王金祥、姚中民主编：《西部大开发重大问题与重点项目研究·综合卷》，中国计划出版社，2006年。

10. 国家统计局综合司编：《2004中国区域经济统计年鉴》，中国财政经济出版社，2005年。

第二章 西部大开发的区域经济理论分析

实施西部大开发战略,加快西部地区的发展,是贯彻落实邓小平关于"两个大局"战略构想在新的社会历史条件下的必然实践,是解决我国地区发展不平衡、实现区域经济均衡协调发展的重大战略举措,是以江泽民为核心的党中央第三代领导集体根据我国经济发展布局进行的一次重大战略调整。然而,西部大开发是一项宏伟和系统的工程,需要不断有新的思路来指导,用新的机制来推进,靠新的政策措施来保障。当今世界,可持续发展作为人类社会共同面临的重大任务,逐渐成为指导各国和各区域经济协调发展的新的发展观。区域开发的根本目的是在满足全国发展需要的同时,促进当地经济社会的繁荣和居民福利水平的提高。我国西部地域辽阔、环境复杂、资源丰富、民族众多,在全国可持续发展的大格局和国家战略目标的构建中占有不可替代的地位。因此新世纪我国全力推进和实施的西部大开发战略,要在以人为本的新的科学发展观的指导下,实现西部地区经济、社会和环境的可持续协调发展,促进中国 21 世纪社会主义和谐社会的构建。

2.1 西部大开发的理论发展

2.1.1 实施西部大开发的理论依据和战略背景

(一)"均衡"和"非均衡"的区域经济发展理论

从区域经济发展的过程来看,"均衡"和"非均衡"的相互替代发展是各国、特别是大国区域经济发展所共同遵循的客观规律。区域均衡发展理论主要是指在产业发展方面、在区域间或区域内部各地区之间基本保持同步和均衡发展。它强调产业之间的相互依存和协调发展所带来的外部经济效应，主张在区域间或区域内平衡部署生产力，实现区域经济的均衡发展。在区域内通过对国民经济各部门同时大规模投资打破发展中国家的贫穷恶性循环，为部门和行业的发展创造较好的外部环境。它的主要目的在于利用外部经济效应和各部门之间相互关联及补充的性质，推动经济快速协调发展。

区域非均衡或不平衡增长理论则认为经济增长过程在实质上是不平衡的、在空间上是不均衡的，而且处于不断极化的过程之中，主要包括增长极理论、循环累积因果理论、梯度推移理论等。这些理论强调在市场力量的作用下，由于某些主导产业部门或有创新能力的大企业在核心区域或大城市的聚集，形成具有规模经济和集聚经济效应的"增长极"，通过其优先增长带动区域经济的发展。这一过程中产生的"回波效应"、"极化效应"和"报酬递增"等将促使资本、劳动和产出在一定区域内的循环积累，而其所产生的"涓滴效应"或"扩散效应"以及政府的转移支付只能将区域差异保持在一定限度而不足以促进区域收敛，致使区域发展之间的差距不会缩小反而会扩大。因此，只要总的发展水平低，市场力量的自然作用在任何时候都将增加国内和国际经济发展的不平等。要促进落后地区的发展，缩小区域发展差距，必须依赖于强有力的政府干预和周密的经济政策，利用市场力量实现这些地区的积累性增长。

从各国的历史经验来看，经济发展就是均衡增长与非均衡增长的对立统一运动的过程。一般认为，"非均衡"发展不需要特别的条件，而"均衡"发展则是需要一定条件的，只有具备了这些条件，经济发展才能实现从"非均衡"到"均衡"的突破。按照区域发展阶段理论，在不同的经济发展阶段，可以通过选择不同的区域发展战略和区域发展政策来促进区域经济的协调发展。威廉姆森、库兹涅茨的倒 U 型理论，阿朗索的"钟型发展理论"和赫希曼的依附理论都认为区域差异会随着经济发展水平而变化。在经济发展的早期阶段，区域收入差异呈现不断扩大的趋势，但发展到某一点之后又开始明显缩小。因此，在一国经济起飞初期会存在着较大的区域差距，此时完全依靠市场的作用是不能消除区域差距的，必须进行政府干预；而当经济发展到成熟期时，产业基础和资源条件给均衡增长创造了条件，市场机制最终会消除区域差异。换言之，区域发展梯度形成原因在于区域间的收入差距，区域经济发展从区域差距开始，经过不同的发展阶段，最终又将消除梯度差异。该理论将均衡增长与非均衡增长统一于同一过程，并通过扩展效果和滞后效果的互动实现经济的均衡协调发展，这实质上也是一种有时间变量的不平衡发展理论。

（二）邓小平"两个大局"思想与西部大开发战略的提出

建国以来的半个多世纪，中国区域经济发展战略相继经历了从均衡到非均衡，再到均衡协调发展的三个阶段。实施西部大开发正是再均衡协调发展战略的具体行动，是邓小平"两个大局"思想的具体体现。

改革开放以来，我国政府逐渐认识到原有经济体制下生产力均衡布局思想的束缚，即由于区位条件、产业基础、投资效率等因素的差异及资源因素的约束，使得全面均衡发展的状况不可能在经济发展的初期实现，区域的发展应该是有层次、分阶段逐步进行的。十一届三中全会以后，邓小平认真反思了中外社会主义建设的经验和教训，指出在经济政策上可以允许一部分地区、一部分企业和一部分人通过辛勤劳动先富起来并产生极大的示范力量，带动其他地区的发展，最终使全国各族人民都能比较快的富裕起来。1988 年 9 月 12 日，邓小平在《中央要有权威》的讲话中明确提出了"两个大局"的重要战略构想:"沿海地区要加快对外开放,使这个拥有两亿人口的广大地带较快地先发展起来,从而带动内地更好的发展,这是一个事关大局的问题。内地要顾全这个大局。反过来,发展到一定的时候,又要求沿海拿出更多力量来帮助内地发展,这也是个大局。那时沿海也要服从这个大局。"① 在这一区域经济发展的构想下,我国开始实施东部沿海发展战略,即以空间上沿海发达地区的优先发展作为整个国民经济的启动力量,并在一定时期内保持这种地区之间的发展差距。然后,再有次序地发展中西部落后地区,逐步缩小区域经济发展的差距,最终实现全国经济的共同发展。20 世纪 80 年代末 90 年代初,邓小平对"两个大局"思想又进行了多次阐述,并提出了"共同富裕"的构想:"走社会主义道路,就是要逐步实现共同富裕。共同富裕的构想是这样提出的:一部分地区有条件先发展起来,一部分地区发展慢点,先发展起来的地区带动后发展的地区,最终达到共同富裕。"② 这一些构想以及沿海发展战略的实施,为江泽民为首的第三代党中央西部大开发战略的确立奠定了理论指导和实践基础。

改革开放以来,国家投资的重点及一系列优惠政策都向沿海地区倾斜。从 20 世纪 80 年代初开始发展的粤闽琼东南沿海特别是珠江三角洲,到 90 年代以上海浦东为龙头的长江三角洲的开发和开放,带来了中国经济 20 多年近 10% 的高速增长,但作为"伴生物"也进一步加大了我国区域经济发展的不平衡性。非均衡发展战略的实施,使我国经济建设的重心大规模东移,原来经济和技术等基础均较好的东部地区的发展远远快于内地,直接导致和加剧了东西部地区经济发展水平、人民收入水平、消费水平

---

① 《邓小平文选》第 3 卷,人民出版社 1993 年版,第 277 页。
② 《邓小平文选》第 3 卷,人民出版社 1993 年版,第 374 页。

和发展潜力差距的不断扩大。而这种东西部发展差距的快速扩大已经开始对我国区域经济今后的健康发展产生不利影响。此外，东部沿海地区的发展日趋饱和，面临越来越重的结构调整压力，更多的资金和人才需要寻找出路，更多的商品需要寻找市场，这正好与西部的资源优势和资金、人才的短缺形成强烈的互补。因此，在我国相对发达的东部沿海地带经济已经上了几个大的台阶之后，在基本达到小康水平的时候，按照效率和公平兼顾的原则，相对落后的西部地区的发展，或是区域均衡协调发展的问题自然就作为要突出解决的问题摆在了未来我国区域经济发展的议事日程上。

经过50多年的建设，我国西部地区的经济也形成了较为雄厚的经济基础，有些条件较好的城市已成为我国经济的"增长极"；我国经济已经有实力在发挥沿海作用的同时增加对西部地区的投入；此外科学技术的进步和市场经济的发展给西部地区带来了更多更快的发展机遇，使东西部之间的经济联系更加密切，互相促进的作用更加突出。这些充分说明，我国东西部同时建设的均衡发展战略条件已经初步具备，中国的区域发展政策开始了第三次大调整。1999年6月，江泽民总书记两次提出，加快中西部发展的条件已经具备，时间已经成熟；必须不失时机地加快中西部的发展，特别是抓紧研究西部地区大开发；逐步缩小全国各地区的发展差距，实现全国经济社会的协调发展，最终达到全体人民的共同富裕，是社会主义本质的要求，也是关系我国跨世纪发展全局的一个重大问题。1999年9月，党的十五届四中全会首次正式提出实施西部大开发战略，指出西部地区要从自身的条件出发，发展有比较优势的产业和技术先进的企业，促进产业结构的优化升级。东部地区则要在加快改革和发展的同时，本着互惠互利、优势互补、共同发展的原则，通过产业转移、技术转让、对口支援、联合开发等方式支援和促进西部地区的经济发展，加快地区之间的经济技术合作。加快开发西部地区，是全国发展的一个大战略、大思路。通过西部大开发和东西互动拉动中部地区的发展，逐步缩小东西部地区的发展差距，最终实现区域经济的全面协调和可持续发展成为面向新世纪我国经济发展的一项重要方针。

可见，我国实施的区域经济非均衡发展战略，是以东部沿海地区为重点并试图以此求得中西部地区和东部沿海地区共同富裕而进行的总体性规划。加快西部大开发正是缩小东西部地区发展差距、实现区域经济均衡协调发展的重大举措，是党中央贯彻邓小平关于我国现代化建设"两个大局"思想、面向新世纪做出的重大决策，对于促进民族团结、维护社会稳定和巩固边防等都具有十分重要的意义。

2.1.2 西部大开发的可持续发展理念

可持续发展是20世纪80年代以来，随着人们对全球环境和发展问题进行广泛讨论而提出的一个全新概念，是人类对农业经济和工业经济时代的传统发展模式进行深刻反思的结晶，是总结经济发展的经验和教训、重新审视人类的经济社会活动与发展行为而提出的新的发展思想和发展模式。可持续发展是发达国家和发展中国家迈向21世纪正确处理和协调人口、资源、环境、经济和社会之间相互关系的共同发展战略，是人类生存和发展的必由之路。因此，我国也必须遵循自然规律和经济规律，在可持续发展观的指导下，促进区域经济的全面协调发展。加快西部大开发也正是中国经济社会可持续发展的关键环节。

(一) 全球问题的出现和可持续发展概念的提出

在人类几千年的发展过程中，文明总是伴随着经济的增长而存在的。当经济增长比较快的时候，生产力的提高就有了足够的提升文明程度的力量，推动着人类从狩猎文明到农业文明，再到工业文明甚至后工业文明的发展。最近 200 年以来，一方面，随着人口的增加、科学技术的发展，人类利用和改造自然环境的能力大大加强，以电气化、快速交通、信息化等为代表的"工业革命"和以机械化、农药化肥为代表的"农业革命"推动着经济的持续高速增长，成为经济现代化的基本条件，各国都以经济增长作为摆脱落后困境的唯一手段；另一方面，人类在制造强大的物质文明和精神文明的同时，随着人类对环境影响能力的空前加大，也产生了大量人们不愿看到的现象和事实，人类赖以生存的地球环境被大规模的破坏，产生了诸如全球变暖、臭氧层出现空洞、大气质量变坏、森林覆盖率下降、土地沙漠化、土壤盐碱化、生物多样性锐减、水体严重污染、水资源枯竭、水土流失等一系列恶果。这些问题日益严重并困扰和威胁着人类，已经成为跨越地区和国家界线的全球问题。于是，人们开始对自己的行为进行反思。

在经济增长、人口膨胀、城市化、资源短缺等对人类生存和发展形成日益严峻的压力下，人类对传统的"增长＝发展"的经济发展模式开始产生了怀疑，并不断进行激烈的探讨和争论。发展并不等同于简单的经济增长，经济增长强调的只是物质的生产和财富的积累，而发展则是从更开阔的视野和全新的角度研究人类社会的经济、社会和文化，强调的是人的潜力的充分发挥，强调的是人与自然的和谐发展，追求尊重人类个性选择和创造性选择的区域间公平和代际公平。人类的生存和发展既需要物质资料的支持，还需要环境质量的保障。物质资料的不断产出也得依靠环境资源的不断供给，因此人类的永续生存必然离不开自然生态系统的永续运行。正是工业文明时代那种一切以自我为中心，以经济利益最大化为目标，以牺牲环境为代价追求社会经济运行效率的观念和短视行为导致了社会经济系统与自然生态系统之间的严重对立和冲突，导致了环境问题对全人类生存与发展的威胁。

人类认识到通过高消耗追求经济数量增长和"先污染后治理"的传统发展模式已不再适应当今和未来发展的要求，而必须努力寻求一条经济、社会、环境和资源相互协调的、既能满足当代人的需求而又不对后代人满足其需要的能力构成危害的可持续发展的道路。于是，强调"和谐"与"公平"的可持续发展观念应运而生，并成为各国政府和人民共同关注的焦点。

继 1962 年美国女海洋生物学家莱切尔·卡森（Rachel Carson）发表的著作《寂静的春天》中提出有关生态的概念，以及 1972 年罗马俱乐部发表的研究报告《增长的极限》中明确提出"持续增长"和"合理的持久的均衡发展"的概念之后，1987 年由挪威前首相 G·H·布伦特兰夫人主持、由世界环境与发展委员会和联合国环境规划署合作提交的研究报告《我们共同的未来》中正式提出了可持续发展的概念，即"持续发展是既满足当代人的需要，又不对后代人满足其需要的能力构成危害的发展。它包括两个重要的概念：'需要'的概念，尤其是世界上贫困人民的基本需要，应将此放在特别有限的地位来考虑；'限制'的概念，技术状况和社会组织对环境满足眼前和将来需要的能力施加的限制。"[①] 1992 年在里约热内卢召开的联合国环境与发展大会上制定了可持续发展的总纲领——《21 世纪议程》，把可持续发展作为人类迈向 21 世纪的共同发展战略，这是人类历史上首次将可持续发展战略由概念落实为全球的行动。

（二）可持续发展的涵义和特征

自 20 世纪 80 年代以来，可持续发展理论在逐步地形成与完善。由于各国的具体情况不同，各国学者对可持续发展有不同的定义和理解。可持续发展涵盖了生态环境、经济和社会等多方面

---

① 世界环境与发展委员会：《我们共同的未来》，世界知识出版社 1989 年版，第 19 页。

的内容，内涵较为广泛，不同学者从不同的角度对可持续发展概念进行着不断的探讨。随着认识的不断深入，学术界对可持续发展的实质内涵方面还是能达成基本的共识。可持续发展的基本内涵包括以下几个方面：

1. 发展。发展是可持续发展的基本点和目的所在，离开了发展特别是经济的发展，可持续发展就无从谈起。可持续发展不是限制发展，而是为了更好地发展，发展是前提。同时我们也应该看到，发展既包括经济的发展，也包括社会的发展和生态环境的保持与建设。经济发展应包括数量的增长和质量的提高，只有依靠科技进步才能持续提高经济、社会和生态效益。可持续发展的主题是人，发展既要依靠人，又是为了人，因此只有尊重人、不断挖掘人的创造性潜能，才能不断克服和排除障碍，实现可持续发展。

2. 可持续性。发展的可持续性，即发展在满足需要的同时，对资源的利用必须有一定的限制，这是可持续发展的关键所在。自然资源的永续利用是保障经济社会可持续发展的物质基础，自然生态环境是人类赖以生存和发展的客观条件。因此，人类必须善待自然，经济和社会的发展也必须限制在资源环境的长期承载力和发展能力范围之内，以保证人类社会永续发展所必需的资源供应。

3. 公平性。这是可持续发展所强调的时空维度和重要原则。可持续发展在时间上不仅着眼于眼前，更着眼于永久的未来；在空间上不仅着眼于一部分人，更着眼于全人类。公平即指机会选择的平等性，有两层含义：一是时间上的代际公平，当代人不能因为自己的发展和需求而损害后代人公平利用自然资源的权利，应给世世代代以公平的发展权和资源分配与利用权；二是空间上的即同代人之间的横向公平，应给予世界人民公平的生存权、发展权和分配权，消除贫富悬殊和两极分化现象，为全人类尤其是穷人提供实现美好生活愿望的机会。

4.整体性或共同性。可持续发展强调经济、社会、自然三位一体的整体性、系统性和长期性的持续发展，追求经济、社会和生态环境三大系统的协调发展。虽然世界各国的具体国情不同，但在追求可持续发展的总目标和坚持的基本原则上是共同的。可持续发展要求采取全球共同的联合行动，要求世界作为一个整体采取促进人与人之间以及人与自然之间和谐、协调发展的共同战略。

可见，可持续发展就是要谋求实现社会经济与环境的协调发展和维持新的平衡，要控制人口增长与消除贫困，要重新确立人与自然之间、各代人之间的关系。可持续发展强调社会发展并非是单纯的经济现象，不仅是经济指标的增长，而且是经济、社会、人口、资源、环境各系统、各要素协调并进的整体发展以及人的全面发展。因此，可持续发展的特征就是经济持续、社会持续和生态持续，也就是要正确处理好经济建设和人口、资源、环境的关系。具体而言，经济上要实现在保护地球自然生态系统基础上的持续经济发展，社会上要实现公平分配，既满足当代人又满足后代人的基本需求，生态上要实现人与自然的和谐相处。

（三）我国可持续发展战略的制定

在1992年联合国环境与发展大会召开的大背景下，1994年3月25日，中国国务院批准通过了《中国21世纪议程——中国21世纪人口、环境与发展白皮书》，确立了21世纪中国实施可持续发展战略总体框架的各个领域的主要目标，即建立可持续发展的经济体系、社会体系并保持与其相适应的可持续利用的资源和环境基础，最终实现经济繁荣、社会进步和生态安全。贫穷不可能达到可持续发展的目标，消除社会贫困，提高人民的生活、教育、健康水平是发展中国家普遍面临的任务。中国作为发展中国家，发展经济必然是可持续发展的中心和首要目标。可持续发展就是要保证经济的持续发展，在发展中消灭贫困，提高人民生活质量。中国的可持续发展又必须建立在对资源和环境的合理利用与保护的基础之上，在发展中实现经济发展与环境资源的协调，并达到以发展促进环境资源的开发和保护，又以环境资源的开发和保护而更加推动经济发展的良性循环。

1997年9月，江泽民在党的十五大报告中正式提出了我国的可持续发展战略，对计划生育、保护环境、治理污染、资源的有偿使用、人口素质的提高等都做了明确具体的规定。2002年12月党的十六次代表大会的报告中，更是把可持续发展上升为全面小康社会的主要组成部分，指出全面建设小康社会的目标之一是：可持续发展能力不断提高，生态环境得到改善，资源利用效率显著提高，促进人与自然的和谐，推动整个社会走上生产发展、生活富裕、生态良好的文明发展道路。2003年11月党的十六届三中全会《中共中央关于完善社会主义市场经济体制若干问题的决定》明确提出了科学发展观，即坚持以人为本，树立全面、协调、可持续的发展观，促进经济社会和人的全面发展。其中，人是发展的核心和目标，其他方面的发展都是为人的发展和协调人与自然和社会的关系服务的手段。可持续发展要求坚持走生产发展、生活富裕、生态良好的文明发展之路，这实际上是科学发展观的重要表现。此外，党中央提出了"五个统筹"的重要思想，即统筹城乡发展、统筹区域发展、统筹经济社会发展、统筹人与自然和谐发展、统筹国内发展和对外开放，这是全面可持续发展观的最好体现，也表明了今后国家走可持续发展道路的决心和发展观念的改变。可见，我国的可持续发展已经从科学的理论研究阶段进入到党的执政理念和实践阶段，这对于我国全面建设小康社会具有重大而深远的指导意义。

（四）西部大开发必须树立可持续发展理念

自秦汉以来，历代中央政府都十分重视西部地区的发展，但由于当时生产力发展的限制和人们落后观念的束缚，只注重经济和政治建设的效果，而没有顾及环境后果，西部的发展经历了曲折的道路。恶劣的自然环境，破坏性的战争、动乱，以及人们不合理的资源利用方式等，导致了西部地区生态环境的恶化，经济的发展也不断受到摧残。两千多年西部地区开发的历史充分说明，生态环境是西部地区社会经济发展的重要保障，西部开发必须吸取"先开发、后保护"发展模式的深刻教训，走可持续发展的道路。

西部地区是我国生态环境极端脆弱的地区。长期以来，由于自然、生态、社会等各方面的原因，西部地区的突出问题就是生态环境不断恶化，环境形势十分严峻。究其原因，西部地区是我国贫困人口最多的地区，脱贫一直是发展的重要目标之一，也由此造成西部大开发以来一些地方为了解决温饱问题，很难将可持续发展放在第一位，而注重一些短期行为，使经济建设对生态环境和自然资源产生了破坏性，给当地居民的生活带来了很大的负面影响，严重的甚至引起社会的不稳定。水土流失、土地荒漠化、森林草原退化等严重的环境污染问题以及自然灾害频繁发生等一系列严重的生态破坏及退化问题不仅影响到西部地区自身的经济和社会可持续发展，也影响到全国的经济和社会可持续发展。此外，西部地区作为我国大江大河的发源地，承担着生态工程和环境保护的重要任务，是东部地区甚至全国的生态屏障。上游江河的断流，水土流失的增加，构成流域生态安全的严重隐患，并进一步影响到中下游地区的生态安全和经济安全，影响到东部地区人民的生产和生活。西北地区的沙尘暴也成为我国华北地区甚至东南沿海地区重要的风沙源。可见，西部地区生态环境的恶化还严重影响到东部地区甚至全国的生态环境安全。因此，西部大开发绝不能以牺牲生态环境为代价来谋求经济增长，而必须走环境与经济"双赢"的可持续发展道路。

我国西部地区人口众多，增长基数高，人口压力重，负担系数大；贫困人口总数依然占全国贫困人口总数的很大比例；人力资源文化教育状况不容乐观，人口素质比全国平均水平还有很大差距；人口健康状况问题依然存在，老少边穷地区仍存在缺医少药的现象，医疗卫生状况亟待进一步改善；"三农"问题尤其突出，农村剩余劳动力数量大，农村人力资源处于未有效开发和利用的状态。这些都给西部地区社会的可持续发展带来了很大的障碍，能否很好地解决这些问题就成为西部甚至全国能否可持续发展的关键之一。

西部大开发是一项宏伟的社会系统工程，是一个西部历史进步和社会全面发展的过程，其中包括西部地区经济、社会和自然环境等一系列全方位的综合性进步、发展和变革。加快西部大开发是我国经济社会可持续发展的关键环节。"十一五"期间继续推进西部大开发，必须坚持以科学发展观统领经济社会发展的全局，以全面建设小康社会和社会主义和谐社会为发展目标，更新发展观念，转变经济增长方式，通过国家支持、自身努力和区域合作，增强自我发展能力，把经济社会发展切实转入以人为本、全面协调可持续发展的轨道，开创西部大开发的新局面。

2.2 区域经济的可持续协调发展

可持续发展理论最初是针对全球问题的出现而产生的，但可持续发展问题更多的是区域性问题。如果区域性问题不解决，可能会带来更加严重的全球性问题。因此，区域性可持续协调发展成为人类应更加关注的问题。西部大开发也应该站在更高的战略高度，以科学发展观为指导，探索一条区域经济、社会和环境高度和谐的可持续协调发展道路。

2.2.1 区域经济可持续协调发展的含义

可持续发展作为一种全新的发展战略和发展观，是一个涉及自然科学和社会科学等众多学科领域的宏大体系。可持续发展至少包括三个层次：部门可持续发展、区域可持续发展和全球可持续发展。其中，区域可持续发展研究具体区域可持续发展的战略目标及实施步骤，对区域的发展具有直接的指导意义。它不仅涉及人口、资源、环境和社会经济各部门的可持续发展，而且是构成全球可持续发展的直接基础。因此，区域可持续发展是可持续发展理论中重要和关键的一环。

从区域经济的角度看，区域可持续发展是指不同区域尺度的经济、社会、资源、环境的相互协调发展，在区域内实现既能满足当代人的需要，又不会对后代人的满足需要的能力构成危害的发展。区域经济的协调发展是指在区域市场一体化和以市场需求为导向的市场经济体制下，充分发挥各区域的比较优势，建立合理的动态区域分工合作体系，在政府的有效干预下，使区域不平衡差距保持在一定的可承受范围之内，实现区域经济的全面均衡发展和区域间最终的共同富裕。可见，区域经济的可持续协调发展就是要将区域的经济增长和社会稳定发展建立在有效控制人口增长、合理利用自然资源、逐渐改善环境质量的基础之上，并使其保持良性循环，同时促进不同类型区域间的协调发展，缩小区际发展水平的差距。按照区域经济可持续协调发展的观点，当前我们正在实施的西部大开发必须把区域经济的协调发展和生态环境改善放在相互协调的可持续发展优先考虑的位置上，使西部经济发展的生态代价和社会成本最低，并不断通过资源配置的效率，最终实现区域经济发展的协调与高效的统一。

2.2.2 区域经济可持续协调发展的系统

区域经济发展系统是一个复杂的社会生态系统，其中包括了自然、生态、环境、经济、社会以及人等关键的要素，这些要素彼此之间相互影响、协调共生，构成了区域系统中众多的子系统。区域子系统彼此通过各种复杂的物质、信息、技术、人员以及能源相互交流，形成既相互依赖又相互制约、既相互竞争又相互合作的矛盾运动，促使区域整体的发展演变。区域协调发展就是指在这个作用过程中，各子系统之间职能互补、相互促进、克服冲突、协调矛盾，从而使区域取得整体利益最大化的发展。

区域经济可持续协调发展系统应该是一个包含了"生态——经济——社会"的三维复合的协调发展系统。对于单纯的生态系统而言，发展的目标是追求生态系统的整体性，强调在生态系统的承载力下，合理利用资源，保护和改善环境；对于单纯的经济系统而言，发展的目标是经济总量的持续增长，资金的投入和经济效益的最大化；对于单纯的社会系统而言，发展的目标是追求社会的均等和稳定，包括广大公众的参与、社会的流动性等。在可持续发展的框架下，客观上要求这些系统必须相互联系、相互影响、相互促进、相互协调、和谐发展，实现动态平衡。区域是一个较大的生态系统，它对人类生产和生活的承载力是有限的，如果超过其承载力，大自然必定会对人类做出相应的惩罚，人类生存所必需的基本物质资料供应也会中断。因此区域生态系统的协调发展是区域经济可持续发展的核心所在。在区域经济可持续协调发展的系统中，经济发展将以生态环境的良性循环为基础，同资源环境的承载能力相适应，而不再以环境污染、生态破坏和资源的巨大浪费为代价。

一个区域经济发展与社会资源供给的矛盾，就是由于组成这个区域系统的各要素之间关系的不协调造成的。区域经济可持续协调发展的实现，有赖于区域内资源的持续供给，有赖于其生产、生活和生态功能的协调，有赖于自然资源系统的自然调节能力和社会经济各组织的自我调节能力；有赖于政府的宏观调控能力，有赖于其所属经济实体的协调行为以及民众的监督和参与意识。一个可持续协调发展的经济区域系统所追求的，应该是包括生态效益、经济效益和社会效益的系统的整体协调效应的最大化。为达到这个目标，就生态观而言，就是主张人与自然和谐相处；就经济观而言，就是主张建立在保护自然生态系统基础上的持续协调发展；就社会观而言，就是主张社会公平分配，既满足当代人的需求又不对后代人满足需求的能力构成危害。

总之，对于不同地区来说，其经济和社会的可持续发展所面临的问题和采用的措施是不同的。区域经济的可持续协调发展观把区域作为一个整体的地理范畴，把区域经济系统看成是"生态——经济——社会"子系统有机统一的整体，追求区域的整体利益，表现为区域经济系统、社会系统和生态系统的总体协调，表现为人类生产方式、生活方式与地区承载力之间的总体平衡。因此，西部大开发也必须要以探讨西部地区的可持续协调发展为使命，关注西部生态、经济和社会的三重效益，采取科学的发展战略，促进西部经济实现高效、持续、协调的增长。

2.2.3 区域经济可持续协调发展的特点

根据经济可持续协调发展的要求，结合区域经济的资源和环境条件，可归纳出区域经济可持续协调发展的以下几个特点：

(一) 区域经济各子系统的可持续性

一个区域的存亡盛衰，是区域经济各子系统的发展是否可持续的必然结果。区域文明的中断，直接呈现出来的是社会子系统的非持续性，起决定性作用的是经济子系统的非持续性，而最根本的是生态子系统的非持续性。区域经济发展的可持续性，取决于生态子系统、经济子系统和社会子系统的可持续性。

生态子系统的可持续性不仅包括物种生命的延续与进化，还包括环境的演变以保持其应有的生态功能，以实现区域环境质量的不断改善。经济子系统的可持续性是指在自然生态环境不恶化的基础上，依靠自然资源的基础性作用，通过区域生产力的持续发展，通过经济关系与制度性资源的积累，使经济增长得以持续进行，社会物质力量逐年增加。社会子系统的可持续性要在消除重大社会动乱的基础上，使社会文明有序的发展演进，人们的生活水平不断提高、生活方式不断适应生态经济效益的要求，人们的综合素质不断提高，宝贵的历史文化遗产得以保存和发扬。

（二）区域经济发展的协调性

区域经济发展的协调性是由区域经济发展的可持续性决定的。区域经济系统中的生态、经济和社会三大子系统在结构、功能上相互协调，方可实现区域经济的可持续发展。在结构上，要实现生态结构与经济结构主要是产业结构相适应，经济结构与社会结构主要是人口智力结构相适应，社会结构与生态结构主要是环境的维护相适应，人们的生活方式与意识形态都能体系人与自然的和谐。在功能上，自然生态以其环境的稳定和灾害的消除为经济社会的发展提供有利条件，经济和社会的发展又能增强维护生态环境和增值生态资源的物力、人力，呈现出经济环境、社会环境和良好的自然环境共同演进的趋势，最终消除地区发展差距，实现共同富裕。

（三）区域经济系统具有开放性

区域经济可持续发展系统时时与区域外的其他系统进行着多层次上的物质、能量以及信息的交换，因此与外部环境之间存在复杂的、密切的相互联系，这种联系对系统保持组织性特征极为重要，同时也是区域经济获得可持续发展能力的来源之一。区域协调发展系统属于耗散结构系统，其自发演化的趋势总是倾向无序的混沌状态。只有处在远离平衡态的开放系统中、在外界环境的连续作用下该系统才能产生时间和空间上的有序结构。因此，要加快区域内的经济增长，增强人的能力，提升人的生活水平，改善环境质量，都离不开开放；要解决区域经济社会发展日益增大的环境摄取量和反哺量的矛盾更是离不开开放。只有在开放的过程中，包括自然资源在内的各种资源才能得到优化组合，适应生态环境可持续性的产业结构才能得以建立，当地的观念才能更新，本区域的可持续发展意识和智力才能被逐渐培养起来。

（四）区域经济系统的空间层次性与区域协调发展相结合

任何区域经济协调发展系统都在地域空间中表现为复杂的空间层次性特征，即由一定空间形态的子系统组成，子系统又由更小空间层次的子系统组成。各级协调发展系统均为开放系统，上级系统是否能够实现区域协调发展，直接受到下级子系统发展协调与否的影响；上级系统统领实现区域协调发展的程度又会直接影响到下级各子系统是否能够协调发展以及协调发展的程度。空间层次性的特征提示我们对区域整体协调发展的研究不能将空间问题与区域协调发展的经济、社会及生态环境等问题相互割裂，不能将不同空间层次的协调发展问题相互割裂，而必须将空间结构与区域社会和经济子系统的发展相协调。

（五）区域经济可持续发展具有动态演化性

区域经济可持续协调发展系统是一个动态演化的复杂巨系统，其各个子系统之间、子系统内部各要素之间均处于不断的发展变化之中。按照系统论的研究，复杂巨系统总是处在从一种均衡态开始，受到来自系统内部或外部的"扰动"，引发系统的变迁进入非均衡态，然后通过调整机制再次向新的均衡态演变的动态过程中。其中如果没有足够强的"扰动"，系统将停滞在低水平，而无法向更高的均衡态跃升。因此，区域经济可持续协调发展的过程不仅仅取决于区域经济系统的结构、区域外部的环境以及"扰动"的方式及强度，而且取决于系统的初始选择，由此带来的动态演化结果受多种因素影响，也就存在多种均衡现象。因此，区域协调发展的研究要采取动态的、富有弹性的方法，适时地对区域发展做出调控，从外部引进各种积极的、正向的"扰动"，避免区域系统在低水平的停滞不前。"路径依赖"则强调区域协调发展应通过动态的规划控制，在系统可能出现的多重均衡中选择整体利益最大化的发展道路。

鉴于当代社会经济发展尚未摆脱非持续发展的状况，在走向区域经济可持续协调发展的进程中，必然面临不同的发展阶段，呈现出梯级特征。区域经济系统如果还处在采取粗放式增长方式阶段，或是采取资源浪费型的区域经济增长方式，社会经济将面临生态环境日益恶化的状态。贫困地区将出现贫困与破坏生态环境相互促进的恶性循环关系，较富裕地区将会由于生态失衡带来影响经济发展的潜在危机。这时我们就要找出并利用限制非持续发展的因素来推进区域经济的可持续发展，克服边污染边治理的弊端，对区域经济发展进行全局性、方向性的调整，推进经济社会发展与生态环境改良的互动关系的形成，使贫困地区从经济、社会、生态三个子系统的协调发展中开辟脱贫致富的新路子，使较富裕地区扭转靠消耗资源老本来换取经济增长的旧局面。

（六）区域经济可持续协调发展需要人的参与，强调以人为本的全面发展

区域系统既包括自然生态系统，更包括一个由人自始至终参与其中，并主导其发展演变的环境系统、经济系统以及社会系统。区域发展既有受自然规律支配的自组织现象，又有受社会人行为影响的组织现象，是一个自构与被构相结合的发展过程。区域可持续发展问题呈上升趋势的地区也主要是人口密集地区，是环境承载压力最大、环境恶化最严重的地区。人的因

素是不可忽视的，如何有效利用人力资源、变人口众多的不利因素为保护环境的有利因素是所有经济要实现可持续协调发展的区域所共同面对的问题。因此，建立以人为本的发展观念，提高人口素质，树立区域可持续发展的价值观是实现区域协调发展的基础；重视公众在区域协调发展过程中的参与和监督作用，鼓励创新，建立区域协调发展的激励机制是实现区域协调发展的最佳路径。

2.2.4 实现区域经济可持续协调发展的条件

为了实现区域经济可持续协调发展，我们必须从区域经济发展的客观条件出发，并创造相应的条件来促进其发展目标的实现。

(一) 区域生态建设、经济建设与社会发展这三类目标要相互配合

随着区域经济的发展和人们认识的深入，区域的发展目标逐渐由经济发展目标扩展到社会发展目标，又扩展到生态建设目标。区域经济要实现可持续协调发展，必须正确处理好这三大目标之间的关系，使之共同构成完整的区域发展目标体系。一般来说，部分经济建设的目标如解决区域内人民的基本生活需要、奠定经济发展的产业基础等是要优先考虑的，因为这是保证解决其他问题和实现其他目标的物质基础。生态建设的目标可能是因时因地而异的，对于部分生态环境恶化严重的地区必须将生态建设列为首要的迫在眉睫的解决目标，而对部分带有长远性的生态建设目标就不能急于求成，要经过长时间的努力方可达到。社会发展目标总体上要通过经济建设和生态建设目标的实现来推进，但不排除特殊的社会问题需要优先解决，而且对教育等对经济和社会发展十分有利的事业可以超前发展。总之，各区域必须结合本地的区情，对生态文明、物质文明和精神文明等远景蓝图有正确

的设想，使区域经济和社会的发展目标建立在科学、全面的基础之上。

（二）区域生态环境可持续性、经济可持续性与社会可持续性要相互适应

在区域经济系统内，生态环境的可持续性表明一个区域的生态系统内部生命与环境之间持续转化的再生能力，即自然生态过程永续的生产能力和持久的变换能力。经济的可持续性表现在长期保持有效的经济增长，使区域经济系统保持其产出水平等于甚至超过其历史平均水平的能力。生态环境的可持续性为经济的可持续性提供了源源不断的物质资源和能量，同时又制约着经济增长的规模和速度。经济的可持续性对生态环境的可持续性有着较为明显的反作用，低水平的经济增长往往会破坏生态环境的可持续性，经济增长的丰硕成果又将可以提供更多的物质力量来改进生态环境系统。社会的可持续性表明社会在人的再生产、相互关系与主观需求等方面所具有的可持续发展能力，表现在对人的选择的尊重和人的潜能的充分发挥。社会可持续性要求在保持生态环境可持续性的基础上，实现经济的可持续性，同时它又为生态环境和经济可持续性的实现提供必要的动力与保证。总之，生态环境、经济和社会可持续性的相互适应是三者都能存在的条件。

（三）区域生态、经济和社会三大系统相互起良性作用

区域经济的可持续协调发展客观上要求生态、经济和社会这三大子系统之间相互依赖、良性共生。其中，经济子系统是主导，其必须确立科学合理的社会生活发展目标，既不给生态环境造成超负荷，又能够通过高效率的投入产出不断积累财富，为区域可持续协调发展提供强大的物质力量；生态子系统是基础，其必须保持自然界的永续再生能力，为区域内经济社会的运行提供良好的资源条件；社会子系统是条件，其必须能

使区域内的劳动力再生产质量得以提高，为区域经济社会的发展提供所必需的人力资源，人们拥有安居乐业的社会生活，劳动者能发挥最大的能动性，为区域经济的可持续协调发展提供有利的制度条件。

(四) 区域生态资本、物质资本和人力资本相互增值

在市场经济条件下，要获取区域经济可持续协调发展所需的生态资源、经济资源和社会资源，必须要为这些资源的使用付出成本并得到预期的回报。将这三类资源具体化为生态资本、物质资本和人力资本，区域经济的可持续发展就要求这三类资本均能增值。现代经济的发展不仅要有物质资本的投入，更要求有人力资本的支持。物质资本和人力资本的增值客观上又要求生态资本的增值来与之相适应。在区域经济发展的实际中，长期对生态资源的补偿不足将导致生态资本没有增值的可能性，最终导致区域经济发展的不可持续性。因此，应该将越来越多的物质资本与人力资本投入到有利于生态资本增值的经济活动中去，在物质资本与生态资本共同增值的过程中促进区域经济的可持续协调发展。在这个过程中，需要通过人力资本的增值来促进二者之间的相互协调。

(五) 区域经济的可持续协调发展问题的解决需要创新

不同的区域可持续协调发展问题有着不同的性质、特征和表现，对这些不同的问题的分析和解决需要具体情况具体分析，很难借鉴其他区域的成功经验。因此，区域经济可持续协调发展问题的解决需要进行个案研究，其最有效的办法就是创新。一个区域能否根据自身的特点进行区域经济可持续协调发展方法的创新，往往是区域经济可持续协调发展能否实现的关键。区域必须根据自己的实际情况进行发展方案和模式的选择，探索出适合本区域的可持续协调发展道路。这必然加大了区域经济可持续协调发展的难度。

2.3 环境可持续发展的区域经济分析

生态环境是人类社会生存和发展的基础和前提。环境和经济之间是辩证统一的关系，二者的协调是可持续发展关注的重要内容之一。从任何国家或区域来看，可持续发展都要求协调社会经济发展与自然资源利用及生态环境改善的关系，可持续发展的实质也就是要实现人与自然的协调发展。因此，正确处理好经济发展与环境保护之间的关系，是实现区域经济乃至人类社会可持续发展战略目标的必由之路。在生态效益与经济效益之间寻求平衡点，实现生态环境与经济发展双赢的目标，已成为各国政府所关注的重大战略问题。由于特殊的自然条件和人为原因，我国西部地区的自然生态环境极为脆弱，不仅影响到西部地区经济社会可持续发展战略的实施，还严重影响到西部地区生态屏障作用的发挥，进而影响到东部地区甚至全国可持续发展战略的实施。因此在西部大开发中，必须把生态环境的保护和建设放在可持续发展优先考虑的位置上。

2.3.1 环境可持续发展对区域经济可持续发展的重要意义

（一）生态环境与经济可持续发展的辩证关系

生态环境与经济发展共处于区域生态和区域经济这两大子系统当中，二者相互影响、辩证统一。其中，经济发展是主导，是维护和改善生态环境的重要物质条件，生态环境又是经济可持续发展的基础。

1. 生态环境是经济可持续发展的基础

人类的一切经济活动都是在一定的环境之中进行的，生态环境与经济发展之间呈现出正相关关系，生态环境是经济可持续发展的前提和基础。一方面，生态环境承担着为人类生存提供诸如空气、水、生物等基本物质的生命支撑功能，为经济发展提供着必不可少的资源，人类经济是在生态环境的基础上建立和发展起来的。社会生产归根到底就是从生态环境中获取自然资源，加工成生产资料和生活资料。在这个过程中，一部分资源转化为产品流入社会经济生活当中，另一部分资源则变为废弃物返回到生态环境当中。良好的生态环境是人类实践活动的产物，是人类文明的体现，构成了促进社会经济发展不可缺少的外部自然条件，它能不断降低经济发展的成本，并为经济可持续发展提供动力支持。另一方面，生态环境也会对经济发展构成约束。环境有其自身的承载容量，即在某一区域范围内、在可以预见的未来、在现有的技术条件下，其所能够支持的人口和经济规模是有限的。这是区域经济发展的客观基础条件。环境承载力是由某个区域的自然禀赋决定的，它表明了可用于人类经济活动的消耗而又不影响生态环境持续性的限量水平。人类必须在生态环境承载力的范围内从事经济活动，才能达到可持续发展的目标。如果经济扩张超过了环境承载力限度，生态环境遭到了破坏，生态就会失衡，生态环境就会恶化并通过对经济发展的不利影响反映出来。可见，无论区域经济怎样发展，都离不开对生态环境的依赖。保护生态环境，促进生态系统的良性循环，可以为区域经济的可持续发展提供良好的物质基础和外部环境。

2. 经济发展对生态环境的反作用

经济活动发生于生态环境之中，生产过程中资源存在状态的转化势必引起生态环境系统结构的变动，导致生态环境中各要素相互联系、相互影响状态的变化，影响到整个生态环境中的能量流动和物质循环。也就是说，经济发展会对生态环境起反作用。一方面，经济发展可以为保护和改善生态环境提供更多的资金，创造必要的物质条件，并且为运用先进的科学技术和宏观经济手段去提高环境质量提供了可能。从这个意义上说，经济发展是维护生态环境的重要物质条件，没有经济的发展，人类的生活条件和生态环境都无从改善。另一方面，随着经济的发展，生态环境的再生能力与经济社会发展的物质需求之间的差距在不断拉大，对资源的过度开发和对经济增长速度的过分追求造成了生态资源的过度消耗，导致生态系统结构简化、功能下降。此外，经济发展过程中排放的大量废弃物超过了生态环境的自净能力，会造成巨大的环境污染，打破生态平衡并使生态环境恶化。

3. 环境破坏对区域经济可持续发展的影响

生态环境体系中的各要素有着自己的运行规律，盲目地破坏客观存在的自然规律，会导致经济发展与生态系统的恶性循环，对区域经济可持续发展造成极为不利的影响。

第一，生态系统的退化和功能的下降，会使经济发展失去所必需的环境保障和资源供应，直接影响到生产力的发展和人们生活水平的提高。第二，生态环境的恶化会大大增加经济活动的成本，造成经济效益的低下。在被破坏的环境中，人们不得不投入更多的人力、财力和物力来治理环境，开发经济发展所需的物质条件。然而，恢复和治理已经破坏的生态环境的成本往往比曾经获得的收益要大，未来经济的较高增长价值也可能难以抵消对现实环境的破坏。第三，区域环境承载力的下降，会使很多原来属于正常的经济活动变为破坏环境的经济活动，人们很难有效地发展经济。第四，经济建设的成果在频繁的自然灾害袭击下也很难保存，甚至会遭受毁灭性的打击。第五，生态环境的恶化会直接降低其对污染的自净能力，危害到人体的健康，降低人力资本的存量和劳动生产率，从而对区域经济发展造成巨大的压力。

因此，如果在经济发展的过程中不注重环境的保护，那么当环境恶化到一定程度时必然会成为经济发展的阻力，最终使生产条件不断下降，投资者望而却步。区域经济发展不能走西方资本主义发达国家"先污染后治理"的老路，那实际上是向未来举债的一种发展模式。生态环境债务是还不起的，况且以环境损失为代价换取的收益远远小于逆转这种损失所需的成本。我们应该做的是依靠经济效益的不断提高，以较小的环境损失换取较强的环境治理能力。

总之，经济发展与生态环境之间的矛盾是经常性的，是客观存在的。它突出表现在经济增长对资源需求的无限性与生态环境对资源供给的有限性之间的矛盾。经济发展和环境保护是一种两难的选择，离开了经济发展是解决不了环境问题的，而不解决环境问题又难以保持经济的可持续发展。这种两难的选择就要求全面客观地处理经济发展与生态环境之间的关系问题，不能因为要保护生态环境就限制经济发展，也不能因为要实现经济发展就破坏生态环境，而要在生态环境承受力范围内发展经济，努力达到资源消耗速率小于或等于资源再生速率、非再生资源的减少速率小于或等于新的再生资源创造的速率、克服自然灾害的能力大于或等于自然灾害的破坏能力、废物污染力小于或等于环境自净能力、人的环境建设作用大于或等于人对自然环境、资源的破坏作用。只有在这些前提下，才能实现区域经济的可持续协调发展。

（二）环境保护与区域经济可持续发展的协调统一

生态环境与经济发展的辩证关系要求我们必须正确处理二者之间的对立和统一，使区域经济子系统和生态子系统之间保持协调的数量和结构比例，促进经济发展和生态环境之间实现矛盾的统一，最终达到二者的整体协调。我们既不能以牺牲生态环境为代价来搞经济建设，也不能不考虑经济发展而孤立地搞生态建设。关键是选择好二者的结合点，把二者协调统一起来。

生态环境与经济发展之间水乳交融、互创条件，经济取之于自然环境并求得了发展，经济发展反之又可以调控自然。组成区域经济发展与生态环境两大子系统中的任何一个更小的子系统发生改变，都会引起其他子系统发生变化，对整个区域经济系统的状态产生影响。因此在区域经济发展的过程中，要合理利用和配置资源，使区域经济和生态两个子系统内部各要素间按一定的数量和结构组成能够有效运转的有机整体，以提高区域经济发展水平并使经济发展对生态环境的影响控制在生态环境的承载力范围之内，实现经济发展与生态环境的和谐一致、协调统一，保持良性循环。只考虑经济发展或只考虑环境保护而忽视其引起的相关系统的变化，必然会导致经济发展与生态环境的失调。只有正确处理环境保护与经济发展之间的关系，弱化甚至消除经济发展与生态环境间的消极对立关系，充分利用和发展其积极促进关系，使这两大子系统处于协调状态时，整个区域经济才能实现可持续协调发展。

环境保护与区域经济发展的协调统一不仅强调经济发展的数量增长，更强调经济发展的质量得到改善、效益得到提高。经济没有发展，无论生态环境有没有改善，二者的协调都是谈不上的。经济发展了，但对环境的影响超过了环境承载力的范围，使生态环境遭到破坏，造成人们生活质量的下降、生活满意度的下降，也不是协调发展。只有在经济发展水平提高的同时，生态环境得到保护和改善，人们的生活质量得到提高，生活满意度不断上升，才可视为经济发展与生态环境的协调统一。

经济发展与生态环境之间的协调统一体现在结构、层次、空间和时间上实现协调统一。结构上的协调指经济子系统和环境子系统以及系统内部各要素之间按一定数量和结构组成具有一定功能的有机整体。层次上的协调指经济子系统与环境子系统内部在微观层次上协调统一，经济子系统与环境子系统组成的大系统在宏观层次上协调统一。空间上的协调指经济发展与生态环境在不同区域和区域内的不同部门有机组合、协调统一。时间上的协调指经济发展与生态环境的协调发展是一个周期过程，二者从协调到不协调再到协调需要经历一个时间过程。

区域可持续发展是一种以保护区域生态环境为基础、以激励区域经济发展为条件、以提高区域内人民生活水平为目的的发展模式，其基本的内涵就是使区域保持长期的发展能力，它客观上要求区域生态环境和经济发展保持经常性的动态协调关系。区域经济可持续发展的目标从追求区域经济平衡发展转变到争取区域经济协调发展，把生态环境改善放到了可持续发展优先考虑的位置上。人们应该在遵循生态经济规律的前提下，建设和保护好生态系统，为经济发展提供坚实保障。

2.3.2　西部大开发中经济发展与生态环境的协调统一

（一）我国西部地区经济可持续发展面临的生态困境

近年来我国西部地区的生态环境保护和建设得到了加强，取得了一定成效，但生态破坏依然很严重，西部地区还面临严峻的生态困境。

1. 西部地区生态环境极为脆弱

生态环境的脆弱性是指整个生态系统内在的稳定性较差且变化的几率较大；对外界的干扰比较敏感，即抗干扰能力较差；在外界的干扰和外部环境变化的情况下生态环境系统极易遭受某种程度的损害并难以复原。西部地区地域辽阔，气候条件差异显著，地质条件复杂，地貌类型多样。恶劣多变的自然条件加上人们掠夺性的开发，使西部地区成为我国生态环境极端脆弱的地区，环境承载力尤为低下。其中包含了我国五个典型的脆弱生态区：北方半干旱农牧交错带（内蒙古、陕西、山西、宁夏）、西北干旱绿洲边缘带（甘肃、新疆）、西南干河热谷地区（横断山区、四川盆地、云贵高原）、西南石灰岩山地地区（贵州、广西）和青藏高原生态脆弱区。

目前我国西部地区生态环境的总体状况为：普遍脆弱、局部改善、总体恶化。其面临的突出问题有：(1) 水土流失仍然严重，2005年西部地区水土流失蔓延的趋势有所缓解，但水土流失问题并没有得到根本性的改变，部分省区水土流失面积超过了其国土面积的一半，整个西部地区水土流失面积占全国水土流失面积的77%，仍是我国水土流失最严重的地区。(2) 草场严重退化，内蒙古、新疆、甘肃和四川等大部分天然草原超载过牧问题尤为突出，草地等级也在不断下降，优良牧草种类减少，灾害严重。(3) 森林覆盖率虽达到12.54%，但仍低于全国13%的水平。森林生态系统呈现数量型增长与质量型下降并存的变化趋势，森林类型比例向不合理方向演化，森林生态系统多样性遭到破坏，生态系统调节能力减弱，病虫害加剧，生态效益低下。(4) 土地沙化、盐渍化、石漠化问题日益严重。至2005年西部地区沙化土地面积已占全国沙漠面积的90%，分布广、治理难度较大。(5) 水资源短缺矛盾加剧，整个西部地区至今仍有约1300万人面对缺水困难，其中约有50万户约300万人严重缺水。[①] (6) 干旱、洪涝、风沙、冰雹、霜冻、雷击等自然灾害频繁发生，严重威胁到西部地区的生产和生活。(7) 废水、废气、酸雨、固体废物、农业生产资料污染等环境污染日益严重，生态环境不断恶化。

　　生态环境的破坏和持续恶化给西部地区造成了巨大的经济损失，带来了高昂的环境治理成本，严重影响了西部地区的生态屏障功能和工农业生产，导致生产力下降，加剧了西部地区的脱贫难度。环境污染导致人民生活水平质量下降，生活环境恶劣，越来越多的农牧民不得不背井离乡。人类赖以生存的自然资源如水资源、土地资源、森林资源、草地资源和药材资源等也受到严重破坏，加剧了西部地区部分资源短缺的矛盾，严重阻碍了西部地

---

① 王浩：《西北生态建设的水资源保障体系》，水信息网，2003.8.24。

区经济社会的可持续发展。

2. 西部地区经济发展和生态环境之间的矛盾不断加剧

生态环境的极端脆弱性，加剧了西部地区经济发展和生态环境之间的矛盾，主要表现在：粗放型经济增长方式与有限的生态环境承载力之间的矛盾不断加深；不断增长的人口对生态环境质量要求不断提高与生态环境日渐恶化之间的矛盾日益突出；生态环境退化与自然资源短缺导致的局部利益与全局利益、眼前利益与长远利益之间的矛盾日趋激化；对自然生态环境的脆弱性认识的滞后与经济开发利用的迫切性之间的矛盾不断升级；国家对生态环境保护监管水平的要求越来越高与实际监管能力严重滞后之间的矛盾日趋明显。

造成这些矛盾的原因非常复杂，有自然条件的直接影响，也有人为造成的破坏，而且人为的因素是重要的原因。由于西部地区经济社会发展落后，人们长期在生存线上挣扎，对资源的开发利用、对人们的生产生活方式、对生态环境的影响等问题认识不够，环境保护意识总体不强，观念还较为落后，重开发轻保护、重建设轻维护，对资源的掠夺式、粗放式开发利用超过了生态环境的承载力。西部地区"资源高消耗、污染高排放"的能源和原材料工业占很大比重，这些"非生态化"的资源产业技术落后，设备陈旧，能源利用率较低，极易造成环境污染，且污染后生态恢复的难度较大、成本较高，环保工作滞后。我国西部很多地区还处于贫困状态，加上人口的增长需求压力不断扩张，迫使人们以传统的方式强化利用自然资源，导致人口增长、贫困和生态恶化之间形成恶性循环，而且惯性极大。

此外，我国西部地区虽出台了有关环境保护的政策，但由于对地方政府的考核主要是短期经济业绩而不是环境指标，很多地方政府也对破坏环境的行为给予默许，人们乐于发展见效快但对环境有破坏作用的产业。西部地区环境保护立法滞后，产权制度、防治制度、补偿制度、侵权责任制度等极不完善，没有体现西部环境保护所面临的特殊性，也不能适应西部社会经济发展的要求。环境保护方面有法不依、执法不严、违法不究等问题还大量存在，环境保护法制化亟待提高。

再者，目前我国西部地区环境保护投资主要依靠中央政府，这十分有限的资金难以满足西部地区辽阔的土地面积上脆弱的生态环境对环保资金的需求。到目前，西部地区还没有形成合理的行之有效的生态环境保护利益补偿机制，对当地社会环境保护力量的调动还不够。

(二) 改善西部生态环境与实现经济可持续发展的战略思考

要实现西部地区经济社会的可持续发展，就必须解决西部生态环境与经济发展之间的现实矛盾，实现二者的良性互动。因此，西部大开发必须破除传统发展观的消极影响，树立科学正确的人与自然和谐统一、生态与经济协调发展的观念，转变经济增长模式，走可持续发展的道路，最终实现生态效益、经济效益和社会效益的统一。

实施西部大开发战略必须以"全面、协调、可持续"的科学发展观为指导，坚持以人为本，以人与自然的和谐为主线，以经济发展为核心，以提高人民群众的生活质量为根本出发点，以科技和体制创新为突破口，全面推进西部地区经济发展与生态环境的协调。这是实施西部地区可持续发展战略的指导思想。科学发展观在协调区域经济发展与生态环境的关系上主要体现在促进全面发展和保持协调发展两个支撑点上。促进全面发展，要求在西部经济发展中克服过于强调经济发展或过于强调生态环境这两种片面性，既要看到经济发展对生态环境依赖的一面，也要重视经济发展对生态环境有反作用的一面。保持协调发展，就是在西部地区经济发展和生态环境之间关系的处理上，搞好五个统筹，对资源环境"在利用中保护和在保护中利用"，使经济有效性与生态安全性相互兼容、经济效益与生态效益协调统一，以最小的资源环境代价谋求经济社会最大限度的发展，以最小的经济成本保护和改善环境，让西部地区走上一条以科技为先导、资源节约型和生态保护型的经济可持续发展之路。

具体来讲，在西部开发过程中，应增加涵盖生态环境效益的绿色GDP指标作为地方政府的绩效考核指标，切实落实环保建设责任制；要尽快转变经济增长方式，大力发展循环经济，用"绿色经济"改善传统产业，加快产业结构的调整和升级，开发环保型产业，实现西部地区产业结构的生态化，走出一条经济效益高、科技含量高、资源节约、环境友好型的新的循环经济发展道路；要充分发挥财政税收政策和资本市场的功能，加大对西部环境保护的投入，积极吸引国内外各种民间资本，建立完善的西部生态环境建设资金保障机制，鼓励和扶植绿色产业；加强对西部地区环境保护的立法和执法力度，完善相关法规制度，强化环境管理，重视环保教育，提高民众的环保意识，建立长效的环保机制；遵循"谁开发，谁治理；谁受益，谁补偿"的原则积极建立科学、合理、有效的生态环境利益补偿机制。

西部大开发战略是一项资源开发和生态环境治理并举的政策措施。在西部大开发中要以生态保护和可持续发展为前提，以山川秀美作为西部地区可持续发展的基础，把加强生态经济建设作为西部大开发的切入点，进行西部生态系统的重建，提高现有经济系统的效益，实现生态系统与产业结构的对接、生态系统与开放方式的对接。只有这样，西部地区才能实现经济发展与生态环境两大系统的协调统一、眼前利益与长远利益的统一，也才能为未来西部地区乃至全国经济社会的可持续发展打下坚实的战略基础。

2.4 社会可持续发展的区域经济分析

区域经济可持续发展的实现，离不开社会因素，需要有社会的可持续发展作为动力与保证。只有当区域内的社会生活建立在较为合理的相互关系的基础之上时，经济活动才能顺利开展。党的十六届四中全会提出了"构建社会主义和谐社会"的新概念，这是科学发展观的重要体现，也是面向新世纪实现我国经济社会可持续发展的重要战略目标与战略任务。西部大开发作为我国构建社会主义和谐社会的重要内容，必须着力解决各种社会矛盾和社会发展过程中的困难，以推动西部经济与社会的可持续发展。

2.4.1 社会可持续发展对区域经济可持续发展的重要意义

（一）社会可持续发展的含义

从狭义的社会层面来定义可持续发展，主要是指社会其他方面的发展，如人口趋于稳定、政治趋于安定、社会秩序井然等。在一个可持续发展的社会中，人口必须控制在当地资源和环境的承载力范围之内，人们有很高的道德水准和可持续发展意识，经济发展有着高质量高素质的人力资源储备，各项社会事业蒸蒸日上，人们有着安居乐业的社会生活并且生活质量不断提高，劳动者能最大限度地发挥积极性和创造性，能不断吸引外部人才参与本地经济和社会建设。社会可持续发展的核心是人的全面发展，最终的落脚点和归宿是人们生活水准的不断提高。

（二）社会可持续发展的各内涵要素与区域经济可持续发展的密切联系

1. 社会可持续发展的本质是"以人为本"的发展

人是经济和社会系统的核心，是经济发展和社会发展的原动力和核心。人口的数量和质量直接影响着区域经济和社会发展的程度及效果。人口的过快增长会加大对资源和环境的压力，导致经济上的贫困与落后，甚至引发一系列社会问题，造成区域发展的恶性循环；人口增长过慢又会使经济和社会发展缺乏内在的刺激与动力，对区域发展同样不利。因此，区域经济社会的可持续发展，必须有适度的人口基础。

经济发展更强调的是人力资源的作用。人力资源一般可以理解为具有劳动能力的人口的总和，它对经济发展的影响存在积极和消极两重性，而人力资源质与量的结构状态决定着这种两重性的状态和变动方向。在当代社会中，素质已成为人力资源构成的主导。高素质的人力资源结构能够通过其创造力和高效率为区域经济可持续发展提供强大的推动力；而素质低下的人力资源可能会成为区域经济和社会发展的累赘。

因此，社会可持续发展的核心就是人的全面发展，它首先强调满足人们包括各种物质生活和精神生活需要在内的基本需要，还要满足人们对劳动环境、生活环境和生态环境质量等的生态需求，逐渐形成文明的生活方式，使人、社会与环境保持良性循环，使经济和社会发展协调统一。社会可持续发展强调严格控制人口数量、不断提高人口质量、合理调整人口结构、更新人们的思想观念、改善人们的道德品质，把区域经济社会发展转移到依靠提高人的素质的轨道上来。可见，社会可持续发展就是"以人为本"的发展，通过不断促进人的全面发展，促进人与自然的和谐，通过不断加大对人力资源的投资，增加人力资本的存量和提高其质量，这是解放和发展生产力的现实途径，也是使区域经济和社会系统获得持续发展能力的重要途径。

2. 社会可持续发展强调公平分配，强调消除贫困

一个可持续发展的社会不会把不公平的分配方式永远持续下去，当然也不会允许贫困的存在。不公平性会助长社会经济发展

的非持续性，只有公平性才能保证社会经济发展的稳定性和持续性。社会可持续发展是公平性和持续性的统一，是一个以公平分配、消除贫困和共同富裕为宗旨的社会进步过程，这也是社会主义的本质体现。地区间发展差距特别是城乡差距和贫富差距扩大的趋势如不能有效扭转，势必会引发多种社会矛盾，造成经济社会关系的紧张，最终影响到区域经济乃至全国经济社会的可持续发展。因此，社会可持续发展必须推动社会的整体全面进步，为经济可持续发展提供安定有序的社会环境。

3. 社会可持续发展要求大力发展教育和科技事业

教育通过塑造和改造人，不断提高人口素质，使人能更好地促进社会发展，从而提高劳动生产率，对经济发展起到推动作用，对社会意识形态起到促进作用。经济发展又能为教育的有效运行和加快发展提供必要的物质条件和雄厚的经济基础，社会经济发展水平往往在很大程度上影响到社会教育水平。可见，教育事业和经济发展事业是互惠互利的关系，有时候还要求优先或超前发展教育以为经济和社会发展注入所必需的高素质人力资本。

当今世界，各国或各地区经济实力的竞争实质上就是科技实力的竞争。科学技术的进步是经济发展过程中的一个重要方面，也是推动区域经济发展的重要力量。科学技术的不断创新为发展中国家和落后地区发挥"后发优势"、实现跨越式发展提供了新的机遇。技术的进步有助于提高资源利用的效率和能力，提高人力资源的质量，有助于加快落后地区传统经济增长方式的转变，对推动区域经济发展和社会进步、提高区域可持续发展能力起着关键性作用。

4. 社会可持续发展要实现文化卫生等各项社会事业的繁荣

文化是人类文明的重要特征，更是经济发展和社会进步的重要推动力量。文化可以形成民族团结的凝聚力、价值取向的同心力,进而对经济建设的思维模式、行为方式和组织制度的形成起到促进作用。同时,文化还可以通过潜在的力量作用于作为市场经济主体的人,对塑造和培养具有现代意识形态的劳动者和各种人才、充分调动人力资源的积极性和创造性、强化智力资源的开发起到重要的推动作用。大力发展文化事业和有着强劲势头的文化产业,已成为当今经济发展和社会进步的深层动力。

社会经济发展是医疗卫生事业得以开展的物质前提和基础,社会经济发展水平在很大程度上决定了医疗卫生事业发展的规模和速度。而医疗卫生事业的发展是人们健康水平提高的重要保证,对社会经济发展起着重要的促进作用。医疗卫生事业作为对人们的一种健康投资,不仅可以改善人们的健康状况,延长寿命,提升生命的价值,还可以让人们以更强健的体力和更充沛的精力投入到工作、学习中去,创造更多的社会财富。因此,大力发展医疗卫生事业有助于提高劳动生产率,实现经济发展的良性循环。

2.4.2 西部大开发中的社会可持续发展

(一) 我国西部地区面临的主要社会问题

1. 人口数量大,增长率高,经济社会发展的压力和负担较大

我国西部地区地域辽阔,人口密度较中部地区和东部地区要小,但人口增长率一直高于全国平均水平。据《中国统计年鉴2005》资料表明,2004年全国平均人口自然增长率为5.87‰,而西部地区平均人口自然增长率要高出近25%,12省区中就有8个省区人口自然增长率高于全国平均水平,分别是广西7.20‰、贵州8.73‰、云南9.00‰、西藏11.20‰、甘肃5.91‰、青海9.87‰、宁夏11.18‰、新疆10.91‰。相比而言,东部11省区中除福建、山东、广东和海南外人口自然增长率均低于全国平均

水平，增长率最高的海南省也仅为 8.98‰，远低于西部地区的西藏和宁夏。人口增长过快超过了西部生态环境的承载力，加重了西部经济资源耗用的负担，同时还影响到人均收入水平、生活水平、就业水平的提高，影响到人口质量及劳动生产率的提高，给资源配置、福利保障和社会安定等经济和社会可持续发展带来了巨大的压力。

2. 人口素质低，整体观念落后，人力资源状况不容乐观

我国西部地区人口的科学文化素质总体不高，不仅低于我国东部、中部地区的平均水平，甚至低于许多发展中国家或地区的水平。2004 年全国 15 岁及 15 岁以上人口的文盲、半文盲率为 10.32%，西部 12 省区除了广西、新疆以外其余 10 省区 15 岁及 15 岁以上人口的文盲、半文盲率均高于全国平均水平，尤其是西藏高达 44.03%，青海高达 22.08%，远远高于全国平均水平。[①] 由于传统的农业文化占主体地位，人们的知识水平又较为落后，加上封闭的自然环境和人为构筑的地方保护主义和地域壁垒等，西部地区人们思想观念整体上讲较为落后，自然经济观念、计划经济观念根深蒂固，缺乏市场经济意识、缺乏竞争意识和创新意识，安于现状，求稳怕动。西部人落后的观念意识由于其能动的反作用阻碍着西部社会的发展，与我国建立社会主义市场经济体制和现代化建设的整体要求不相适应。这对于西部地区经济社会的可持续发展是有弊而无益的，往往还会造成西部经济发展的停滞。

西部地区的人口结构相对失衡。我国的贫困人口绝大多数都分布在西部的边远农村，尤其是呈块状、片状分布在自然资源相对贫乏、生产生活条件较为恶劣、生态环境极其脆弱的高山深山

[①] 相关数据参考中华人民共和国国家统计局编：《2005 中国统计年鉴》，中国统计出版社 2005 年版。

区、黄土高原区、偏远荒漠区、自然灾害频发区和地方病高发区等，这些地方经济发展较为缓慢甚至停滞，文化教育十分落后，人们连基本生活都难以保障。西部地区农村人口占的比重较大，劳动力主要从事农业生产，工业发展滞后，第三产业发展迟缓，劳动力数量与生产资料数量不相适应，结构性失业现象较为突出。主要表现在农村剩余劳动力的数量较大，农村人力资源尚处于未有效开发和利用的状态。这使得西部地区人力资源流动性大，许多人才都流失到东部，导致科学技术人才大大减少，进一步削弱了西部发展的原动力。

一方面，西部地区人口数量的高速增长加重了资源和环境的负担，导致社会缺乏对人力资本的投资以及提高劳动者素质的物质条件；另一方面，在人口素质不高的情况下为实现既定的经济增长目标，西部地区不得不依靠人力资源数量投入的增加，这又引发了人口数量扩张的冲动，从而形成人口数量代替人口质量的恶性循环。这种高数量与低质量并存的人口特性与西部地区经济社会的可持续发展对人力资本的需求产生了矛盾，集中表现为高智能、高技术的劳动力占总劳动力的比重较低，很难适应西部大开发的需要，甚至严重阻碍了西部地区经济社会的发展。

3. 社会不公平现象突出，贫困问题较为严重

我国西部地区不仅面临着与东部地区的发展差距尤其是农村发展的差距较大的问题，而且还面临着西部地区城乡差距较大的问题。2003 年西部地区农村居民人均生活消费支出仅为 1524 元，低于全国农村平均水平 1943 元；西部农村的恩格尔系数为 49.3%，高于全国农村的平均水平 45.6%。[①] 2004 年全国农村居民人均纯收入为 2936.40 元，西部 12 省区农村人均纯收入均低

[①] 相关数据参考国家统计局社会经济调查总队编：《2004 中国西部农村统计资料》，中国统计出版社 2004 年版。

于这一水平，仅相当于全国平均水平的 60%~85%，贵州、云南、西藏、陕西、甘肃和青海的农村居民人均纯收入均低于 2000 元。2004 年我国西部地区城镇居民可支配收入与农村居民人均纯收入之比为 3.66，远远高于东部地区 2.58 的比值，也高于全国平均 3.12 的比值，西部地区的城乡差距非常大。[①]

贫困是西部地区社会可持续发展面临的最突出也是最大的挑战。贫困面大、贫困程度深是西部地区贫困的突出特征。西部地区是我国最主要的贫困地区，12 省区扶贫工作重点县有 366 个，占全国扶贫工作重点县的 62.9%。国家"八七扶贫攻坚计划"所列的国定贫困县中有 258 个是少数民族自治县，而这其中有 224 个分布在西部地区，占民族贫困县的 86.8%。据国家统计局《2004 年中国农村贫困监测公报》显示，截至 2004 年末西部地区农村绝对贫困人口为 1305 万人，占全国农村人口的 5.7%；西部地区的低收入人口为 2396 万，占该地区农村人口的 10.5%。可见，西部地区尤其是民族地区是全国扶贫攻坚的重点和难点地区。这些地区能否解决贫困人口的温饱问题，直接关系到该地区的民族团结和全面建设小康社会目标的实现，甚至对西部地区乃至整个国民经济的可持续发展有着极其重大的影响。

4. 教育、科技、文化和卫生等事业亟待完善

由于经济发展水平的落后，影响了我国西部地区各项社会事业的发展。教育方面，虽然国家每年对西部投入大量的教育经费，但教育结构极不合理，教育投资多流向西部经济较为发达的省市，对基础教育和职业教育的投入过低，而对中高等教育的投入偏高，呈一种倒金字塔状态；师资队伍数量少、质量低、流失现象较为严重。西部广大农村尤其是贫困地区的教育状况更加落

[①] 相关数据参考国家统计局国民经济综合统计司编：《2005 中国区域经济统计年鉴》，中国统计出版社 2006 年版。

后。2003年，西部扶贫工作重点县普通小学在校生数和专任教师数分别相当于全国扶贫重点县普通小学在校生数和专任教师数的56.5%和54.7%，分别相当于全国普通中学在校生数和专任教师数的49.5%和49.6%，均低于西部扶贫重点县占全国扶贫重点县的比重。[①] 这些情况造成了西部教育与社会经济发展的严重脱节，也导致了西部科学技术水平的落后。西部地区有一定的科技人才，但总体上讲创新能力较差，高新技术产业发展滞后，科学技术转化为生产力的步伐缓慢，科技对经济的贡献率仅为30%左右，低于东部发达省市50%的水平。我国西部地区有着极为丰富的文化资源，但西部文化事业发展面临的最大问题就是投入不足，文化资源开发的经济效益差，文化管理体制不健全，服务意识差，不能满足人们对高质量精神产品的文化需求。

我国西部地区尤其是农村的医疗卫生指标很低，基本的医疗卫生服务提供能力低下，医疗设备落后。2004年西部地区卫生机构、卫生技术人员和卫生机构床位数量分别占全国的33.8%、25.0%和26.3%，均分别小于东部地区这些指标占全国的比重37.3%、42.9%和42.6%。[②] 很多老少边穷地区仍存在缺医少药的现象，因病致贫、因病返贫的状况突出。此外，西部地区还是我国传染病、地方病的高发地区，免疫预防工作始终在低水平徘徊。可见，我国西部地区人口健康状况问题依然存在，医疗卫生条件亟待进一步改善。

5. 基本公共服务水平偏低，社会保障事业发展不足

我国西部地区幅员辽阔、人口分散，还承担着守土戍边的重

---

① 国家统计局社会经济调查总队编：《2004中国西部农村统计资料》，中国统计出版社2004年版，第98页。

② 相关数据参考国家统计局国民经济综合统计司编：《2005中国区域经济统计年鉴》，中国统计出版社2006年版。

任，进行社会管理和公共服务的行政成本很高，再加上现行的财政体制在很多地方无法保障公共服务的充分性，使得西部地区公共服务均等化面临着特殊的挑战。西部地区由于经济发展水平的落后，一定程度上制约了社会保障事业的发展，很多生活贫困的居民得不到相应的社会救济，失地农民和农民工的生活保障工作任重而道远。在日趋市场化的社会经济条件下，社会保障服务的缺口侵蚀着人们承担风险的能力，削弱西部社会的凝聚力和广大民众对西部大开发及社会改革的支持力度，不利于西部经济社会的可持续发展以及和谐社会的构建。

（二）推进西部地区社会的全面可持续发展

在新时期继续推进西部大开发，必须坚持以科学发展观统领西部经济社会的发展全局，以构建"民主法治、公平正义、诚信友爱、充满活力、安定有序、人与自然和谐相处"的社会主义和谐社会为目标，把经济社会的发展切实转入以人为本、全面协调可持续发展的轨道，开创西部大开发的新局面。

1. 控制人口增长，提高人口素质，促进人的全面发展

针对目前西部地区人口高数量和低质量的现状，西部大开发必须坚定不移地贯彻计划生育的基本国策，严格控制人口增长，努力提高人口素质，增强西部自身发展的能力，促进人口资源环境的良性循环，这是实现西部地区经济社会可持续发展的关键所在。西部地区的发展，必须摆脱人力资源匮乏和人才流失的双重困境。为此，要加大对人力资本的投资，提高人力资源的含金量，变西部的人口压力为高素质人力资源财富。西部人力资源的开发，要本着"以人为本"的基本原则，注重人的整体能力培养和潜力的挖掘，要与西部特有的自然、经济和社会背景相适应，强调人的全面发展。教育是其中最为关键的一环。我们首先要解放思想，树立人力资本投资的观念，加大对教育的投入，拓宽教育的投资渠道；加强基础教育尤其是农村义务教育，致力于提高

民众的整体素质；大力发展职业教育和在职培训，注重实用型人才的开发；加强对少数民族干部的培养，加大干部交流和培训力度；加强西部地区基础设施建设，为吸引和留住人才提供良好的社会环境。只有认真落实人才强国战略，加强人才队伍建设，才能为西部开发提供各种人才保障。

2. 改变农村的落后面貌，缩小城乡差距，消灭贫困

西部大开发中要着力加大解决"三农"问题的工作力度，把加快改善农村生产生活条件和增加农民收入列为各级政府的主要议事日程，继续搞好农村基础设施建设，进一步发挥西部特色农牧业的综合优势，拓宽农民外出务工等增收渠道，连接城市生产和农村消费的链条，促进西部地区社会主义新农村建设。通过这些努力，力争从根本上扭转城乡差距过大并且不断扩大的局面。

西部地区可持续发展和构建和谐社会的核心内容之一就是要消灭贫困，这也是社会主义的本质和实现共同富裕的目标所要求的。新时期西部地区的扶贫工作要紧紧围绕贫困地区的社会经济发展、贫困农民增收、完善扶贫开发机制等问题，坚持开放式扶贫的方针。具体来讲，首先应进一步完善财政转移支付制度，增加中央对西部贫困地区尤其是扶贫工作重点县的转移支付和扶贫专项资金倾斜力度，做好对口支援工作。其次，扶贫工作应更加关注西部地区的知识贫困和人力贫困等问题，切实加强贫困农村的基础教育和劳动力培训，发挥科技扶贫的作用，在贫困地区推广各种适用技术；同时，应进一步发挥"以工代赈"的作用，充分发挥贫困地区的劳动力优势，把劳动力投入到农村基础设施建设中去，积极探索贫困地区产业化扶贫的有效途径。此外，应继续安排好专项资金，按照"搬得出、稳得住、能致富"的原则因地制宜地做好异地扶贫搬迁工作和移民安置工作，并加强对移民的教育和培训，使其获得自身发展的能力，拓宽其增收渠道，帮助他们真正摆脱贫困。总之，西部地区的扶贫工作应加大对人力

资本的投入，切实增强未来可持续发展反贫困的内在潜能，从根本上改变贫困地区的生产和生活条件，彻底地消除贫困问题的困扰。

3.着力加强社会发展的薄弱环节，注重各项社会事业的发展

西部地区各项社会事业的发展中，应优先发展科技教育卫生事业。科技方面，多渠道筹集资金，围绕国家重大工程建设和重点产业的发展，以科研基地、重点实验室和工程技术研究中心为依托，推动现有科研力量与生产之间的结合，加大特色优势产业的技术支撑力度，加快高新技术产业的发展。教育方面，集中力量重点加强义务教育尤其是农村义务教育，扎实抓好西部地区"两基"攻坚计划的实施，积极发展职业技术教育，加强农民工的技能培训，逐步在贫困地区建立基础教育为基础、职业技术教育为主体、成人文化技术教育为辅助的新型教育结构。卫生方面，加强传染病、地方病等的疾病防治工作，加强健康教育和健康知识的传播，提高医疗卫生服务提供能力，重点支持农村卫生基础设施和农村基层计划生育服务体系建设，积极稳妥地建立以大病统筹为主的新型农村合作医疗制度，建立和完善农村贫困家庭的医疗救助制度。

4.加快推进社会保障事业的发展，改善基本公共服务

在西部大开发的过程中，西部各省区政府应结合"十一五"规划和中央关于社会保障体系建设和改革的大政方针，采取各种积极措施，建立健全与西部经济发展水平相适应的社会保障制度。具体来讲，要不断增加养老保险、失业保险、医疗保险、工伤保险和生育保险等社会保险的覆盖面，进一步加强社会统筹与个人账户的运作模式；要进一步完善城市最低生活保障制度，有条件的地区开始探索建立农村居民最低社会保障制度；多方面多渠道筹集资金发展社会福利与社会救济事业，为西部地区进一步

改革开放和加快发展提供有利的社会环境。

公共服务均等化是我国"十一五"规划提出的新任务,是构建社会主义和谐社会的重中之重,也是西部经济社会可持续发展的需要。西部地区要以推动基本公共服务均等化为目标,改善基本公共服务。加大国家扶持力度,发展各项社会事业,提高人民生活保障水平。特别是在限制开发和禁止开发区域组织实施一批重点工程,使更多的西部人民尤其是贫困地区人民共享改革发展成果,推动西部地区和谐社会的建设。

总之,为了避免西部大开发过程中可能出现的社会问题,巩固改革发展的成果,推动西部经济社会的可持续发展,我们应积极维护社会稳定,促进西部各民族的团结,重构社会结构,完善社会组织,调整社会关系,最大限度地激发西部社会各阶层、各群体和各组织的积极性和创造力,化解各类矛盾,努力构建社会主义和谐社会,使整个西部社会形成强大的合力,最终实现西部地区乃至全国经济与社会的可持续协调发展。

参考文献

1. 《邓小平文选》第3卷,人民出版社,1993年。
2. 杨聪、林克等著:《区域优势整合——论西部经济的统筹发展》,民族出版社,2004年11月。
3. 中华人民共和国国家统计局编:《2005中国统计年鉴》,中国统计出版社,2005年。
4. 国家统计局国民经济综合统计司编:《2005中国区域经济统计年鉴》,中国统计出版社,2006年。
5. 徐强、郭本海著:《区域可持续发展与区域形象设计》,东南大学出版社,2005年。
6. 韦苇主编,姚慧琴、刘新权副主编:《中国西部经济发展报告(2006)》,社会科学文献出版社,2006年8月。

7.冯年华著：《区域可持续发展创新：理论与实证分析》，中国工商出版社，2004年。

8.杨家栋著：《区域经济与可持续发展探索》，社会科学文献出版社，2005年。

9.周毅著：《西部生态环境经济社会可持续发展：资源大国藏掘》，内蒙古教育出版社，2001年。

10.郑翠霞：《西部地区可持续发展的对策》，《当代经济》2006年第5期，第42—43页。

第三章 西部生态资源分析

3.1 西部生态资源概况及生态环境特征

3.1.1 西部生态资源概况

生态资源包括两部分，一是基于生物多样性的生物资源；二是生物赖以生存的各种环境，确切地说包括土地资源、水资源及气候资源等。

西部地区地域辽阔，约占全国国土面积的72%，土地种类丰富，气候复杂多样，光热水土资源别具特色，孕育了丰富的生物资源。

（一）生物资源

西部地区生物资源丰富，但分布不均，植物种数以云南最多，高居全国之首，西北各省区则较少（表3-1）。四川、贵州两省药用植物分别达4600种和3700种，广西、云南、重庆、新疆也在2000种以上，陕西、青海、西藏均在700种以上。虽然其自然条件独特，但由于近期的开发利用，西部地区的生物多样性受到了威胁。由于西部是我国以及世界生物资源的宝库，我国已在西部地区建立了多处自然保护区。

西南和西北地区是两种完全不同的地貌及气候特征，以下将分开详细介绍西南和西北地区的生物资源

1. 西南地区生物资源概况

（1）起源古老，种类丰富，特有种、属多，区系成分复杂。

据不完全统计，本区有脊椎动物 2715 种，占全国脊椎动物总数的 65.58%，种子植物约 20000 种，约占全国总数的 2/3。

表 3-1　西部地区生物资源数量①

地区	动物资源数量（种）	植物资源数量（种）
内蒙古	/	470
四川	1100 多种	8546
广西	珍贵动物 40 多种	6000
贵州	699	6000
云南	1000	10200
西藏	/	4431
陕西	500 多种	1000
甘肃	500 多种	980
青海	/	1300
新疆	586	2376

在这些动植物中，有起源古老的桫椤、银杏、苏铁、水杉和现代植被中占显著地位的松、云杉、冷杉、杉木以及最原始的被子植物昆栏树、连香树、木兰、樟、山毛榉、金缕梅、胡桃、桦木；有数以千计的特有种，如植物中的珙桐、水青树、杜仲、金铁锁、独叶草、滇大黄、栌菊牧、马尾树等等，动物中的林跳鼠、大熊猫、小熊猫等。西南地区地理位置特殊，地形地貌错综复杂，是东亚动、植物区系与喜马拉雅动、植物区系的交汇点，也是泛北极动、植物区系与古热带动、植物区系的交错地带。因此，本区不仅具有与东亚、华东、华中、华南以及三北地区相同

---

① 资料来源：中国自然资源数据库（网站）。

的动、植物种类，还有与欧洲、美洲、非洲和大洋洲相同或相似的动、植物种类。

(2) 可供开发利用的潜在优势种类多、且门类齐全。如天然保健饮料和野生果树资源有刺梨、沙棘、猕猴桃、余甘孜、酸角、云南山楂、滇刺枣、梅子、栗子、杨梅、橄榄、南酸枣、无花果、树花生、任兔子等等。有开发价值的香料种类约300种，如用于提取天然樟脑和各种樟油的樟科植物，全国有46种，本区就占到35种。用于调配各种高级化妆品和香水的原植物有鹰爪花、依兰香、素心、金银花、栀子花、金合欢、九里香、白兰、黄兰、玫瑰和多种兰花，还有辛香料精油原植物姜、八角、肉桂等，以及浸膏原植物如桉叶油、柏木油、甘松油、树苔等。该区有作为世界四大动物香料的灵猫香和麝香，其原生动物有近10种，如大灵猫、大斑灵猫、小灵猫、林麝、马麝、喜马拉雅麝、黑麝、原麝等。本区已知药用动植物占全国80%以上，如云南已鉴定的植物药物有4758种，动物药260种，四川植物药4000余种，动物药340种。其中重要的药物有千种以上，全国统一普查的363种重点品种，本区几乎全有。重要的有三七、天麻、云木香、杜仲、贝母、黄连、当归、砂仁、儿茶、血竭、千年健、麝香、虫草、熊胆等。本区的花卉及观赏植物有2500余种，是全国同类植物中最丰富的地区。其中兰科、杜鹃花科、报春花科、龙胆科等均在100种以上。不仅数量多，而且以名贵花卉多而突出，如我国传统花卉中的茶花有125个品种，金花茶21种，杜鹃花450种，各种兰花200种以上，报春花190余种，马先蒿140余种，龙胆130种，百合10余种，还有阴生观叶植物荷花铁线蕨、鸟巢蕨、鹿角蕨、叉叶苏铁以及园林观赏植物针阔叶树种等等。本区已知的食用菌资源300余种，占全国食用菌总数的一半以上，著名的有香菇、木耳、松茸、羊肚菌、牛肝菌、青头菌、鸡枞、干巴菌、金耳等，不仅种类多，分布广，而且质优量大。此外，尚有野生淀粉植物 200 余种，纤维植物 150 余种，树脂树胶植物 50 余种，天然色素和甜味素植物数十种，珍稀濒危植物 230 种，常见蜜源植物近 250 种，寄主植物 60 余种以及种类极其丰富的野生蔬菜植物和饲料植物资源。本区野生动物资源，特别是潜在的动物资源也极为丰富，如紫胶虫等，兽类资源有革用兽类，如野猪、苏门羚、岩羊等 20 余种，裘皮兽中有松鼠、小灵猫、狐、水獭等；药用动物有麝香、鹿茸、熊胆、虎骨、穿山甲等近 200 种；实验动物中仅灵长类就多达 19 种；观赏动物多达 230 种，如熊猫、金丝猴、绿孔雀、画眉、蝴蝶等；蜜源及传粉昆虫近 200 种；还有丰富的鱼类资源、蛇类资源和两栖爬行类资源等。

（3）本区动、植物资源不仅具有再生性、多样性和基础性等共同特点，而且还有其独特的特色和可替代性。如药用植物资源，不仅种类多，质量好，而且每类药物中又有许多类似种。

（4）本区复杂多样的自然环境条件，不仅易于本区动、植物的生长，而且也易于引种国外的动植物。如用于调配多种香精的母体香料香叶油，其原植物香叶天竺葵产于非洲的埃及、阿尔及利亚及欧洲的法国。原产我国东北的人参和原产美国的西洋参，均在云南丽江地区生长良好，不仅生长周期短，产量高，而且有效成分含量也和原产地不相上下。

（5）本区丰富的动、植物资源中，不仅具有种类繁多的各类栽培作物，而且有抗性的原始种或野生种。如四川省有水稻、小麦、油菜、棉花、大豆、豌豆、蚕豆、马铃薯、红薯、甘蔗等 11 类作物 15000 个品种，云南上述作物品种在万种以上。

本区动、植物资源虽然种类多、门类齐全，但由于地形复杂，小环境等的影响，致使一些种类分布区狭小，产地分散，蕴藏量不大，给开发利用带来一定的困难。

2. 西北地区生物资源概况

(1) 植被类型多样：西北地区生物多样性的复杂性在全国位居前列，其特殊性、重要性不可替代。西北地区地形复杂，气候多变，高原、深谷、高山、盆地、平原交错。加之处于我国东西过渡、南北更替的枢纽地带，因而孕育了多样的植被类型和复杂的生态系统，自然生物资源得天独厚。从北亚热带的常绿落叶阔叶林、暖温带的落叶阔叶林、温带的针阔混交林、亚高山针叶林到多种类型的灌丛、草甸、草原、荒漠，几乎包括了中国植被的大多数类型。

(2) 动植物区系成分复杂：西北地区动植物区系的丰富度居全国之首。在植物地理区系区划上，西北地区跨经泛北极植物区的四个亚区，欧亚森林植物亚区、亚洲荒漠植物亚区、青藏高原植物亚区、中国—日本森林植物亚区。在植物区系地理成分上，我国15个种子植物属的分布区类型，在西北地区均有不同程度的体现。其中，中亚分布、地中海分布、西亚至中亚分布等是西北地区最具特色的地理成分，不可替代。全区维管植物约4200多种，其中被子植物3800多种，裸子植物100余种，蕨类300多种。此外，还有丰富的苔藓、地衣等。经济潜力不可限量，仅重要的经济植物就有2000多种，可以划分成12类经济用途，如药用、淀粉、油脂、色素、蜜源、纤维、鞣料、芳香油等。同时，随着人们认识水平的提高和科学技术的发展，许多新的经济用途将会被不断发现。本区动物区系特殊而丰富，全区包括古北界华北区的黄土高原亚区、东洋界的蒙新区、东部草原区、西部荒漠区、华中区等多种区系成分。全区兽类120多种，鸟类400余种，爬行类40多种。并有200多种益鸟和大量天敌昆虫、资源昆虫。

(3) 微生物资源丰富：据估计，西北地区微生物种类10000多种，包括多种菌生菌、根生菌、菌根菌、食用菌、药用菌、虫生菌。其中虫草、灵芝、银耳等均为名贵的中药。但由于微生物种的鉴定难度大，几乎 2/3 以上尚未被人类所认识，其中蕴藏着巨大的经济潜力。

（4）生物资源分布不均：西北地区生物资源从南向北、从东向西呈递减趋势。陕西的南部、甘肃南部是我国亚热带的西北隅，地形复杂，以山地为主，并有白龙江、汉江谷地。气候温暖湿润，雨量充沛，森林覆盖率达 60% 以上，蕴藏着丰富的动植物种类（约占全区 80% 以上），而处于干旱荒漠地区的新疆，自然条件严酷，植被稀疏，森林覆盖率仅 1% 左右，大面积为戈壁、荒漠。食物链简单，生态系统脆弱，生物种类相对单一。但这些生物种类大多为干旱荒漠地区所特有，发挥着重要的生态作用，具有不可替代的生态位，蕴藏着极强的抗旱、耐瘠薄基因资源，如膜果麻黄、木霸王、泡泡刺、裸果木、沙冬青等植物。又如动物中的高鼻羚羊和野马在我国仅产于准噶尔盆地。塔里木兔、南江沙蜥在世界上只分布于塔里木盆地。

综上所述，西部生物资源具有多样性及独特性，但分布不均匀。特别是西北地区，自然条件严酷，植被稀疏，地表大面积为戈壁、沙漠。西南相对来说较好，但由于地表土层浅，虽然降水丰富，但水土流失严重。

（二）生物生存环境

1. 土地资源

2004 年西部土地面积 686.7 万平方千米，占全国土地面积的 71.5%，拥有较高的人均耕地面积和绝大部分草原面积。西部土地资源丰富，类型多样，后备资源潜力较大。如表所示，西部地区的耕地、林地和草地资源都相当丰富，分别占到了全国的 38.2%、52.11% 和 97.83。人均耕地为 1.974 亩，为东部地区的 1.92 倍。我国可供开发的后备土地资源也主要集中在西部。内蒙古、青海、甘肃、新疆、西藏和川西北草原，以及我国的六大牧区，总面积 393.6 万平方公里，约占国土面积的 41%，是我国的生态屏障,也是农牧民赖以生存的基础。

表3-2 西部地区的耕地、林地和草地①

地区	耕地 万 m²	耕地 占全国比重%	森林 万 m²	森林 占全国比重%	可利用草原 万 m²	可利用草原 占全国比重%
重庆	264.5	2.03	297.5	1.31	23.76	0.09
四川	662.4	5.09	1904	8.37	1375	5.16
贵州	490.3	3.77	754	3.31	169.6	0.64
云南	642.1	4.94	2179	9.57	79.18	0.30
西藏	36.26	0.28	1266	5.56	6466.7	24.29
陕西	514	3.95	939.9	4.13	317.9	1.19
甘肃	502.47	3.86	466	2.05	1291.2	4.85
宁夏	126.9	0.98	26.6	0.12	246.8	0.93
青海	68.8	0.53	243.6	1.07	4034.3	15.15
新疆	398.6	3.07	640	2.81	5160.2	19.38
广西	440	3.38	1144	5.03	80.67	0.30
内蒙古	820	6.31	1998.7	8.78	6802.5	25.55
西部地区	4966.33	38.20	11859.3	52.11	26047.81	97.83

2. 水资源

西北地区淡水资源总量少。西北地区,包括陕西、甘肃、宁夏、青海、新疆、内蒙古等省区,占西部总面积的57%,水资源量只占18%,水能资源只占24.4%。由于地多水少,虽然人均水资源占有量达5000m³以上,但亩均水资源的占有量较低

---

① 资料来源:余瑞祥等著:《中国西部自然资源竞争力评估研究》,第三章。

(1600m³以下)，加之干旱少雨，蒸发旺盛，耗水极大。

西南地区的水资源相当丰富，但利用少，浪费多。西南地区湿润多雨，多年平均降雨量在1000~2000mm以上。但由于地形、地质条件的影响（山多地少，山高谷深），开发利用的条件相对困难，因此大部分水资源是白白浪费。

总体特点是西北干旱地区地多水少，西南湿润地区则水多地少。

3. 气候资源

西部地区光热资源比较丰富，日照时数是中国最长的地区，有利于发展大农业。西北地区干旱半干旱区的太阳能辐射总量都在140kcal/（cm²·a）以上，有的高达170kcal/（cm²·a）。云层稀少，晴天多，全年的日照时数在2800—3300之间（日照率70%）。宝贵的阳光，是西部"取之不尽，用之不竭"的资源。西部地区以西南的积温最高，大部分地区气温超过10摄氏度的积温在4500—7500摄氏度以上，个别地区甚至超过8000摄氏度。西南地区受西南季风和东南季风的影响，终年气候温和，雨量充沛，除高海拔地区外，夏无酷暑，冬无严寒，复杂的地形，形成了复杂的气候条件。

3.1.2 西部生态环境特征

每一个生态环境都有一定的生物群落与其栖息的环境相结合，进行着物种、能量和物质的交流。在一定时间和相对稳定的条件下，系统内各组成要素的结构和功能处于协调的动态之中。西部生态环境也同样如此，以下简要介绍西部的生态环境特征。

（一）生态环境复杂多样

在全球的陆地生态系统中，除典型的赤道雨林和极地冰盖子系统外，受纬度带谱和垂直带谱的影响，本区几乎涵盖了所有生态系统，构成了类型齐全、复杂多样的生态环境。有南端的热带雨林和北部的荒漠草原与荒漠，有低海拔的亚热带干河谷和高海拔的高山草甸与冻土冰川，有季风常绿阔叶林和内陆盐湖与泥沼。这些类型的交错与过渡，形成极为丰富的自然资源，提供了经济发展的巨大潜力，呈现出生态环境建设的战略意义。

（二）以草原、森林、沙漠型生物为主体，且生物多样化，具有整体性特征

生态系统通常与一定空间范围相联系，以生物为主体、生物多样性与生命支持系统的物理状况有关。一般而言，一个具有复杂垂直结构的环境能维持多个物种。一个森林生态系统比草原生态系统包含了更多的物种。同样，热带生态系统要比温带或寒带生态系统展示出更大的多样性。各要素稳定的网络式联系，保证了系统的整体性。但西部生态结构总体来说较简单，很容易出现食物链的断裂，这也是西部生态环境脆弱的原因之一。

（三）部分地区具有较复杂、较有序的层级结构

如西部西南地区自然界中生物的多样性和相互关系的复杂性，决定了其生态系统是一个极为复杂的、多要素、多变量构成的层级结构。较高的层级结构以大尺度、大基粒、低频率和缓慢的速度为特征，它们被更大的系统、更缓慢的作用所控制。

（四）生态环境十分脆弱且破坏严重

在地质构造复杂多变与风、水等外营力强烈作用下，本区生态系统变化剧烈，影响广泛而深远，涉及本区危及沿海，影响发展方向。就大范围看，系统结构单一，功能低弱；系统敏感性强，稳定度小，自身恢复能力差，一旦遭受破坏，极难恢复；系统质量差，物质与能量流动无序紊乱，生物产量低，抗灾能力低，导致生态环境容量十分低下，决定了本区生态环境保护与建设的复杂性；在历史和近代人为活动下，陡坡耕种，森林破坏，过度放牧，大气污染，不合理的资源开发以及自然因素剧变，导致生态系统失衡，功能失调，诱发环境质量的退化与恶化日趋严

重，泥石流、水土流失、荒漠化等自然灾害频繁，损失大。

西部生态环境具有一定的整体性，且生物丰富多样，但由于该地区地质构造的复杂性及水等外营力的强烈作用，使得该区的生态系统不稳定，敏感度较高，且脆弱性较强。

3.2 西部生态环境的脆弱性及成因

3.2.1 西部生态环境

西部生态环境具有较强的脆弱性，它是客观原因与人为因素的产物。观其现状，为我们以后的开发利用敲响了警钟。

（一）西部生态环境问题

1. 生态荒漠化问题严重，草原退化面积不断扩大

我国现有荒漠化土地262.2万平方公里，约占国土总面积的29%，大部分集中在西部。目前，荒漠化土地在我国每年以2460平方公里的速度扩展，沙进人退的恶劣局面凸现，严重威胁到国人的生存空间。有资料显示，近30年来仅内蒙古北部沙漠地区因沙害而弃耕的农田达12.7万公顷，尚有40万公顷处在风沙的威胁下。在风沙线上，有679个村镇时刻处在被流沙淹没的风险中。荒漠化还是导致沙尘暴的原因之一，使西部地区成为沙尘暴高发区之一，严重威胁城市安全，甚至我国首都北京也被国际环保组织列为沙漠化边缘城市。

我国现有草地面积3.9亿公顷，其中大部分分布在西部地区。由于长期以来对草原采取过度放牧、滥垦草原、滥采乱挖草原植被与掠夺式开发、粗放式经营，致使草原长期处于超负荷严重透支状态，破坏了草原的生态平衡，使得草原退化面积不断扩大。目前90%的可利用草原不同程度地退化，每年还以3000万亩的速度增加。

2. 资源使用制度不合理，资源短缺日益严重

其一，水资源短缺。我国水资源的区域、季节分布极为不均，占国土面积52%的西部地区处于干旱、半干旱状态，降水量仅占全国总量的20%以下，河川径流量占全国总量的10%。这些地方的水权没有明确的界定，因而水资源利用的管理机制需要改进。水价过低，不能有效提高水的稀缺性和机会成本，从而造成水资源的浪费使用，加剧了水资源的短缺。西部大部分地区属于灌溉农业，主要使用大水漫灌等的灌溉方法，水资源浪费十分严重。工业以矿产资源开采和初级品加工为主，设备简陋，附加值低，且不注意环境保护，排出大量废水，污染河流及地下水，使得水资源变得更为紧缺。同时随着人口的增加和消费文化的兴起，人民日常生活所需用水也日益增加，这也加剧了水资源的短缺。

其二，水土流失日益加剧。长期以来，随着西部地区人口数量持续增长，为满足人口的生存需要，人们大量开垦荒地，扩大耕地面积，实行掠夺式开发和粗放式经营，对环境索取逐步增加。同时缺乏一套完整的环境价值评估体系和生态补偿机制，没能投入足够的人力物力保护生态环境，结果使耕地表面土壤大量流失，有机质和速效肥大量损失，土地生产力下降。有数据显示，每年有上亿吨的泥沙流入黄河、长江，泥沙淤积是造成江河洪水灾害的诱因之一，严重威胁到人民的生命财产安全。

其三，动植物物种不断减少。由于森林和草地的破坏，植被大量流失。农药的大量使用，再加上人为的滥捕滥杀，物种赖以生存的环境遭到破坏，使繁衍在西部地区的物种日益减少，生存在戈壁荒漠和草原上的野马、野驴、狼、狐狸等早已很难见到。

3. 工农业污染严重，加剧生态环境的恶化

长期以来，受计划经济生产方式的影响，西部经济的增长方式以粗放型为主。通过增加生产要素的投入来推动经济增长，这

种粗放型的经济增长方式是以高能耗、低效益和对环境的极大破坏为代价的。

其表现主要有：

农业污染严重。西部地区水资源短缺，但在缺水的同时，水资源浪费现象也十分严重。黄河上游灌溉区平均每生产1公斤粮食所需用水为1.12~3.6立方米，是全国灌溉区平均水平的1.5~3倍。由于粗放型农业灌溉造成水资源浪费，更加剧了水资源的短缺，使得缺水地区土地盐碱化问题日趋严重。西部地区农药和化肥的大量使用，一方面使得农作物增产、增收，另一方面也会产生农药化学污染。有毒农药富集成灾，对生态环境造成破坏并通过食物链的传递直接威胁到人类的健康。化肥也是对农业环境造成污染的一个重要原因，农田流失的氢和磷等化学元素经地表流入水体，引起富营养化和地下水污染，使水质下降，破坏生态系统的养分平衡。

工业污染严重。西部地区的工业发展主要是建立在资源开发的基础之上的，以重工业、低附加值的产品加工为主，劳动力密集和低技术产品的生产源源不断，而且很多企业设备落后，单位产品能耗高、物耗高、资源利用率低，环境污染严重。工业三废排放总量虽然不多，但万元产值排污量却远远高于全国平均水平。而且西部污染物排放所占比重远高于其工业所占比重。2004年西部工业总产值只占全国的15.2%，而工业废水排放比重则高达22.1%，工业废气比重高达25.3%，工业固体废物排放量高达26.8%。工业产值与工业污染两相对照，差距至少在7个百分点以上。由此可见，西部地区的环境污染已相当严重，污染治理迫在眉睫（根据《中国统计年鉴》汇总计算而得）。

城市环境污染严重。西部城镇化率从1978年改革开放前的17%上升到2001年的21.5%，城市人口数量占西部总人口数量的23%，城市工业总产值占西部工业总产值的81%。由于西部工业以能源和重化工业为主,且大都集中在城市及周边地区,均属高消耗、污染密集型产业,造成严重的空气污染、水污染和固体废弃物污染。与东中部地区相比,西部地区的污染总量虽不大,但由于其大部分工业都集中在少数中心城市,污染排放量十分集中。兰州、乌鲁木齐、重庆都被国际环保组织评为全球十大污染城市,其产生的废弃物对城市周边地区环境造成严重污染。

3.2.2 西部生态环境的脆弱性及其成因

(一) 脆弱性生态环境的内涵

脆弱性涵义随研究主题和研究对象的不同而不同。自然科学工作者往往从研究环境变化如沙漠化、盐碱化等去定义脆弱性,研究的对象往往是自然生态系统;社会科学工作者则注重于造成生态脆弱的政治经济、社会关系和其他权利结构,研究的对象多是人文系统。在过去,脆弱性研究多集中于地理学领域,且这一术语频繁地出现于风险和灾害等方面的文献中,但目前它越来越频繁地应用于全球环境变化和环境与发展问题的研究中。

人们认识论的取向(政治生态、人文生态、自然科学、空间分析)和随之而来的方法论运用的不同,是造成脆弱性概念千差万别的主要根源。但最基本的概念性差别也体现或集中于面对各种风险和环境胁迫的可能性上面。但无论研究对象是自然系统还是人文系统,无论是自然区域还是某一社会群体,无论是某一自然要素还是单个的生物体,脆弱性都有三层含义:1.它表明该系统、群体或个体存在内在的不稳定性;2.该系统、群体或个体对外界的干扰和变化(自然的或人文的)比较敏感;3.在外来干扰和外部环境的胁迫下,该系统、群体或个体易遭受某种程度的损失和伤害,并且难以复原。对自然系统而言,这种损失表现在系统的正常功能被破坏,环境发生退化(如沙漠化、盐渍化等)、生物多样性降低等方面;对人文系统而言,它表现为社会或个人在面对各种变化尤其是自然灾害时的无能为力，这种无能为力往往给他们带来巨大的生命和财产损失。

（二）脆弱性生态环境的成因

针对支配和造成脆弱性的要素和条件这一错综复杂的问题，研究者们曾在大量的案例研究中论及它，概括起来大体有两类。一是系统或个体自身的内部结构决定了该系统或个体比较脆弱，即系统或个体自身存在先天的不稳定性和敏感性，称之为结构型脆弱性；二是外界的压力或干扰易使系统或个体遭受损失或产生不利变化，称之为胁迫型脆弱性。

1. 结构型脆弱性

结构型脆弱性主要是由系统（个体）自身的结构决定的。这主要体现在两个方面：系统自身的不稳定性和敏感性。

稳定性是指系统在内外扰动中保持着自身的倾向，如果一个系统能够抵制内外干扰，或在受到扰动后仍然能基本恢复原来的状态，那么系统就可以视为稳定的。稳定性是系统的基本特征。系统的脆弱性与其稳定性呈反比关系。系统是由要素组成的，各要素之间相互作用和影响，从而维持系统的整体功能。系统各要素之间的联系一旦改变或中断，系统就会丧失原来的性质和功能，结果变得不稳定。所以说，系统退化是内部组分及其相互作用的不良变化，最终导致系统自控能力弱而极其不稳定。现实中，任何系统都存在一些极不稳定的要素，或者说一些要素变化的潜势较大，当一些要素变化的潜势超过一定极限时，整个系统将变得不稳定且极易受到外界压力的影响，如坡地上覆土壤和岩石以及其他物质，受重力作用具有重力势能，并作为不稳定的能量储存在山地系统中。岩石位势越高，重力势能越大，在重力作用下下滑的可能性也就越大。尤其是当这种系统内部含有滑坡体构造时，其不稳定性更强。在生态系统结构中，其物质结构和能量结构的综合特征反映出生态环境的质量，而质量的高低优劣，是生态稳定性和脆弱性的主要标志。例如，在生态系统中，生物群体的种类、群种的构成、优势种的丰度、群落层片的结构、群落生物产量及可利用程度等配合关系和组织建造，具有衡量生态系统脆弱与否的功能。或者是，生态环境群体结构反映了生态环境物质结构的特征。如物质结构过程协调，群体结构复杂，则生态系统具有较强的稳定性；反之，如果物能结构简单，则其内部物质能量过程不协调，生物体结构易遭破坏，易形成脆弱的生态环境。所以说，对那些生物群落结构简单、水热结构不协调和供求转化不顺畅、地质基础不稳定、地貌易发生演替、地表物质构成稳定性差、能量波动性大的系统来说，本身就具有较强的脆弱性。

敏感性是系统本身固有的属性，同时又受外界环境扰动的影响。敏感性作为脆弱性系统特征之一，反映了系统及其组成要素对外界扰动产生响应的灵敏程度。敏感性不仅决定于系统的内部结构，同时受外界干扰因子的影响，系统中不同要素在同一扰动因子作用下其敏感性表现不一样；同一要素在不同扰动因子作用下其敏感性也不同。所以，对那些具有脆弱倾向的系统来说，系统内部各种因素的作用关系容易产生变化。往往由于一个因素的变化和扰动会触发其他多个因素的"链式"反应，进而对系统整体的质、量产生根本的影响。大多数情况下，如果一个系统对外界的干扰越敏感，其脆弱性也越强。

2. 胁迫型脆弱性

胁迫型脆弱性是指导致系统脆弱的驱动力主要来源于系统的外部，亦即系统外部扰动对系统造成的不利影响。胁迫型脆弱性又可分为人类活动胁迫型和环境胁迫型两类。

胁迫型脆弱性是由来源于自然（人文）系统的压力以及来自于人类的各种社会、经济活动的压力，或指人类的各种不合理的社会经济活动是造成某一系统脆弱的主要驱动力，主要表现有以下几方面：

第一，过度垦殖。由于人类在开发利用资源的过程中的一些不合理行为，使生态环境系统遭到破坏，使环境脆弱性加剧。

第二，过度放牧。其直接危害就是引起草场退化。牲畜对草场的长期践踏，必然破坏草场的表土层，从而引起风蚀、退化、沙化。

第三，过度采伐。滥砍乱伐不仅使森林遭受破坏，而且加大了雨水对地表的冲刷能力，是造成区域水土流失和易患洪涝的主要原因之一。最后的恶果就是造成土壤丧失生产能力，导致部分区域对气候变化十分脆弱。

第四，过度灌溉。过度灌溉是造成土壤盐渍化的主要原因。大部分集中于北方半干旱、干旱和半湿润平原灌区，如内蒙古河套平原、宁夏银川平原以及西北内陆地区的一些低洼绿洲灌区分布比较集中。

第五，工农业污染。工业排放的有毒废水、废气、废渣以及农药的广泛使用，均能造成原生环境的消亡而出现脆弱生态环境。这是造成地下水脆弱的主要根源。

造成环境胁迫型脆弱性的原因：

第一，贫困。贫困是造成环境脆弱的关键因子。贫困迫使农民为追求短期生存而放弃可持续的资源经营方式，过度使用环境资源，最终造成环境退化。许多情况下，穷人就成了贫困和环境退化螺旋式结构的重要环节。在该螺旋式结构中，现有的人口增长、贫困、发展、商业化和灾害等各种力量联合在一起，使人口发生转移，资源被瓜分，结果导致环境进一步退化并使现有问题更加恶化。

第二，气候变化。气候变化增加大气中二氧化碳的浓度，增高气温和改变降水的模式，影响多种资源如水资源的供应、森林植被的生产力、生物多样性以及人体的气候变化增加大气中二氧化碳的浓度，增高气温和改变降水的模式，影响多种资源如水资源的供应、森林植被的生产力、生物多样性以及人体的健康。

第三，旱涝灾害。长期的旱灾会使植物因缺水而枯萎甚至死亡。结果地表植被的覆盖度大为降低。在沙地地区，土壤的沙化现象将日趋严重。涝灾尤其是洪水是造成许多工程设施脆弱的主要原因，也是诱发寄生虫病、减少农作物产量的主要驱动力。此外，地表长期积水，还可以引发土壤的盐碱化。这些都会使系统原有的稳定性减弱，降低系统对未来灾害的抵抗能力。

第四，风暴潮。是造成人民生命财产遭受重大损失的主要自然灾害，同时也是导致某些区域比较脆弱的驱动力。

3.3 西部生态区域规划

目前对脆弱生态区的评价有五类指标，即环境资源指标、经济发展水平指标、经济技术替代能力指标、与其他地区联系程度指标以及人口素质指标。在此我们利用判断聚类效果作为客观标准进行对比分析。

3.3.1 根据环境资源因子进行的环境资源约束型脆弱生态区分类

选择的资源类聚变量是耕地面积、人均耕地、有效灌溉面积、旱涝保收面积、旱地、水浇地、累积草场、灌溉面积、总播种面积、粮食面积等得出如下结果。如表3-3。

从表3-3可以看出，利用聚分类法所划分的类型有明显的地域差异性，如内蒙古东部的脆弱生态区大多属于第一类地区；而内蒙古西部、新疆大部、云贵中部则归为第三类脆弱区，说明自然因素对生态区的脆弱性具有决定性的影响。

表 3-3 环境资源约束型脆弱生态区分类结果①

类别	所包含的县市	生态脆弱性分析
第一类 43个县	河北：张北、康保、沽源、尚义、丰宁、围场 内蒙古：翁牛特旗、敖汉旗、科左后旗、库伦旗、奈曼旗、太仆寺旗、丰镇、武川、和林格尔、兴和、凉城、察右前旗 广西：武鸣 贵州：遵义、毕节市、大方、黔西、织金 陕西：榆林市、神木、横山、靖边、定边 甘肃：永登、榆中、靖远、会宁、玉门市、张掖市、古浪、定西 宁夏：盐池、同心、固原、海原、西吉 新疆：库车	人类活动频繁，过牧、过樵及基础设施的建设造成山地水源涵养林面积减小，水土流失严重；生态系统多为退化的灌丛草地；人均耕地面积为3.83亩/人。
第二类 5个县	内蒙古：赤峰松山区、通辽市科尔沁区、科左中旗 甘肃：武威市 新疆：莎车	降雨量少，旱化过程明显，土壤调节水分能力低，群落结构简单，生产波动性大，人均耕地面积为2.53亩/人

① 刘燕华编：《脆弱生态环境与可持续发展》，商务印书馆2001年版，第227页。

第三章 西部生态资源分析

续表

类别	所包含的县市	生态脆弱性分析
第三类 161个县	河北：万全、隆化 山西：左云、右玉、河曲、保德、偏关 内蒙古：喀喇沁旗、多伦、集宁市、清水河、东胜市、伊金霍洛旗 广西：上思、凭祥市、上林、隆安、马山、扶绥、崇左、大新、天等、宁明、龙州、三江、融水、忻城、百色市、田阳、田东、平果、德保、靖西、那坡、凌云、乐业、田林、河池市、罗城、环江、南丹、天峨、凤山、东兰、巴马、都安、大化 贵州：贵阳市、遵义市、桐梓、绥阳、正安、道真、务川、湄潭、余庆、仁怀、习水、石阡、思南、印江、德江、沿河、兴仁、普安、晴隆、贞丰、望谟、册亨、金沙、纳雍、赫章、安顺市、清镇市、开阳、息烽、修文、平坝、普定、关岭、镇宁、紫云、凯里市、黄平、施秉、三穗、镇远、锦屏、剑河、台江、黎平、榕江、从江、雷山、麻江、丹寨、都匀市、荔波、贵定、福泉市、瓮安、独山、平塘、罗甸、长顺、龙里、惠水、三都 陕西：志丹、吴旗、府谷、米脂、佳县 甘肃：兰州市区、皋兰、金川市区、永昌、白银市区、景泰、酒泉市、敦煌市、金塔、阿克赛、安西、肃南、民乐、临泽、高台、山丹、民勤、天祝 新疆：库尔勒市、轮台、尉犁、若羌、且末、阿尔苏市、沙雅、新和、阿瓦提、柯坪、喀什市、疏附、疏勒、英吉沙、泽普、叶城、麦盖提、岳普湖、伽师、巴楚、塔什库尔干、和田市、和田、墨玉、皮山、洛浦、策勒、于田、民丰	森林的过度砍伐使得其保水能力下降，地表冲刷较重；主要的人为扰动作用为农业开发活动；耕地的匮乏（人均耕地面积只有 1.59 亩/人，是 5 种类型的脆弱生态区中人均耕地面积最小的）是该类型生态区的主要脆弱特征。

续表

类别	所包含的县市	生态脆弱性分析
第四类 5个县	内蒙古：准格尔旗、鄂托克前旗、乌审旗 甘肃：肃北、华池	人为活动造成上游载流量过大，导致下游水资源短缺，天然植被衰退，荒漠化严重。
第五类 1个县	甘肃：环县	人均耕地较丰富(4.59亩/人)，但人为活动的干扰，使草原退化、土地沙化、生物多样性较低

3.3.2 根据经济发展水平因子进行的经济水平约束型脆弱区分类

选择了经济发展水平变量中有效灌溉面积、旱涝保收面积、农机动力、排灌动力、机耕面积、化肥实量、化肥纯量、农药农膜用量、粮食亩产等进行分析，得出如下结果。见表3-4

表3-4 以经济发展水平因子为聚类变量，采用聚类分析法得到的聚类结果[①]

类别	所包含的县市	生态脆弱性分析
第一类 48个县	河北：隆化、丰宁、围场 内蒙古：翁牛特旗、喀喇沁旗、敖汉旗、科尔沁左翼后旗、奈曼旗、武川、准噶尔旗、乌审旗	

---

① 资料来源：刘燕华编：《脆弱生态环境与可持续发展》，商务印书馆2001年版，第229页。

续表

类别	所包含的县市	生态脆弱性分析
第一类 48个县	广西：上林、隆安、扶绥、崇左、大新、天等、宁明、龙州、忻城、田阳、田东、平果、都安 贵阳：安顺市 陕西：榆林市 甘肃：永登、金川市区、白银市区、会宁、玉门市、敦煌市、金塔、民乐、临泽、高台、山丹、古浪、定西 宁夏：盐池、同心、固原、海原、西吉 新疆：库车、莎车、阿瓦提、墨玉	该类型脆弱生态区的人均收入为544元/人，粮食亩产为216公斤/亩，均属较低水平，因此经济发展水平因子有可能成为该脆弱生态区的约束因子。
第二类 1个县	贵阳：贵阳市郊	该类型脆弱生态区的人均收入为834元/人，粮食亩产为241公斤/亩，经济发展水平相对较高。
第三类 14个县	内蒙古：赤峰郊区、通辽市、科尔沁左翼中旗 广西：武鸣 贵州：遵义 甘肃：皋兰、榆中、永昌、靖远、景泰、酒泉市、张掖市、民勤、武威市	该类型脆弱生态区的人均收入为782元/人，粮食亩产为402公斤/亩，经济发展水平相对较高

续表

类别	所包含的县市	生态脆弱性分析
第四类 150个县	河北：张北、康保、沽源、尚义、万全 山西：左云、右玉、河曲、保德、偏关 内蒙古：库伦旗、太仆寺旗、多伦、集宁市、丰镇、和林格尔、清水河、兴和、察右前旗、东胜市、鄂托克前旗、伊金霍洛旗 广西：上思、凭祥市、马山、三江、融水、百色市、德保、靖西、那坡、凌云、乐业、田林、河池市、罗城、环江、南丹、天峨、凤山、东兰、巴马、大化 贵州：遵义市、桐梓、绥阳、正安、道真、务川、湄潭、余庆、仁怀、习水、石阡、思南、印江、德江、沿河、兴仁、普安、晴隆、贞丰、望谟、册亨、毕节市、大方、黔西、金沙、织金、赫章、清镇市、开阳、息烽、修文、平坝、普定、关岭、镇宁、紫云、凯里市、黄平、施秉、三穗、镇远、锦屏、剑河、台江、黎平、榕江、从江、雷山、麻江、丹寨、都匀市、荔波、贵定、福泉、瓮安、独山、平塘、罗甸、长顺、龙里、惠水、三都 陕西：志丹、吴旗、神木、府谷、横山、靖边、定边、米脂、佳县 甘肃：兰州市区、肃北、阿克赛、安西、肃南、天祝、环县、华池 新疆：新和、柯坪、喀什市、库尔勒市、轮台、尉犁、若羌、且末、阿克苏市、沙雅、疏附、疏勒、英吉沙、泽普、叶城、麦盖提、岳普湖、伽师、巴楚、塔什库尔干、和田市、和田、皮山、洛浦、策勒、于田、民丰	该类型脆弱生态区的人均收入不足486元/人，粮食亩产为197公斤/亩，其人均收入和粮食亩产均处于较低水平，经济发展水平因子是该脆弱生态区的约束因子。

续表

类别	所包含的县市	生态脆弱性分析
第五类 1个县	内蒙古：凉城	该类型脆弱生态区的人均收入为657元/人，粮食亩产为137公斤/亩，经济水平中等

从表3-4可以看出，经济替代能力与产业结构、社会发展水平相关。

表3-5 以经济技术替代因子为聚类变量进行聚类时各统计量的变化情况①

类数	R^2	伪F	伪T^2
3	0.329548	34.90	0.00
2	0.262796	38.14	22.14
1	0.131707	32.61	38.65

表3-6 以经济技术替代能力因子为聚类变量采用聚类分析法得到的聚类结果②

类别	所包含的县市	生态脆弱性分析
第一类 135个县	河北：张北、康保、尚义、万全、隆化、丰宁、围场 山西：左云、右玉、河曲、保德、偏关	

---

① 资料来源：刘燕华编：《脆弱生态环境与可持续发展》，商务印书馆2001年版，第230页。
② 同上书，第231页。

续表

类别	所包含的县市	生态脆弱性分析
第一类 135个县	内蒙古：赤峰市松山区、喀喇沁旗、奈曼旗、集宁市、清水河、兴和、东胜市、准格尔旗、鄂托克前旗、乌审旗、伊金霍洛旗 广西：武鸣、凭祥市、上林、马山、大新、天等、宁明、三江、融水、忻城、平果、德保、靖西、那坡、凌云、乐业、田林、河池市、罗城、环江、南丹、天峨、凤山、东兰、巴马、都安、大化 贵州：贵阳市、遵义市、遵义、桐梓、正安、道真、绥阳、务川、湄潭、仁怀、习水、普安、晴隆、贞丰、望谟、册亨、毕市、大方、金沙、织金、纳雍、赫章、安顺市、清镇市、息烽、平坝、普定、镇宁、紫云、凯里市、黄平、三穗、镇远、锦屏、剑河、台江、黎平、榕江、从江、雷山、丹寨、都匀市、荔波、贵定、福泉、独山、罗甸、长顺、龙里、惠水、三都 陕西：榆林市、神木、府谷、横山、米脂、佳县 甘肃：兰州市区、皋兰、榆中、永登、永昌、白银市区、靖远、会宁、景泰、玉门市、酒泉市、肃北、阿克赛、张掖市、肃南、山丹、武威市、天祝、定西、环县、华池 宁夏：盐池、同心、固原 新疆：若羌、喀什市、塔什库尔干、	该类型脆弱生态区农业收入占总收入的比重及种植业收入占农业收入的比重分别为0.351和0.51，区域经济发展对农业及种植业的依赖性较小，因此其经济技术替代能力较强。

续表

类别	所包含的县市	生态脆弱性分析
第二类 2个县	贵州：修文 甘肃：古浪	该类型脆弱生态区农业收入占总收入的比重及种植业收入占农业收入的比重分别为0.41和0.65，区域经济发展对农业及种植业的依赖性中等，因此其经济技术替代能力也为中等。
第三类 79个县	河北：沽源 内蒙古：翁牛特旗、敖汉旗、通辽市、科左中旗、科左后旗、库伦旗、太仆寺旗、多伦、丰镇、武川、和林格尔、凉城、察右前旗 广西：上思、隆安、扶绥、崇左、龙州、百色市、田阳、田东 贵州：余庆、石阡、思南、印江、德江、沿河、兴仁、开阳、关岭、施秉、麻江、瓮安、平塘 陕西：志丹、吴旗、靖边、定边 甘肃：金川市区、敦煌市、金塔、安西、民乐、临泽、高台、民勤 宁夏：海原、西吉 新疆：库尔勒市、轮台、尉犁、且末、阿克苏市、库车、沙雅、新和、阿瓦提、柯坪、疏附、疏勒、英吉沙、泽普、莎车、叶城、麦盖提、岳普湖、伽师、巴楚、和田市、和田、墨玉、皮山、洛浦、策勒、于田、民丰	该类型脆弱生态区农业收入占总收入的比重及种植业收入占农业收入比重分别为0.621和0.667，区域经济发展对农业及种植业的依赖性较大，因此其经济技术替代能力较弱，是该生态区的主要脆弱因子。

表 3-7 以域外支持因子为聚类变量进行聚类时各统计量的变化情况[①]

类数	R^2	伪 F	伪 t^2
8	0.761040	95.09	35.62
7	0.757412	109.28	8.50
6	0.706661	101.66	44.24
5	0.693352	119.84	10.96
4	0.645598	129.34	34.28
3	0.481699	99.44	98.56

3.3.3 以与其他地域的联系（域外支持）因子为聚变量进行分类

选择的域外支持因子为总人口、运输收入、运输业总产值等为依据进行聚类，结果如表 3-8。

表 3-8 以域外支持因子为聚类变量，采用聚类分析法得到的聚类变量结果[②]

类别	所包含的县市	生态脆弱性分析
第一类（13个县）	内蒙古：赤峰松山区、通辽市 广西：武鸣、都安 贵州：习水、毕节市、大方、黔西、织金、那雍、安顺市 甘肃：兰州市区、武威市	该类型脆弱生态区的人均运输收入为 40.6 元，域外支持能力较弱。

---

①② 资料来源：刘燕华编：《脆弱生态环境与可持续发展》，商务印书馆 2001 年版，第 232 页。

续表

类别	所包含的县市	生态脆弱性分析
第二类（86个县）	河北：张北、隆化、丰宁、围场 内蒙古：翁牛特旗、喀喇沁旗、敖汉旗、科左中旗、科左后旗、奈曼旗、丰镇、兴和 广西：上林、隆安、马山、扶绥、崇左、大新、天等、宁明、三江、融水、忻城、百色市、田阳、田东、平果、德保、靖西、河池市、罗城、环江、大化 贵州：遵义市、桐梓、绥阳、正安、道真、务川、湄潭、仁怀、石阡、思南、印江、德江、沿河、兴仁、贞丰、金沙、赫章、清镇市、开阳、平坝、普定、镇宁、紫云、凯里市、黄平、黎平、都匀市、瓮安、独山、惠水 陕西：榆林市、神木、横山 甘肃：永登、榆中、靖远、会宁、酒泉市、张掖市、古浪、定西、环县 宁夏：同心、固原、海原、西吉 新疆：阿克苏市、库车、疏附、莎车、叶城、巴楚、墨玉	该类型脆弱生态区的人均运输收入为35.25元，域外支持能力很弱，是该生态区的主要脆弱特征之一。
第三类（2个县）	贵州：贵阳市、遵义	该类型脆弱生态区的人均运输收入为65.69元，域外支持能力较强。

续表

类别	所包含的县市	生态脆弱性分析
第四类 （113个县）	河北：康保、沽源、尚义、万全 山西：左云、右玉、河曲、保德、偏关 内蒙古：库伦旗、太仆寺旗、多伦、集宁市、武川、和林格尔、清水河、凉城、察右前旗、东胜市、准格尔旗、鄂托克前旗、乌审旗、伊金霍洛旗 广西：上思、凭祥市、龙州、那坡、凌云、乐业、田林、南丹、天峨、凤山、东兰、巴马 贵州：余庆、普安、晴隆、望谟、册亨、息烽、修文、关岭、施秉、三穗、镇远、锦屏、剑河、台江、榕江、从江、雷山、麻江、丹寨、荔波、贵定、福泉、平塘、罗甸、长顺、龙里、三都 陕西：志丹、吴旗、府谷、靖边、定边、米脂、佳县 甘肃：皋兰、金川市区、永昌、白银市区、景泰、玉门市、敦煌市、金塔、肃北、阿克赛、安西、肃南、民乐、临泽、高台、山丹、民勤、天祝、华池 宁夏：盐池 新疆：库尔勒市、轮台、尉犁、若羌、且末、沙雅、新和、阿瓦提、柯坪、喀什市、疏勒、英吉沙、泽普、麦盖提、岳普湖、伽师、塔什库尔干、和田市、和田、皮山、洛浦、策勒、于田、民丰	该类型脆弱生态区的人均运输收入为48.33元，域外支持能力中等，一般不会成为区域经济发展的限制因子。

3.3.4 以区域社会发展水平因子为聚类变量进行聚类

表 3-9 以社会发展水平因子为聚类变量进行聚类时各统计量的变化情况[①]

类数	R^2	伪 F	伪 T^2
5	0.795722	206.45	46.63
4	0.788030	263.95	15.57
3	0.466667	93.63	332.22

表 3-10 以社会发展水平因子为聚类变量，采用聚类分析法得到的聚类结果[②]

类别	所包含的县市	生态脆弱性分析
第一类 70 个县市	河北：围场 山西：左云、河曲、保德、偏关 内蒙古：翁牛特旗、喀喇沁旗、敖汉旗、科左中旗、科左后旗、库伦旗、奈曼旗、多伦、丰镇、和林格尔、清水河、准格尔旗、鄂托克前旗、乌审旗 广西：上思、凭祥市、百色市、河池市、环江、南丹 贵州：凯里市、都匀市 山西：吴旗、榆林市、米脂、佳县 甘肃：永昌、玉门市、酒泉市、敦煌市、金塔、安西、肃南、山丹、华池、肃南、华池 宁夏：盐池、同心、海原 新疆：轮台、尉犁、若羌、且末、库车、沙雅、新和、阿瓦提、柯坪、疏附、疏勒、英吉沙、泽普、莎车、叶城、麦盖提、岳普湖、伽师、巴楚、塔什库尔干、和田、墨玉、皮山、洛浦、策勒、于田、民丰	该类型脆弱生态区的乡村劳力占总人口的比重及农业人口占总人口的比重分别为 0.296 和 0.831，说明社会发展水平较低。

---

① ② 资料来源：刘燕华编：《脆弱生态环境与可持续发展》，商务印书馆 2001 年版，第 234 页。

续表

类别	所包含的县市	生态脆弱性分析
第二类（129个县）	河北：张北、康保、沽源、尚义、万全、隆化、丰宁 山西：右玉 内蒙古：太仆寺旗、武川、兴和、凉城、察右前旗、伊金霍洛旗 广西：武鸣、上林、隆安、马山、扶绥、崇左、大新、天等、宁明、龙州、三江、融水、忻城、田阳、田东、平果、德保、靖西、那坡、凌云、乐业、田林、罗城、天峨、凤山、东兰、巴马、都安、大化 贵州：遵义、桐梓、绥阳、正安、道真、务川、湄潭、余庆、仁怀、习水、石阡、思南、印江、德江、沿河、兴仁、普安、晴隆、贞丰、望谟、册亨、毕节市、大方、黔西、金沙、织金、纳雍、赫章、安顺市、清镇市、开阳、息烽、修文、平坝、普定、关岭、镇宁、紫云、黄平、施秉、三穗、镇远、锦屏、剑河、台江、黎平、榕江、从江、雷山、麻江、丹寨、荔波、贵定、福泉、瓮安、独山、平塘、罗甸、长顺、龙里、惠水、三都 陕西：志丹、神木、府谷、横山、靖边、定边 甘肃：永登、皋兰、榆中、白银市区、靖远、会宁、景泰、张掖市、民乐、临泽、高台、武威市、民勤、古浪、天祝、定西、环县 宁夏：固原、西吉	该类型脆弱生态区的乡村劳动力占总人口的比重及农业人口占总人口的比重分别为0.464和0.920，说明社会发展水平低，有可能会成为该区的主要脆弱因子

续表

类别	所包含的县市	生态脆弱性分析
第三类 3个县	内蒙古：集宁市 甘肃：兰州市区 新疆：喀什市	该类型脆弱生态区的乡村劳力占总人口的比重及农业人口占总人口的比重分别为0.053和0.139，说明社会发展水平较高。
第四类 11县	内蒙古：赤峰松山区、通辽市、东胜市 贵阳：贵阳市、遵义市 甘肃：金川市区、肃北、阿克塞 新疆：库尔勒市、阿克苏市、和田市	该类型脆弱生态区乡村劳力占总人口的比重及农业人口占总人口的比重分别为0.188和0.468，说明社会发展水平相对较高。

3.3.5 采用分层的聚分类方法对中国西部脆弱生态区的类型划分

表3-11 采用分层的聚类方法对中国脆弱生态区进行类型划分的结果[①]

第一层次	第二层次	所包括的范围（县市）
第一类	第一亚类	内蒙古：科左后旗
		广西：武鸣、宜州市
		贵州：遵义
		陕西：榆林市
		甘肃：永登、榆中、靖远、张掖市、古浪

---

① 资料来源：刘燕华编：《脆弱生态环境与可持续发展》，商务印书馆2001年版，第236页。

续表

第一层次	第二层次	所包括的范围（县市）
第一层次	第二亚类	内蒙古：凉城
	第三亚类	河北：张北、康保、沽源、尚义、丰宁、围场 内蒙古：翁牛特旗、敖汉旗、库伦旗、奈曼旗、太仆寺旗、丰镇、武川、和林格尔、兴和、察右前旗 贵州：毕节市、大方、黔西、织金 陕西：神木、横山、靖边、定边 甘肃：会宁、玉门市、定西 宁夏：盐池、同心、固原、海原、西吉 新疆：库车
第二类	第四亚类	内蒙古：赤峰郊区、通辽市、科左中旗
	第五亚类	甘肃：武威市
	第六亚类	新疆：莎车

第一层次	第二层次	所包括的范围（县市）
第三类	第七亚类	甘肃：皋兰、民勤
	第八亚类	甘肃：永昌、景泰、酒泉市、民乐

续表

第一层次	第二层次	所包括的范围（县市）
第三类	第九亚类	山西：左云、右玉、河曲、保德、偏关 内蒙古：多伦、集宁市、清水河、东胜市 广西：凭祥市、三江、融水、百色市、德保、靖西、那坡、凌云、乐业、田林、罗城、南丹、天峨、凤山、东兰、巴马、大化 贵州：遵义市、正安、道真、务川、湄潭、余庆、仁怀、习水、石阡、思南、印江、德江、沿河、兴仁、普安、晴隆、贞丰、望谟、册亨、金沙、纳雍、赫章、清镇市、开阳、息烽、修文、平坝、普定、关岭、镇宁、紫云、凯里市、黄平、施秉、三穗、镇远、锦屏、剑河、台江、黎平、榕江、从江、雷山、麻江、丹寨、都匀市、荔波、贵定、福泉、瓮安、独山、平塘、罗甸、长顺、龙里、惠水、三都 陕西：志丹、吴旗、米脂、佳县 甘肃：阿克赛、肃南、 新疆：轮台、尉犁、若羌、且末、阿克苏市、沙雅、新和、柯坪、喀什市、疏勒、英吉沙、泽普、叶城、麦盖提、岳普湖、巴楚、伽师、塔什库尔干、和田市、和田、皮山、洛浦、策勒、于田、民丰
	第十亚类	河北：万全、隆化 内蒙古：喀喇沁旗、伊金霍洛旗 广西：上思、上林、隆安、马山、扶绥、崇左、大新、天等、宁明、龙州、忻城、田阳、田东、平果、河池市、环江、都安 贵州：桐梓、绥阳、安顺市 陕西：府谷 甘肃：金川市区、白银市区、敦煌市、金塔、安西、临泽、高台、山丹、天祝 新疆：库尔勒市、阿瓦提、疏附、墨玉

续表

第一层次	第二层次	所包括的范围（县市）
第三类	第十一亚类	贵州：贵阳市郊区
第四类	第十二亚类	内蒙古：准噶尔旗、乌审旗 广西：上林
第四类	第十三亚类	内蒙古：鄂托克前旗
第四类	第十四亚类	甘肃：华池
第五类	第十五亚类	甘肃：环县

3.4 发展西部经济的生态学视角[①]

3.4.1 西部生态环境恶化的原因

西部大开发政策实施五年来，给西部经济发展带来前所未有的机遇，但同时也给西部地区的生态保护带来严峻的挑战。随着西部经济的发展，我国西部生态环境也同时在恶化，其原因是多方面的。但深层次的根本性的原因在于产业结构失衡与产业结构低层次并存。

---

① 本节参考李文华著的《西部大开发的生态学思考》及冯东飞、郑延武著的《西部大开发中生态环境面临的困境、成因及对策》。

(一) 自然因素

西部地区整体资源丰富，物种多样，但是西部地区资源分布不均匀且不利于开发利用。西部大部分地区自然条件恶劣，常年缺水，风沙连绵不断，经过近期的治理已经有所转变，但是与东部地区相比还有相当大的差距。由于西部存在着大面积远离海洋、深居大陆腹地的地区，又加上青藏高原对水汽的阻隔与遮挡，使得该地区成为地球同纬度地区中降水量最少、散失量最大、最为干旱的脆弱地带。沙尘暴的形成也与当地所处的气候带有关，当地频繁的强风为风蚀土壤提供了动力。

(二) 西部环境恶化的深层原因

产业结构失衡和层次低是造成西部环境恶化的深层次原因。西部生态环境的恶化，虽然与当地的自然环境有一定的联系，但很大一部分原因是人类的经济活动造成的。经济发展一方面可以对环境造成危害，另一方面经济的发展又可以促进环境的改善，从目前西部的现状来看，前者是主要矛盾。生态经济学的观点是"生态系统是经济发展的物质和能量源泉，西部开发使经济系统的正反馈机制有强化之势，经济的快速发展、人口的持续上升必然会产生对生态资源和能量内存需求的迅速扩张"[1]，此观点认为西部地区的生态与经济之间的矛盾非常尖锐。但同时我们应该看到，人类经济活动对环境的影响程度是随着产业的不同而不同的。例如，建国初期的"一五"计划中就有156个项目分布在西部地区，虽然这对西部地区的工业基地建设十分有利，但对其环境优化却十分不利。主要是因为这一时期建立的企业多为资源型企业，对当地的环境造成很大的压力，而对环境优化更不利。又例如，上世纪80年代我国的改革开放，西部地区建立了很多中

---

[1] 刘燕、向东梅：《西部大开发与生态经济发展试析》，《生态经济》2001年第8期第64~67页。

小企业，这些企业规模小、设备落后、工艺陈旧、操作技术水平低，而且任意向环境排放各种未加工处理的废弃物，造成了严重的污染。由于生态环境资源在不同产业部门的分配是通过产业政策及相应的产业结构安排来实现的，因此，深层次的环境问题与产业结构密切相关，产业结构失衡、层次低是西部生态经济矛盾的深层次原因。所以，如果要优化西部地区的生态环境，就应该首先调整产业结构，从根源上消除西部生态环境的隐患。

3.4.2 西部生态环境对经济的制约

西部大开发战略实施五年来，虽然西部地区生态环境建设已初显成效，但由于长期以来生态环境的严重破坏，很难在短期内使生态环境恶化得到有效的遏制，生态系统的调节功能、再生功能、净化功能、循环功能及承载功能呈继续下降趋势。这不仅对西部地区经济发展形成严重制约，也使中部和东部地区经济发展受到严重危害，这也是一个必须正视的现实问题。

（一）对西部地区经济发展形成严重制约

西部地区生态环境恶化对本地区经济发展严重制约主要表现在以下几方面：

1. 农牧业生产受灾损失严重，产出下降。农牧业是西部大部分地区群众赖以生存发展的基点和脱贫致富的根本，直接关系到西部经济发展。而农牧业生产受到自然环境及其承载力的制约。西部地区自然条件较差，环境承载力相对低下，农牧业经济发展十分缓慢。加之因生态环境恶化而导致的干旱、霜冻、雪灾、洪涝、沙尘暴等自然灾害频繁发生，使农牧业生产发展不稳定现象加深，经济难以持续稳定发展。

2. 自然灾害频繁发生对经济发展造成巨大的破坏。由于生态环境恶化，生态脆弱性加强，导致抵御自然灾害的能力减弱，自然灾害发生频率越来越高，危害越来越大。2000年西北、西南大部分地区由于暴风雨集中，引发大量滑坡、泥石流等水土流失灾害。

3. 贫困地区脱贫难度加大。西部贫困人口绝大部分生活在生态环境恶劣的高原、山区、沙漠等地带。生态恶化使贫困地区农牧业生产雪上加霜，农田单位面积产量和草原载畜能力下降，农牧民收入增长缓慢甚至下降。近年来，随着生态环境的恶化，返贫率不断上升，生态难民逐年增加。许多当年的富裕户都因为生态恶化变成了少畜户或者无畜户，坠入了贫困的深渊。由于贫困程度加深，从而脱贫难度更大。

4. 生态恶化与经济发展滞后互为因果，形成恶性循环。生态环境恶化毁坏了大量农田、草场，而人为的扩大垦荒和超载放牧加剧了水土流失和草场退化，农田草场自然生产率下降，导致经济发展困难重重，自我发展能力十分低下。由于自我发展能力低下，生态环境遭到破坏以后无能力恢复治理。生态环境恶化与经济发展滞后互为因果，相互强化，加大了累积效应，形成生态环境恶化→经济发展滞后→生态环境继续恶化……累积恶性循环，进一步削弱了西部地区经济发展的基础，直接影响地区经济持续、快速、健康发展。

(二) 对中、东部地区经济发展的危害

由于西部地区特殊的地理位置，西部地区生态环境恶化不仅对中东部地区生态环境建设产生不利影响，而且也严重威胁中东部地区生态环境和经济发展，主要表现在以下几方面：

1. 江河源头水量减少，造成下游广大区域断流缺水，导致工农业生产发展严重受损。青海是长江、黄河、澜沧江的发源地，发源量分别占这三大河流水量的 49.2%、25%和 15%。近 20 多年来，流出青海境内的黄河水量减少了 23.2%。自 20 世纪 70 年代以来，黄河断流 20 多次，且断流时间已日益增长。20 世纪 90 年代年平均断流天数达到 93.6 天。从 2000 年起，黄河上游地区连续 3 年降水严重不足，导致黄河干流来水持续偏少，出现了历史罕见的枯水现象。2002 年 7～12 月，黄河主要来水区实际来水量仅 136 亿立方米，创自 1950 年有资料记录以来来水最少的纪录。2003 年以来，黄河干支流来水量仍持续不足。2003 年是新中国成立以来黄河最枯的年份，黄河干流可供水量仅 117 亿立方米，而同期最低耗水量达 167 亿立方米，即使将黄河水"吃干榨净"，供需缺口仍将达到 50 亿立方米。据测算，到 2010 年，遇到正常来水年份，黄河用水缺口仍达 40 亿立方米。黄河断流造成黄河流域严重缺水，电站、油田、厂矿遭受很大的经济损失。黄河下游 1972～1996 年因断流和供水不足造成工农业经济损失累计约 268 亿元，年均损失逾 11 亿元。90 年代，由于断流日趋严重，年均损失已达 36 亿元。农田受旱面积累计 470 万公顷，减产粮食 986 亿公斤。胜利油田因减少注水，减产原油数十万吨。据有关部门统计，1997 年，仅华北地区各城市因缺水造成的工业和农业损失达 2000 亿元，相当于当地当年 GDP 的 3%。

2. 西部生态环境恶化导致中东部地区的洪涝灾害。尤为典型的就是 1998 年长江大洪水，它就是在西部脆弱的生态环境条件下，加上气候异常和其他因素的共同作用所形成的。这场大洪水给长江中下游地区造成了巨大经济损失，据估计，1998 年洪水的经济损失达 1000 多亿元。

3. 沙尘暴等灾害性天气频度增多、强度加大，并通过大气环流影响到中东部地区。发源于西部地区的沙尘暴不仅给西部地区造成巨大的经济损失，给中东部地区造成的经济损失也是触目惊心的。近年来，大范围的强沙尘暴天气出现的频率增加、程度增强、范围扩大。20 世纪 80 年代特大沙尘暴在我国发生过 14 次，而 90 年代发生 20 多次，且波及的范围越来越广，造成的损失越来越重。如 2002 年 3 月 21 日，我国西部和北方大部分地区遭遇了源自新疆和内蒙古的特大沙尘暴袭击，北京地区黄土弥漫，能见度不足 200 米，使机场关闭，道路阻断，行人呼吸困难。

西部地区水源减少、水质下降、沙化东扩、沙尘暴肆虐等生态恶化状况对中东部地区造成的严重后果表明，西部地区生态环境恶化的更大危害在于其损害力的向外扩延性，而且这种外扩性影响面积仍在扩大。

（三）对我国国民经济可持续发展构成严重威胁

西部地区生态环境恶化对本地区及全国广大地区生态、经济、社会各方面造成严重损害的事实表明，西部地区生态环境恶化对全国经济的冲击破坏力，远比西部地区经济发展缓慢所表现出来的西部资源供给短缺、市场发展缓慢、贫困困境加深等经济关联效应更直接、深远、强烈。西部生态环境恶化对全国国民经济可持续发展造成的损失，远比其对西部经济发展所造成的直接损失更广泛、更严重，但这种损失在相当程度上并不能被常规的经济统计方法所测度出来，其显现后果的迟滞性、曲折性使其发生、扩大的经济原因、过程机制以及严重后果不能被国人清醒认识和深切关注。

长期以来，西部地区生态环境恶化仅被看作是西部地区局部问题而得不到重视，直至 1998 年长江洪灾对全国生态环境及经济发展造成严重损失时才被关注到。然而即使人们对西部地区生态环境治理的重要性有了足够的重视，西部生态环境治理力度得到不断加强，但由于在经济发展实践中存在着资源配置机制和政策体制的缺陷，经济发展与生态保护之间的资源配置矛盾以及地区之间的利益差异与冲突，依然制约着对西部生态环境的治理，使西部生态环境治理难以得到足够有力的经济支持。

综上所述，目前，我国西部地区生态建设正处在"治理与破坏相峙的关键阶段"，重点和难点在于治理。

3.4.3 西部经济发展的生态学思考及对策

(一) 西部经济发展的生态学思考

1. 对西部地区生态环境现状的认识要有历史的观点

西部生态环境现状的形成、生态系统的结构、组成与分布格局，是自然因素和人类活动长期历史演化的结果。西部的生态环境建设，也必须基于对这一情况进行科学的认识，才能取得成功。对西部的环境进行分析时，要借助于一切情况进行科学的认识，才可能取得成功。对西部的环境进行分析时，要借助于一切可能的手段，通过多方的证据，实现环境再建，尽可能符合其真实的面貌。为今日植被和环境的恢复与再建提供重要的参考。

例如，关于黄土高原历史上植被状况的争议，就是一个具有代表性的例子。一种观点认为黄土高原历史上曾经森林茂密，而另一种观点认为不仅现在没有森林，地质时期的第三纪就没有森林了。据历史地理学家史念海20世纪70年代对黄土高原全面系统的考证和研究，认为早期的森林和草原的分布范围与现代大致是吻合的。

史书记载是一个重要的手段和信息的源泉。但是在此过程中，特别注意的是不要用局部的、片断的历史记载推而广之，概括全局；也不要把自然界自身的动态规律和长期历史形成的事件，与当代人类活动造成的后果混为一谈。

2. 西部地区生态恢复与建设应当遵从自然生态规律

生态环境建设是一项复杂的系统工程，并具有鲜明的地域性特征，这在西部地区表现得更为明显。西部地区总面积538万平方公里，南北纵跨28个纬度，东西跨度38个经度。在如此辽阔的国土面积上，在大气环流、特别是青藏高原隆起对本区环境的巨大影响下，在气候方面呈现出明显的地力分异特征；在历史演化和自然因素的综合作用下，形成了复杂的土壤、植被类型和独特的分布格局；在河流的切作用下，形成了高山峡谷地貌，河流南北纵贯，相间并列，相差很大，自然地理条件独具一格。

气候、植被和土壤明显的三维分布特点和独特的景观类型，使各地区在发展过程中的环境限制因子各异。具体表现在：西北地区干旱少雨，水资源缺乏成为地区发展和生态建设的限制因素；黄土高原地区土质疏松，水土流失严重；西南地区地质构造的年轻型和变动性，河流下切作用强烈，坡度陡峭，基质疏松，生态过渡带出现频繁，生态环境十分脆弱。另外，西部地区的生态环境还具有变化敏感型和影响波及范围广泛深远性的特点。西部地区位于许多大河上游，这一地区生态环境的变化，对于全国以及东亚地区有着重要影响。

西部地区生态建设的核心问题，就是因地制宜，切忌一刀切。概括地说，西北部地区干旱少雨，水资源匮乏，森林植被稀少，草原、灌丛、荒漠为自然生态格局；西南地区气候湿润，原始植被繁茂，垂直带分布明显，但山高坡陡，构造疏松，土层贫瘠，生态系统脆弱。在每个地区中又可以根据综合的自然条件，分为不同的亚区，因为即使是在一个区域内部，也分为不同的植被带。基于这种情况，从生态学的角度理解，只有遵循自然、社会经济规律和文化历史特点，通过对生态系统的保育、恢复和重建，把地区建设成多样化景观，为生产创造可持续的条件，为人居和生活提供优美和适宜的空间，才可能实现再造秀美山川的伟大目标。

3. 西部地区生态环境建设要适应全球化的趋势，具有生物多样性保护和生物安全的观点

当今世界的一大特征就是全球化，不仅表现在经济发展上，而且也表现在资源利用和环境污染以及生物安全等方面。

从污染转移方面看，主要是全球化过程伴随着发达国家在全世界特别是对发展中国家的污染转移。从生物多样性保护和生物

安全方面看，我国西南地区是生物种类和生态系统最为丰富的地区之一。因此，在西部生态环境建设过程中，应当十分注意当地生物资源的保护，有效控制外来有害植物，特别是政府部门，应当制定一种鼓励应用本地物种的政策。

4. 西部地区的生态环境建设要引入资本运作机制

由于生态建设效应的长期性和现行经济核算体系的片面性，人们往往形成一种错误的观念，即认为生态建设是一项支付投资的"花钱"的事业。但近年来对生态系统服务功能的研究使人们越来越看清了生态建设给社会带来的巨大的社会经济效益，生态效益已成为社会的共识。

一是要充分认识生态系统的生态环境服务功能及经济发展中的生态资本投入。长期以来，在市场和资本运作中主要考虑的是生产资料和人力资本，而把生态系统的环境效应，特别是那些不具备市场价格的生态资源忽略不计。

二是如何进行生态环境建设中的市场运作。应当重点考虑这样几个方面的问题：一是改变目前国民经济核算方法，逐步建立生态—经济复合核算体系，将生态资本纳入经济发展的核算之中；二是建立市场运营机制，强化生态环境保护和建设的经济价值；三是建立生态补偿制度，通过生态环境税收、生态环境效益补偿等，完善保护与建设机制。

三是通过大力发展生态产业，实现生态系统的服务功能价值。生态产业实现了不同工艺流程间的资源共享。它表现为集生产、流通、消费、回收、环境保护及能力建设为一体。

5. 在生态建设过程中正确处理现代化与保持和发扬民族文化传统的关系

科学技术是第一生产力。西部大开发必须依靠先进的科学技术和包括人才培养在内的能力建设。但是另一方面我们又必须重视当地人民在长期生产和生活实践中创造出的传统的文化遗产。

特别是我国的西部又是少数民族聚居地区之一，各民族具有自己的民族习俗和宗教信仰，这里的民族文化与本区自然环境的多样性和特殊性有着密切关系，这是民族文化所以能源远流长的根本所在。

6.西部地区的生态环境建设应当纳入区域可持续发展的轨道

可持续发展的核心是经济发展与环境建设的统一。西部地区的生态环境建设是区域可持续发展密不可分的有机组成部分。从可持续发展的角度认识西部的生态环境建设，应当着重考虑以下两个方面的问题：

一是强调区域发展的系统性与整体性，即综合地解决人口、资源、环境与发展的关系，实现经济发展与生态环境改善的协调统一，以经济发展促进生态保护与建设，以生态建设促进经济的进一步发展。

二是要从更广泛的意义上理解生态建设的内涵。广义的生态建设不仅应该包括生态环境的改善和生态产业的内容，同时也包括生态文化的建设。生态文化是物质文明与精神文明在自然与社会生态关系上的具体表现，是生态建设的原动力。它具体表现在管理体制、政策法规、价值观念、道德规范、生产方式及消费行为等多方面。对在这方面的艰巨性和长期性必须有充分的认识和准备，才能保证生态建设和区域可持续发展的真正实现。

(二) 西部经济发展的生态学对策

西部地区是我国大江大河的发源地区，也是我国目前水土流失、干旱缺水、土地沙化以及各种自然灾害比较严重、生态环境比较脆弱的地区。在实施西部大开发战略的过程中，西部地区要按照全面、协调、可持续的新的科学发展观的要求，将生态环境工程治理和经济建设有机地结合起来，综合采用经济、行政和法律手段，促进西部地区经济、社会、人口和环境的协调发展。

1. 更新经济发展观念，树立经济效益与生态效益相统一的科学发展观

在传统的工业文明观的影响下，把工业发展和单纯GDP的增长作为工业文明和现代化的标志。这种指标体系，没有把生态环境指标纳入其中，而这种发展观带来的严重后果则是环境恶化、水土流失、土地荒漠化、资源缺乏、大气污染、臭氧层遭到破坏、温室效益等一系列环境问题日益严重。因此，我国在西部大开发中要保护生态环境，实施可持续发展，就必须更新发展观念，树立经济效益与生态效益相统一的科学发展观。要协调经济发展与环境保护的关系，就应该把环境保护作为发展的前提。为此，我们必须结合实际，建立科学衡量发展的指标体系，把生态环境纳入指标体系之中，最终使西部地区的社会经济发展步入经济效益与生态效益相统一的和谐发展之路。

2. 转变经济增长方式，加快西部产业结构调整

在开发方式上，西部生态系统与经济系统要有效对接，必须对西部经济系统的运行方式进行一些变革。而对现有经济系统运行方式进行变革的对策即转变经济增长方式，加快产业结构调整，通过对产业结构的战略性调整，加快建立以高科技为主导的产业结构体系，将高投入型经济转变为集约型、效益型和科技型经济。

3. 转变资源利用方式，依靠科技进步提高环境资源利用水平

科技进步是人类提高自然资源利用率最根本的措施。在发展西部生态经济的过程中，要建立鼓励科技创新的体制，形成推广科技的公共服务体系，通过先进技术合理使用、节约和保护资源，提高资源利用率，重点推进土地、矿产、水资源的节约使用和合理开发利用，推进以提高资源综合利用水平为主的资源节约战略，强化水资源的开发、利用、保护和统一规划与管理，协调

生活、生产和生态用水,完善水资源有偿使用制度。

4. 制定符合实际的优惠政策和生态效益补偿制度

建立合理的投入保障机制和治理资金,必须坚持责、权、利相结合的原则,建立社会公益事业社会办,提倡国家、集体、个人一起上的多元化投资机制,制定符合实际的优惠政策和生态效益补偿制度,拓宽生态环境保护与建设投入渠道。按照谁投资谁受益的原则,鼓励和吸引省内外、国内外的投资者投资建设生态环境项目和相关的经济开发项目。加强对外合作交流,争取国际性金融机构优惠贷款和民间社团组织及个人捐款进行生态环境建设。优先使用义务工和劳动积累工,动员群众投工、投劳建设生态环境。

参考文献

1. 刘燕华编:《脆弱生态环境与可持续发展》,商务印书馆2001年。
2. 冯东飞、郑延武:《西部大开发中生态环境面临的困境、成因及对策》,《翰林学院学报》2006年1月。
3. 李文华:《西部大开发的生态学思考》,《中国水土保持科学》第一卷第一期。
4. 王德群编:《药用植物生态学》,中国中医药出版社2006年。
5. 冯江等编:《动物生态学》,科学出版社2005年。
6. 李建东编:《生态学基础》,沈阳:白山出版社2005年。
7. 郝兴国著:《西部生态补偿政策的制度分析(硕士论文)》中国人民大学2005年。
8. 马晓峰、聂峰编著:《西部生态环境》,甘肃人民出版社2001年。
9. 陕西师范大学西北历史环境与经济社会发展研究中心、

中国历史地理研究所编：《西部开发与生态环境的可持续发展》。

10. 郭剑虹著：《论环境危机时代的生态文学（硕士论文）》辽宁大学2004年。

11. 杨国伟主编：《生态学基础》，知识出版社2002年。

12. 周凤霞主编：《生态学》，化学工业出版社2005年。

13. ［英］大卫·布林尼（DavidBurnie）著：《生态学》，李彦译，三联书店2003年。

14. 中华人民共和国水利部等主编：《西部生态环境问题的思考》，经济日报出版社2000年。

15. 张富杰主编：《西部生态经济论坛文集》，贵州人民出版社2003年。

16. 奚国金、张家桢主编：《西部生态》，中共中央党校出版社2001年。

17. 张富杰主编：《西部生态经济的可持续发展》，西南师范大学出版社，1997、1998年。

第四章 西部经济布局的现状及问题

经济布局是指生产力布局、科技布局和流通布局的总和，即生产力、商品流通、科技发展在空间的配置。由于经济布局中最主要的是生产力布局，实际上，经济布局就是社会生产力的空间分布形式。我国自然资源西部丰裕、东部相对贫乏，而人口和工业却密集于东部，形成强烈的反差。改革开放以来，我国改变了过去基于对国际形势的不正确判断做出的东部工厂西迁和大搞"三线建设"的经济发展战略，采取了向沿海倾斜的改革开放的优惠政策，各地区经济结构不断调整，东、中、西三个地带的经济关系有所理顺，各省（区、市）的主导产业有所加强，全国经济布局日趋合理。但是我国西部的经济布局中还存在一些较严重的问题：一是许多地区追求建立"门类齐全"的工业体系，而没有根据本身的资源优势，确立和发展有本地区特点的主导产业和重点产业，导致无法发挥地方特有的资源优势，从而影响地区经济效益；二是地区产业结构调整工作进展不平衡，使区域产业分工难以顺利展开，地区比较优势难以充分发挥，甚至导致资源地区和加工工业地区矛盾、摩擦加剧。

4.1 西部经济状况的整体评价

2004年，西部地区生产总值和固定资产投资继续保持较高速度增长，工业增加值、社会消费品零售总额、进出口总额等主要经济指标增速较上年均有不同程度的上涨。

4.1.1 西部地区生产总值

西部地区经济总量保持稳步增长。到 2004 年底，西部 12 省（区、市）实现生产总值 16968.8 亿元，占全国的 20%，较上年增长了 20.17%；人均生产总值 7727.58 亿元，较上年增长了 22.54%（见表 4-1）。其中四川省实现生产总值 6556.01 亿元，占全国的 5%，居西部地区第一位；其次为广西壮族自治区、云南省、陕西省、内蒙古自治区，生产总值分别为 3320.10 亿元、2959.48 亿元、2883.51 亿元、2712.08 亿元。人均国内生产总值的分布相对集中，差距不大，最高的为内蒙古自治区，人均生产总值为 11305 元（见表 4-2）。

表 4-1 西部地区生产总值

年份	2004	2003
生产总值（亿元）	27585.17	22954.66
人均生产总值（亿元）	7727.58	6305.9

资料来源：2004、2005 年《中国统计年鉴》

表 4-2 西部地区 12 省（市、区）生产总值　　单位：亿元

西部地区	地区生产总值 总量	地区生产总值 占全国比重	人均地区生产总值（元/人）
内蒙古	2712.08	0.02	11305
广西	3320.10	0.02	7196
重庆	2665.39	0.02	9608
四川	6556.01	0.05	8113
贵州	1591.90	0.01	4215
云南	2959.48	0.02	6733
西藏	211.54	0.00	7779

续表

西部地区	地区生产总值		人均地区生产总值（元/人）
	总量	占全国比重	
陕　西	2883.51	0.02	7757
甘　肃	1558.93	0.01	5970
青　海	465.73	0.00	8606
宁　夏	460.35	0.00	7880
新　疆	2200.15	0.02	11199
西部地区总量	27585.17	0.20	7728

本表绝对数按当年价格计算，指数按可比价格计算。

注：人均地区生产总值采用常住人口计算。

资料来源：2005年《中国统计年鉴》

4.1.2 西部地区固定资产投资

西部地区固定资产投资持续增长，特别是实施西部大开发战略以来，国家加大对西部地区的投资力度，用于农业、制造业、电力、燃气及水的生产和供应业及交通运输、仓储和邮政业的投入等方面，有效地拉动了国民经济的持续增长和全面发展。2004年，西部地区12个省（区、市）的全社会固定资产投资总额为13754.4亿元，占当年全国全社会固定资产投资总额的19.5%。其中，用于农业投资总额为558.8亿元，占当年全国农业投资总额的29.6%；用于制造业的投资总额为2497.4亿元，占全国的12.75%；用于交通运输、仓储和邮政业投资总额为1821.0亿元，占当年全国的23.8%；用于电力、燃气及水的生产和供应业的投资总额为1752.9亿元，占全国的30.2%。就西部地区内部12个省（市、区）的固定资产投资状况的分布来看，全社会固定资产投资总额最大的省份为四川省，达到2818.4亿元；最小的省份为西藏自治区，只有162.4亿元（见表4-3）。

表4-3　西部地区全社会固定资产投资　　单位：亿元

地区	合计	农业	制造业	电力、燃气及水的生产和供应业	交通运输、仓储和邮政业
内蒙古	1788.0	96.0	394.1	400.9	264.2
广　西	1236.5	35.6	225.3	164.4	162.9
重　庆	1537.1	29.5	240.0	114.8	169.6
四　川	2818.4	71.9	647.8	293.7	263.6
贵　州	865.2	22.6	121.2	198.7	134.2
云　南	1291.5	53.3	172.1	208.5	209.1
西　藏	162.4	4.6	7.0	15.9	58.2
陕　西	1508.9	48.9	231.2	117.7	198.8
甘　肃	733.9	37.2	163.3	85.2	116.7
青　海	289.2	14.8	56.4	52.4	50.3
宁　夏	376.2	21.9	88.3	47.9	39.9
新　疆	1147.2	122.6	150.8	52.8	153.5
西部地区	13754.4	558.8	2497.4	1752.9	1821.0
全　国	70477.4	1890.7	19585.5	5795.1	7646.2

资料来源：2005年《中国统计年鉴》

4.1.3　西部地区市场消费

2004年，西部地区12个省（区、市）的社会消费品零售总额为8908.2亿元，占全国社会消费品零售总额的16.5%，较上年增长了1125亿元；批发零售贸易销售总额为7090.5亿元，占全国批发零售贸易销售总额的15.8%，较上年增长了825.9亿元；餐饮业营业总收入为1520.1亿元，占全国餐饮业营业总收入的20.3%，较上年增长了292.8亿元（见表4-4、图4-1）。

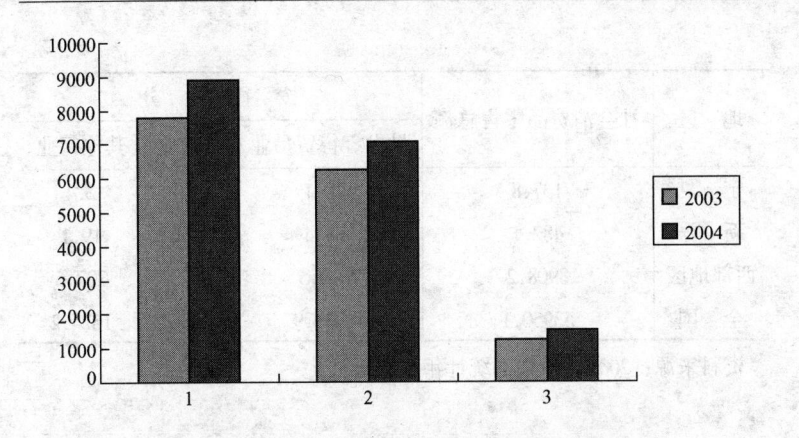

图 4-1　2003 年与 2004 年西部地区市场消费对比
1. 社会消费品总额　2. 批发零售贸易业　3. 餐饮业
资料来源：2004 年、2005 年《中国统计年鉴》

表 4-4　西部地区的市场消费　　　　　单位：亿元

地区	社会消费品零售总额	批发零售贸易业	餐饮业	其他行业
内蒙古	892.0	718.9	134.5	38.5
广　西	973.4	811.4	137.1	24.9
重　庆	955.0	812.9	132.1	10.0
四　川	2384.0	1834.1	436.3	113.6
贵　州	517.6	405.9	102.3	9.4
云　南	884.9	707.5	149.9	27.4
西　藏	63.7	50.4	9.7	3.6
陕　西	966.5	724.9	216.9	24.7
甘　肃	535.8	435.6	79.3	21.0
青　海	115.6	94.5	18.1	3.0

续表

地 区	社会消费品零售总额	按 行 业 分		
		批发零售贸易业	餐饮业	其他行业
宁 夏	137.8	110.1	25.2	2.4
新 疆	482.1	384.4	78.6	19.1
西部地区	8908.2	7090.5	1520.1	297.6
全 国	53950.1	44839.9	7486	1624.2

资料来源：2005年《中国统计年鉴》

4.1.4 西部地区对外开放

随着西部地区对外开放步伐逐年加快，国民经济的国际化和现代化程度不断提高。另外西北地区第二条欧亚大陆桥的贯通、西南地区西南出海通道的完成、一批沿边对外开放口岸城市的兴起、沿江、沿河对外开放城镇的建立，以及若干边境经济合作区的设立也大大改善了西部地区对外开放的基础设施环境，促进西部地区逐步形成和完善全方位、多层次、宽领域的对外开放格局。到2004年底，西部地区12个省（区、市）进出口总额达到3670162万美元，占全国进出口总额的3.2%，比上年增长了877149万美元；出口总额达到2058619万美元，占全国出口总额的3.5%，比上年增长了434332万美元；进口总额达到1611543万美元，占全国进口总额的2.9%，比上年增长了442817万美元。其中四川省的进出口总额最高，为686699万美元；西藏自治区进出口额最低，数额为19989万美元；四川省的出口总额最高，数量为397970万美元；西藏自治区的出口总额最低，为13022万美元；四川省的进口额最高，为288728万美元；西藏自治区的进口额最低，为6967万美元（见表4-5）。

表 4-5 西部地区的对外开放　　　　单位：万美元

地区	2003 进出口	2003 出口	2003 进口	2004 进出口	2004 出口	2004 进口
内蒙古	282902	115569	167333	372171	135447	236724
广西	318675	196992	121683	427722	238559	189164
重庆	259476	158499	100977	385715	209075	176640
四川	563429	320871	242558	686699	397970	288728
贵州	98433	58798	39635	151373	86661	64712
云南	266913	167659	99254	374117	223861	150256
西藏	15986	12126	3860	19989	13022	6967
陕西	278262	173414	104848	364238	239658	124581
甘肃	132714	87720	44994	176315	99638	76677
青海	33914	27389	6525	57552	45476	12075
宁夏	65323	51195	14128	90821	64626	26195
新疆	476986	254055	222931	563452	304627	258825
西部地区	2793013	1624287	1168726	3670162	2058619	1611543
全国	85098757	43822777	41275980	115455433	59332558	56122875

资料来源：2004、2005 年《中国统计年鉴》

4.1.5 西部地区的产业结构

西部地区产业结构已发生很大变化，由过去的第一产业占相当大的比重，第二、三产业发展不足的特点，普遍转变为第二、三产业占很大比重。从衡量产业结构层次的产值构成这个指标分析，西部地区的产值构成中，第一产业产值所占比重大致在 15%～25%之间，第二产业产值所占比重大致在 40%～50%，第三产业产值所占比重大致在 30%～40%之间，仍以第二产业为主。从人均地区生产总值来看，西部地区为 7728 元，仅为全国平均水平的 73%（见表 4-6）。

表4-6 西部地区的产业结构　　　　单位：亿元

地区	地区生产总值	构成（%） 第一产业	第二产业	第三产业	人均地区生产总值（元/人）
内蒙古	2712.08	18.7	49.1	32.2	11305
广　西	3320.10	24.4	38.8	36.8	7196
重　庆	2665.39	16.2	44.3	39.5	9608
四　川	6556.01	21.3	41.0	37.7	8113
贵　州	1591.90	21.0	44.9	34.1	4215
云　南	2959.48	20.4	44.4	35.2	6733
西　藏	211.54	20.5	27.2	52.3	7779
陕　西	2883.51	13.7	49.1	37.2	7757
甘　肃	1558.93	18.1	48.6	33.3	5970
青　海	465.73	12.4	48.8	38.6	8606
宁　夏	460.35	14.2	52.0	33.8	7880
新　疆	2200.15	20.2	45.9	33.9	11199
西部地区	27585.17	19.50	44.30	36.20	7728
全　国	136875.87	15.20	52.90	31.90	10561

本表绝对数按当年价格计算，指数按可比价格计算。
注：人均地区生产总值，采用常住人口计算。
资料来源：2005年《中国统计年鉴》

（一）西部地区农业发展状况

近年来随着西部地区农业产值规模不断提高，农业生产门类逐步齐全，农林牧渔业均获得全面发展，灌溉、水利等农业基础设施稳步改善，化肥、农机、播种、施肥等农业生产条件和技术明显提高，这使得西部地区农林牧渔业总产值比上年有了明显的增长（见图4-2）。到2004年底，西部地区12个省（区、市）农林牧渔业总产值达到8654.9亿元，占全国农林牧渔业总产值的 23.9%。其中农业产值占绝对优势,其次为牧业、林业和渔业。西部 12 个省(区、市)农业总产值为 4582.1 亿元,占全国农业总产值的 25.3%;林业总产值为 365.5 亿元,占全国林业产值的 27.5%;牧业总产值为 3239.6 亿元,占全国牧业总产值的 26.6%;渔业总产值为 267.0 亿元,占全国渔业总产值的 7.4%(见表 4-7)。

表 4-7 西部地区的农业

地 区	绝 对 数(亿元)				
	农林牧渔业总产值	农业	林业	牧业	渔业
西部地区	8654.9	4582.1	365.5	3239.6	267.0
全 国	36239	18138.4	1327.1	12173.8	3605.6

本表绝对数按当年价格计算,指数按可比价格计算。2003 年执行新国民经济行业分类标准,总产值包括农林牧渔服务业产值。

资料来源:2005 年《中国统计年鉴》

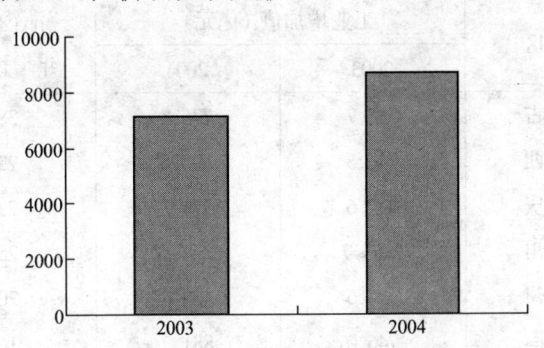

图 4-2 2003、2004 年西部农林牧渔业总产值对比

资料来源:2004、2005 年《中国统计年鉴》

(二) 西部地区的工业发展状况

西部地区工业产值不断增长,工业各行业获得全面发展。到2004年底,西部地区12个省(区、市)全部国有及规模以上非国有工业企业工业增加值为7104.70亿元,占全国全部国有及规模以上非国有工业企业工业增加值的13%。从西部地区内部12个省(区、市)来看,全部国有及规模以上非国有工业企业工业增加值最高的省份为四川省,达到1546.5亿元,2004年比上年增长25.8%;其次为陕西省,全部国有及规模以上非国有工业企业工业增加值为881.2亿元,2004年比上年增长22.9%。全部国有及规模以上非国有工业企业工业增加值最低的为西藏自治区,仅为14.4亿元,2004年比上年增长14.1%;其次为青海省,全部国有及规模以上非国有工业企业工业增加值为132.4亿元,2004年比上年增长24.8%(见表4-8)。

表4-8 各地区全部国有及规模以上非国有工业企业工业增加值和增长速度

地 区	工业增加值(亿元) 2003	工业增加值(亿元) 2004	2004年比上年增长(%)
内蒙古	516.7	776.8	38.5
广 西	446.5	595.6	22.8
重 庆	447.6	579.7	23.5
四 川	1165.7	1546.5	25.8
贵 州	346.5	438.4	20.1
云 南	746.0	881.2	16.6
西 藏	12.4	14.4	14.1
陕 西	674.4	870.7	22.9
甘 肃	388.1	505.1	15.7

续表

地 区	工业增加值（亿元）		2004年比上年增长（%）
	2003	2004	
青 海	95.2	132.4	24.8
宁 夏	109.4	147.0	25.8
新 疆	463.4	616.9	14.4
西部地区	5411.82	7104.70	
全 国	41990.2	54805.1	16.7

资料来源：2005年《中国统计年鉴》。

（三）西部地区第三产业发展状况

西部地区第三产业获得显著发展，第三产业中的交通运输仓储及邮电通信业、批发零售贸易及餐饮业、金融保险业、房地产业等行业迅速兴起，成为推动第三产业发展的主要力量。到2004年底，西部地区12个省（市、区）第三产业生产总值为9986.37亿元，占全国第三产业总值的22.8%。其中，交通运输仓储及邮电通信业的生产总值为2060.586亿元，占全国的26.8%；批发零售贸易及餐饮业的生产总值为2354.25亿元，占全国的23.3%。从西部地区12个省（区、市）内部看，第三产业内部各行业生产总值以交通运输仓储及邮电通信业、批发零售贸易及餐饮业为主，金融保险业、房地产业以及其他行业的产值规模相对较小。西部地区第三产业生产总值最大的省份为四川省，为2471.76亿元，占西部地区的23.3%；其次为广西壮族自治区，第三产业生产总值为1220.46亿元，占西部地区的12.25%。第三产业生产总值最低的为西藏自治区，为110.60亿元，占西部地区的1.1%；其次为宁夏回族自治区，第三产业生产总值为155.80亿元，占西部地区的1.6%（见表4-9）。

表4-9　西部地区第三产业生产总值　　　　单位：亿元

地区	第三产业	交通运输仓储及邮电通信业	批发零售贸易及餐饮业	金融、保险业	房地产业	其他行业
内蒙古	873.53	242.96	203.36	30.57	27.78	368.86
广　西	1220.46	286.44	376.49	66.43	95.69	395.41
重　庆	1052.83	153.83	227.51	93.45	98.42	479.62
四　川	2471.76	480.47	593.37	262.31	211.02	924.59
贵　州	543.13	99.64	114.90	49.87	41.24	237.48
云　南	1040.96	212.56	247.43	94.02	98.19	388.76
西　藏	110.60	17.78	22.31	15.62	4.70	50.19
陕　西	1071.71	277.54	168.19	41.76	122.49	461.73
甘　肃	519.35	84.32	158.92	65.26	38.04	172.81
青　海	180.86	36.65	31.97	17.71	6.38	88.15
宁　夏	155.80	29.90	31.75	17.00	10.05	67.10
新　疆	745.38	138.49	178.05	70.87	26.92	331.05
西部地区	9986.37	2060.58	2354.25	824.86	780.92	3965.75
全　国	43720.60	7694.20	10098.50			

本表绝对数按当年价格计算，指数按可比价格计算。

资料来源：2005年《中国统计年鉴》

（四）西部地区旅游业发展状况

西部地区旅游业发展快速，日益成为拉动第三产业乃至整个国民经济发展的支柱产业之一。西部地区12个省（区、市）拥有得天独厚的旅游资源，这为西部地区特色旅游业的发展提供了良好的条件，具有巨大的发展潜力。新疆、西藏的民族风情、陕西的兵马俑、甘肃的敦煌莫高窟、四川的九寨沟、贵州的黄果树瀑布、云南的丽江古城、广西的桂林山水等数量众多的自然和人文景观，近年来已成为享誉全球、吸引海内外游客的重要旅游资源。到2004年底，西部地区12个省（区、市）接待游客总数达到619.4万人次，占全国接待游客总数的14.1%，而2003年仅为363.7万人次，增长了255.7万人次；其中，接待国外游客总数为431.7万人次，占全国接待国外游客总人数的17.7%，比上年增长了188.9万人次（见图4-3）。

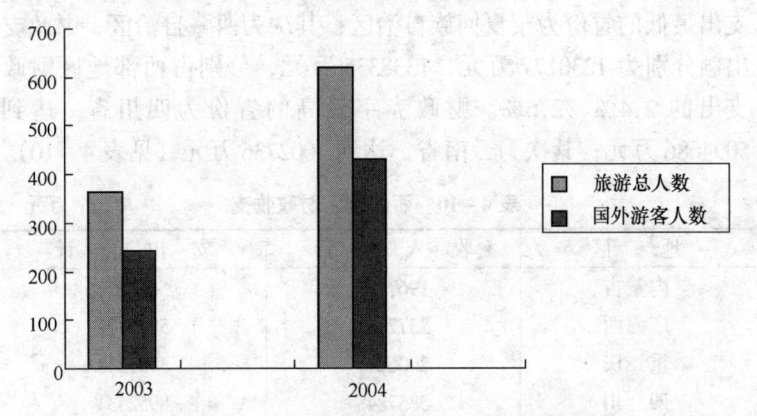

图4-3 西部地区接待旅客人数（万人次）
资料来源：2004、2005年《中国统计年鉴》

4.1.6 西部地区的财政收支

西部地区的财政收入规模不断提高，但在全国财政收入总量中所占的比重仍然偏低，而且财政支出在全国财政支出总量中所占的比重远超过财政收入在全国财政收入总量中所占比重。截至2004年底，西部地区12个省（区、市）的财政收入总额为19828923万元，占全国财政收入总额的17%；财政支出总额为51330879万元，占全国财政支出总额的25%。财政收支相抵，财政赤字为31501958万元。其中，财政收入最高的省份是四川省，为3857848万元，占西部地区财政收入的19.5%；其次是云南省，财政收入为2633618万元，占西部地区财政收入的13.3%。财政收入最低的省份为西藏自治区，为100188万元，占西部地区财政收入的 0.5%；其次为青海省，财政收入为 269960 万元，占西部地区财政收入的 1.4%。财政支出最高的省份为四川省，其次为云南省，财政支出额分别为 8952534 万元、6636354 万元，分别占西部地区财政支出的 17.4%、13%；财政支出最低的省份为宁夏回族自治区，其次为西藏自治区，财政支出额分别为 1230177 万元、1338335 万元，分别占西部地区财政支出的 2.4%、2.6%。财政赤字最高的省份为四川省，达到 5094686 万元；其次为云南省，达到 4002736 万元（见表 4-10）。

表 4-10　西部地区财政收支　　　　　单位：万元

地　区	收　入　合　计	支　出　合　计
内蒙古	1967589	5641117
广　西	2377721	5074721
重　庆	2006241	3957233
四　川	3857848	8952534
贵　州	1492855	4184181
云　南	2633618	6636354
西　藏	100188	1338335
陕　西	2149586	5163052
甘　肃	1041600	3569366
青　海	269960	1373363
宁　夏	374677	1230177
新　疆	1557040	4210446
西部地区	19828923	51330879
全　国	116933709	205928063

注：根据《财政部关于下达出口退税免抵未调库影响地方财政收入资金的通知》，2004 年中央本级出口退税增列 200 亿元，增加地方财政本级收入中增值税 200 亿元，这一增加额未在该表中反映。

资料来源：2005 年《中国统计年鉴》

4.1.7 西部地区的科技发展

近年来西部地区科技发展的硬件环境有明显的提高，如科技人员的数量和层次、科研设备的水平和规模、科研开发的经费投入等；科技发展的软环境也有不同程度的改善，如技术创新的优惠政策、科研开发的灵活体制、科技人才的流动机制等。到2004年底，西部12个省（区、市）财政支出中用于科学事业费的支出额为286465万元，占全国的8.5%；西部地区技术市场成交总额为1603682万元，占全国技术市场成交总额的12%。其中财政支出中用于科学事业费的支出额最高的省份为云南省，达到43602万元，占西部地区的15.2%；其次为四川省，数额为41010万元，占西部地区的14.3%；财政支出中用于科学事业的支出额最低的省份为西藏自治区，数额仅为2898万元，占西部地区的1%；其次为青海省，数额为4247万元，占西部地区的1.5%。技术市场成交额最高的是重庆市，其次是云南省，数额分别为596186万元、215555万元，分别占西部地区的37%、13%；技术市场成交额最低的省份是西藏自治区，成交额几乎为零，其次是青海省，数额为12793万元，占西部地区的0.8%（见表4-11）。

表4-11 西部地区的科技发展　　　　单位：万元

地　　区	科学事业费	技术市场成交额
内蒙古	17485	104085
广　西	37322	90955
重　庆	10172	596186
四　川	41010	165640
贵　州	26408	13533

续表

地　　区	科学事业费	技术市场成交额
云　南	43602	215555
西　藏	2898	
陕　西	19738	139129
甘　肃	18053	119608
青　海	4247	12793
宁　夏	7163	12827
新　疆	20441	133371
西部地区	286465	1603682
全　国	3359300	13343630

资料来源：2005年《中国统计年鉴》

4.1.8 西部地区的交通发展

西部地区交通基础设施已经有了很大的发展。2004年西部地区有铁路营业里程27062.0公里，占全国的36.4%，其中内蒙古为6337.3公里，位居西部地区第一位，占西部地区的23.4%。西部地区内河航道里程30782.0公里，占全国的25%，其中四川为10720公里，位居西部地区第一位，占西部地区的34.8%；西部地区公路里程为757258.0公里，占全国的40.5%，其中云南为110876公里，位居西部地区第一位，占西部地区的20%；西部地区的等级公路里程为554718.0公里，占全国的36.6%，其中云南为110876公里，位居西部地区第一位，占西部地区的20%；西部地区的高速公路里程为8638.0公里，占全国的25.2%，其中四川为1758公里，位居西部地区第一位，占西部地区的20.4%（见表4-12）。

表 4-12　西部地区交通状况　　　　　单位：公里

地区	铁路营业里程	内河航道里程	公路里程	等级路	#高速	#一级	#二级
内蒙古	6337.3	2403	75976	67421	491	522	7465
广　西	2737.6	5413	59704	47304	1157	514	5783
重　庆	718.2	4103	32344	24046	714	187	4166
四　川	2958.0	10720	113043	76402	1758	1496	9633
贵　州	1890.6	3323	46128	33850	413	85	2590
云　南	2328.1	2539	167050	110876	1291	237	3089
西　藏			42203	10131			626
陕　西	3151.2	1066	52720	47324	976	349	5552
甘　肃	2295.5	860	40751	31613	687	141	4826
青　海	1090.3	329	28059	25322	171	144	3382
宁　夏	791.9	26	12456	12325	549	162	2015
新　疆	2763.3		86824	68104	431	442	6950
西部地区	27062.0	30782.0	757258.0	554718.0	8638.0	4279.0	56077.0
全　国	74407.7	123337	1870661	1515826	34288	33522	231715

资料来源：2005 年《中国统计年鉴》

4.1.9　西部地区的水利建设

随着西部地区的水利建设不断发展，大大减少洪涝、干旱、盐碱化等自然灾害的发生频度，除涝、治碱等各项指标均有显著改善和提高。到 2004 年底，西部地区 12 个省（区、市）拥有的水库总数量为 23744 座，占全国水库总数量的 28%；水库总库容达到 1276.4 亿立方米，占全国水库总库容的 23%；除涝面积达到 1078 千公顷，占全国总除涝面积的 5%；治碱面积达到 1569 千公顷，占全国总治碱面积的 26.3%。其中水库数最高的省份是四川省，其次是云南省，水库数分别是 6684 座、5326 座，分别占西部地区的 28%、22%；水库数最低的省份是西藏自治区，其次是青海省，水库数分别是 50 座、152 座，分别占西部地区的 0.2%、0.6%。水库总库容量最高的省份是青海省，其次是广西壮族自治区，水库总库容量分别为 299.0 亿立方米、250.5 亿立方米，分别占全国的 23.4%、20%；水库总库容量最低的省份是西藏自治区和宁夏回族自治区，分别为 11.8 亿立方米、19.0 亿立方米。除涝面积最高的省份是内蒙古自治区，其次是云南省，除涝面积分别为 276.4 千公顷、229.8 千公顷；除涝面积最低的省份是青海省和宁夏回族自治区，除涝面积几乎为零。治碱面积最高的是新疆维吾尔自治区，其次为内蒙古自治区，治碱面积分别为 919.0 千公顷、299.8 千公顷，分别占西部地区的 58.6%、19.1%；治碱面积最低的是重庆市和贵州省，治碱面积几乎为零（见表 4–13）。

表 4–13 西部地区水利建设

地 区	水库数（座）	水库总库容量（亿立方米）	除涝面积（千公顷）	治碱面积（千公顷）
内蒙古	474	78.8	276.4	299.8
广 西	4383	250.5	203.6	113.3
重 庆	2766	42.2	14.3	
四 川	6684	159.0	90.2	0.3
贵 州	1940	75.1	49.5	
云 南	5326	104.2	229.8	5.1
西 藏	50	11.8	34.1	0.1
陕 西	1000	66.2	129.5	56.5
甘 肃	270	86.6	12.5	66.3

续表

地　区	水库数（座）	水库总库容量（亿立方米）	除涝面积（千公顷）	治碱面积（千公顷）
青　海	152	299.0		9.9
宁　夏	201	19.0		98.7
新　疆	498	83.8	38.2	919.0
西部地区	23744	1276.377136	1078.01	1569.0
全　国	85160	5542.0	21197.7	5961.6

资料来源：2005年《中国统计年鉴》

4.2　西部经济布局原则

经济布局的主要任务是：充分发挥各地优势，加快地区经济发展，促进全国经济布局合理化。指导方针是：在国家统一规划指导下，按照因地制宜、合理分工、各展所长、优势互补、共同发展的原则，促进地区经济合理布局和健康发展。

合理布局生产力，对于西部地区经济结构战略性调整，促进地区经济协调发展，具有重大而深远的战略意义：不仅能够扭转我国西部地区生产力布局严重不均衡的状况，而且能再次实现生产力布局大的空间转移，缩小区域经济差距，使西部地区各区域间形成发挥优势、各展所长、分工合理、协调发展的格局。

（一）正确处理好西部各地区的关系，促进各地区经济协调发展与布局的改善

由于历史发展等原因，西部地区原有经济发展水平低下，地区分布也很不平衡。20世纪50~60年代，经过在地区经济平衡发展指导思想下的规划和建设，上述情况有所改观。但是到20世纪80~90年代，由于实行市场经济原则，各区域发展因区位

因素的差异，地区比较优势互不相容，难以发挥比较优势，使区域发展拉开了差距，而且有越拉越大的趋势。近五十年来，西部区域经济发展及其布局战略，经历了平衡和不平衡发展的转变过程。然而，无论是哪种发展战略，虽然在各自的实行过程中均有所建树，但都没有能很好地实现促使区域经济协调发展的目的。所以不同时期区域经济社会的协调发展，是一件十分艰巨的事情，甚至可以说是一项非常复杂的系统工程，远非我们的主观意愿所能随意驾驭的。

经过科学地总结经验、教训，西部地区发展应跳出原先所设定的模式，重视科学研究，包括走因地制宜、因时制宜的发展道路，针对各地的比较优势，建设优势产业，实行非均衡性区域发展战略等。同时，应该及时加以总结和修正，进行动态调整，以达到对西部地区区域经济发展及布局改善有力的目的。正确处理经济发展先进地区和后进地区的关系，主要是处理西北地区和西南地区的关系。一方面发挥西部地区的优势，确定发展方向；另一方面，通过宏观调控和政策倾斜，包括对吸引外资的优惠政策，促进西部地区的发展。

西部地区经济布局必须在承认区域经济和社会发展的巨大差异客观存在的前提下，通过适当的宏观调控，发挥各区域比较优势，同时抑制相对劣势，地区间互补互利，从不同层次共同参与地域分工甚至国际分工与竞争，来达到对各自区域发展均有利的目的。

西部地区在发挥地域优势，发展特色经济，生产专业化和综合发展相结合的过程中，要避免重复建设、产业趋同、结构趋同。地区生产专业化，指的是在劳动分工的基础上，一个地区应充分发挥本地区的优势，集中生产一个或多个产品，主要销往区外。这是随着社会生产逐渐发展而形成的，有利之处在于，可以充分利用各地区特有的自然优势、资源优势，集中地发展一个或几个生产部门，获取最大经济效益。但是，同时要注意防止片面追求专业化的倾向。因为只有地区生产专业化和必要的综合发展互相结合，才可能形成合理的地域经济结构。我国西部各地区差异颇大，各地的自然资源、人力资源、技术条件和社会经济条件也不一样，均有各自的优势和特点。虽然各地都存在一定程度的比较优势，但是也存在相对劣势。因此，必须注意扬长避短，实行地域分工，并且逐渐建立并形成以本地区专门化部门为主导、多种部门互相协调的地域经济结构，尽量避免由于发展战略不明而造成仿效邻近区域或先进区域进行发展，或由于旧体制运行惯性所产生的地方政府对重复建设的积极性，尤其是多发性或阵发性的"投资冲动"形成的地方经济发展的"结构趋同"、"产业趋同"等不良现象。20世纪90年代中期，在我国西部地区的许多地方，由于经济发展及其在布局上的盲目性，加上一些地区的地方保护主义流行和政府的投资冲动，致使区域经济发展中的产业趋同现象相当严重。

所以，在今后的经济布局中，西部地区既要注重各地区的协作发展，又要注重各地区的特色优势经济发展。

（二）经济布局应做到大分散和小集中

所谓"大分散"，指的是从大的地区范围看，经济布局要适当分散，多建设一些经济点；"小集中"指的是要把联系密切的产业在一定的地点上适当集中，不要过度分散。在现代化大生产条件下，经济布局的适当集中是十分必要的。如在交通位置好、有工业基础的地点或区域，集中力量建设规模宏大的石油化工企业和钢铁联合企业等原材料企业，比分散建设总生产能力相等的一批中小型石化和钢铁厂，更容易达到降低生产成本、提高劳动生产率、产生高额经济效益的目的。因为这些区域有可利用的公用设施，也利于企业间的协作，并且还有丰富的劳动力和消费市场，对企业的发展有很大的促进作用。但是，如果在同一地点或区域内，工业布局过于集中，城市规模过大，将会使原来利于工业发展的有利因素逐渐趋于消失，并且还会出现用地用水紧张、原材料供应运输压力大、环境恶化等一系列严重的问题，迫使工业发展向外疏散。因此为避免不必要的损失，在规划经济布局时，必须注意尽量避免过度集中，在一定区域内适当地铺开，以尽可能避免出现过度集中的不合理局面。现代交通运输网的发展，也为经济布局分散趋向提供了越来越大的可能性。但经济布局分散也应有一定的限度。要在广大的西部地区适当分散，在具体的点上适当集中。过度的分散，将会割断各企业间的必要的技术经济联系，妨碍企业间的协作发展，加大城市公用设施投资和营运费用，降低经济效益。

然而，在我国发展及布局的实践中，过度集中与过度分散这两种倾向都曾出现过。过度集中的情况在某些工业基地、大城市或重要工矿区经常出现，不同层次和档次的产业高度集中分布，从而导致彼此干扰，经济运转不良，社会问题频发。然后为了保持经济、社会健全发展，只好再花大力气重新规划。过度分散的情况则主要表现在小城镇建设和乡镇企业布局等方面。我国上世纪60—70年代，曾受到"山、散、洞"错误思想的影响，使许多乡镇企业在经历了十多年的大发展和"天女散花"似的布点之后，使得工业布局过于分散，割断企业内部联系，难以形成规模效益，甚至无法再竞争生存，给我国国民经济带来了不利的影响。所以经济布局必须正确贯彻大分散、小集中的原则，正确处理好集中与分散的关系。

（三）工业生产应接近原材料产地、燃料产地和消费地

西部地区的工业生产接近原材料产地、燃料产地和消费地，可以减少运输费用，同时使工业生产同当地的资源和消费市场相适应。但在实践过程中，还要根据不同工业部门的生产特点和地区的实际情况，并根据原料、燃料和产品在运输上的难易程度、

运输量的大小等方面的情况，来确定工业布局的趋向性。若工业生产接近原材料产地、燃料产地和产品消费地，则是一种最理想的布局。但是由于西部地区的生产力布局与原材料及燃料生产布局存在严重的不平衡，很难达到这种最理想布局，所以要对此做出科学的选择。一些工业部门在生产过程中原料失重程度大，这些部门应趋向于布局在原材料生产地。例如制糖工业、化肥工业等。生产中消耗燃料多、电力多的企业一般应建在水电站或燃料产地附近，例如有色冶金工业。一些易腐烂、不宜长途远距离运输的工业及原料失重小的工业，如面包企业、卷烟企业等应趋向于消费市场。而一些"知识密集型"产业，如电子、仪表、激光等新兴产业，则应趋向于科技和文化中心。

（四）经济布局应注重加快城市化建设

目前我国实行的市场经济同所有类型的市场经济一样，都是以城市为中心而发展壮大的。城市是一个地区的政治、经济、文化中心，市场经济以城市作为其主要载体与依托，市场经济向高层次的发展和完善，也只有在城市化进程中才能得到实现。如果不重视城市化建设，市场经济就不能得到健康而持久的发展，经济布局合理化也无法得到实现。在城市化水平较低、城市化进程滞后的情况下，是不能够持久地承载并支撑市场经济的快速发展的，并且无法为经济布局合理化这一理想的实现提供良好的载体。所以，加快城市化进程是至关重要的。加快城市化建设将有力地扩大国内需求，为培养新的经济增长点提供必要的条件，也为西部地区经济的发展提供持续的动力。推进城市化建设不仅能有效地提高西部地区人们的生活水平，改善生活条件，而且还能促进西部地区的发展，使西部地区的潜在资源优势，通过城市化的优化配置，转变为地区经济优势，促进地区协调发展。

在所谓"先生产、后生活"等思想指导下，我国西部地区的城市建设和发展明显地落后于经济发展和布局的进程；西部地区的城市化明显地滞后于工业化的进程。这些对西部经济布局的展开，对西部经济布局合理化这一理想的实现，也产生了不利的影响。同时，西部城市化建设和发展中也具有类同于缺少个性的特点，这也对经济布局产生了消极影响。进入20世纪90年代以来，我国学者相继发现，西部地区的许多城市正变得越来越格式雷同，城市个性也正在逐渐消失。尤其中小城市的建设和发展更是千篇一律，缺少各自的特点，不仅产业趋同，连城市形象也异常神似，彼此都有一幅相似的"建筑躯壳"、"经济躯壳"，更谈不上特色经济和特色城建了。这些不足所造成的危害，远不只是缺少个性本身，还在于造成趋同经济的过重投入。所以西部地区的城市化建设中，城市的建设和发展必须因地制宜，规划和发展城市时，能够体现自身的个性和特点，拒绝"克隆城市"。不然，西部地区的城市发展和布局难以实现合理化，导致经济发展和布局也难以实现合理化。

（五）坚持可持续发展战略，加强环境保护，维护生态平衡

可持续发展战略，是人类全面认识并总结其发展历程，为经济社会行为重新制定的一种新的发展思路和发展战略，并于1992年联合国环境与发展大会上成为各国的共识。可持续发展，是要在合理利用资源和保护人类赖以生存的环境的前提下发展，在发展中解决好人口、资源和环境等问题。我国在"九五"计划中明确提出实施可持续发展战略。

自然资源是西部地区经济发展的重要条件，为了保证西部地区可持续发展，在经济布局中，既要从我国现有的生产技术水平出发，满足发展的需要，又要兼顾长远利益，对资源进行合理利用，使生态环境处于良性循环状态。自然环境是人类生存的基本条件，当大气、水、土地、森林、草原、野生动植物等生物资源和矿产资源受到破坏后，人类的生存条件将会恶化。在过去相当长的年代里，人类活动对自然环境的负面影响还不大。但是到了

现代，由于人口剧增，人类生存的空间几乎延伸至地球上的每一个角落，以致对自然资源的开发利用无孔不入，一旦处置不当，很容易破坏自然环境和生态平衡。随着工业的发展，西部地区面临着日益突出的环境污染问题。

从西部地区总的情况来看，近二十年来，由于普遍存在的"重效益，轻环保"的弊端，导致环境污染达到空前严重的程度。我国西部地区具有地形、地貌复杂、气候多变的特点，按其气候因素及环境条件，大致可分为酸雨、沙漠、高原和热带雨林共4大类典型的大气环境。各类型环境的大气腐蚀严重性是不同的，并且不同类型环境对材料的腐蚀破坏程度也不一样。在高原环境下，显著特征是高分子材料的迅速老化破坏；酸雨大气环境则明显加剧了金属及金属保护性涂（镀）层和建筑材料等的腐蚀破坏；热带雨林大气环境的特点主要表现在光学仪器、皮革、织物、木材等的严重霉变；沙漠大气环境虽然干燥、少雨，但对处在塔里木盆地的塔克拉玛干沙漠地区，却由于空气尘降物中的盐类物质较高，对 Cu、Zn、Al、不锈钢及金属涂层的腐蚀破坏非常大，甚至比中、东部的湿热、亚湿热城市大气还要严重。另外，西部地区水土流失相当严重。最新调查表明，西部地区水土流失面积已达 295.54 万平方公里，占全国水土流失总面积的 83.1%，占西部总面积的 43.9%。西部地区集中了黄土高原区、长江上游及西南诸河区、西南岩溶区、西北风沙区四大水土流失类型区。其中西部地区的长江上游及西南诸河区，面积 120 万平方公里，长江上游年均土壤流失总量达 15.6 亿吨；黄河中游黄土高原区，面积达到了 64 万平方公里，水土流失面积也已达到 45.4 万平方公里，占总土地面积的 71%，年均土壤流失量高达 20 多亿吨；以贵州高原为中心的西南岩溶区，总面积达 55 万平方公里，其中碳酸盐岩出露面积大、降水多，土壤的流失强度大大超过成土速率，现有石漠化面积达到 8.81 万平方公里；西北风沙区，由于风力引起的侵蚀面积达到154万平方公里，占到全国风蚀总面积的78.5%，是我国风蚀最严重的地区。

保护环境和保持生态平衡，主要包括三方面的内容：首先要适度开发和合理利用自然资源；其次要依法防治污染环境和破坏生态；还要科学地改善自然环境和生态平衡。因此，西部地区在进行经济布局时必须逐一加以考虑。否则，一个从许多方面看来似乎是合理的经济布局方案，却会因环境和生态的恶化而降低其经济效益甚至使其毫无价值。

4.3 西部地区的经济区划

经济区划是一项复杂的系统工程，涉及到经济、社会、自然、技术各个方面，是在劳动地域分工的基础上，根据西部地区的资源条件、地理环境、经济发展的历史和现有基础、经济联系，划分为两个具有地域特色的综合经济区。然后通过逐渐认识经济区发展变化规律，划分和不断调整经济区，确定较为合理的劳动地域分工，明确各经济区生产发展的方向，从而达到适度开发国土资源、合理配置生产力、促进国民经济协调发展的目的。这一方面体现了空间的重点开发，另一方面也是经济活动聚集地以及地区之间经济联系的载体与通道，也就是说，既反映现实的空间结构，也体现区域发展规划的战略思想，既考虑到区域间的经济发展状况，同时又考虑到未来区域发展的潜力及区域经济间的联系与整体发展规划。因而，经济区的划分要么是以中心城市为依托的、以城市相连接的经济带，要么是根据地缘优势关系或宏观经济发展环境的趋同以及社会文化的趋同与差异所形成的。

4.3.1 西部地区经济区划的结构

西部经济区划是从西部地区的特点出发，根据社会劳动地域分工的规律，对西部地区领土进行战略性的划分，揭示区域发展的有利条件和制约因素，指出各经济区专业化发展的方向和产业结构的特点，是西部地区经济总体部署的框架，是发展横向经济联合和生产力合理布局的基本依据。通过经济区划，西部地区可以协调在经济发展过程中总体与局部、短期与长期、人口增长与资源、环境的关系。

我们在分析西部地区经济活动的空间分布、资源结构、环境条件以及政策取向和差异及趋同的基础上，从西部地区区域经济发展的规划与目标出发，根据社会劳动地域分工的特点，可以划分为：西北经济区和西南经济区。在这里我们把西部地区划分为西北经济区和西南经济区主要依据的理论是空间结构理论，空间结构理论研究区域间社会经济发展不平衡问题，即不同社会经济"疏密"与"薄厚"的带状与面状地域组成的空间结构。

4.3.2 西北经济区

西北经济区包括陕西、甘肃、青海和新疆维吾尔自治区、宁夏回族自治区、内蒙古自治区，面积429.13万平方公里，到2004年底有城乡居民11798万，以呼和浩特、西安、银川、兰州、西宁、乌鲁木齐省区府城市为连线，形成西部地区西北经济区的主线。西北经济区，可利用区内能源、矿藏、农牧业和旅游资源较丰富的有利条件，以及通过由陇海—兰新铁路所形成的亚欧大陆桥连接东亚和中亚的区位优势，向东、西两面开放，加快基础设施建设和资源开发，逐渐形成具有全国意义的优质棉、畜产品、石油和石油化学工业基地，能源和有色金属工业相结合的基地。

西北经济区土地辽阔，资源十分丰富，而开发利用程度至今仍然较低。从历史上来看，西北地区东部地处中原，土地肥沃，开发历史悠久，物产富饶，内外贸易兴盛。早在几千年前，关中平原长期是中国的首都所在地，是全国的政治、经济和文化中心。区内著名的"丝绸之路"，就是从西安出发，经甘肃的河西走廊、新疆的塔里木盆地，直通中亚、波斯、美索布达美亚平原和黑海、地中海之滨。当时，地处河西走廊东翼的武威，曾成为重要的国际贸易市场；西翼的敦煌则作为对西域贸易和交通的门户；塔里木盆地边缘的楼兰和喀什，也是丝绸之路的货物转运站和贸易中心。在自然条件方面，秦汉时代，西北的许多地方，都具有"大山乔林、山水清丽、竹木蓊郁"的良好生态环境。唐、宋以后，由于不合理开垦、战乱、灾荒、国家经济重心东移等原因，使关中地区在全国的政治、经济地位发生了很大变化，西安出发的陆上"丝绸之路"，也逐渐被福建泉州出发的"海上丝绸之路"所取代，西北地区经济发展从此停滞不前。后来又由于森林遭到砍伐和焚毁，植被遭破坏，不少地方出现水土流失和沙漠，自然景观也变得荒凉起来了。20世纪50年代以来，经过数十年的开发和建设，西北地区的农牧业生产获得了较大发展，农畜产品加工、能源和原材料工业也初具规模。但是，同广袤万里的土地和极其丰富的资源相比较，是非常不相适应的；同国内其他大区的经济发展水平相比较，更是存在着较大的差距。

西北地区有辽阔的草场，是发展畜牧业的良好场所。可利用的天然草场高达上亿公顷以上，并且在祁连山、天山和昆仑山麓，还有不少地方湖泊星罗棋布，水草丰茂，既是众多珍禽异兽的栖息之地，又可作为优良的牧场，是不可多得的自然财富。大西北的气候，一方面是多数地方水资源奇缺，干旱少雨；另一方面在有些地方却又拥有丰富的水资源。在天山、昆仑山、阿尔金山、阿尔泰山、祁连山、积石山、巴颜喀拉山、唐古拉山等大山脉所处的地区，由于海拔高、气温低，降水大多是降雪的形式，日积月累，逐渐形成丰富的冰雪资源。据相关资料，我国的冰川资源居亚洲之首，占亚洲各国冰川资源总量的一半多，也是世界中、低纬度地带冰川资源最丰富的国家。全国共有冰川 4.3 万条，面积 5.9 万平方公里，储冰量 5.2 万亿立方米。冰川分布集中于西部地区重点经济带，其中新疆、青海、甘肃的冰川共占一半以上。每年春暖以后，高山冰雪逐渐融化，汇成滔滔江河，为我国的黄河、长江提供了源头之水，为散布在西北各地的绿洲农业提供了灌溉用水，也为许多畜牧区的牲畜提供饮用水。

从现状来看，西北地区适宜发展特色农牧业。据 1997 年统计，在全区农业生产结构中，渔业生产比例远远低于全国平均水平，有一些省区的畜牧业比例高于全国平均水平，多数省区比全国平均水平要低。但是从近年的情况来看，西北经济发展中，畜牧业生产的结构比例逐年上升，今后可在现有基础上，利用区内自然优势将本区内的畜牧业开发成为一个庞大的经济部门。西北地区的农牧业生产，由于各省区的自然条件各异，所以在地理分布上呈现交错状态。本区的东南部，基本上是以种植业为主，其余的地域大多是以畜牧业为主。

西北地区普遍种植的粮食作物是小麦。冬小麦主要分布在关中平原、汉中盆地和陇东地区；春小麦分布在河西走廊和新疆一带。本区的关中平原、银川平原、河西走廊、塔里木盆地、柴达木盆地和准噶尔盆地可耕地面积很大，且平坦连片，易于机耕，如果水源问题能够得到更好的解决，就可以继续扩大主要粮食作物和经济作物的播种面积，开发成为全区的商品粮棉基地[①]。

另外，国家发改委已将甘肃省作为西北地区唯一的定点生产甜高粱燃料乙醇的省份，在西北地区发展可再生能源，"十一五"

[①] 胡欣主编：《中国经济地理》，立信会计出版社 1999 年版，第 496—499 页。

期间将建立 40 万亩甜高粱种植基地和年产 10 万吨的燃料乙醇生产厂。甜高粱燃料乙醇联产产业化项目已获得甘肃省发改委的批准和推荐，并通过了国家发改委专家组的论证。甜高粱是一种抗旱高能源作物，我国西北地区特别适合种植甜高粱。

在牧业生产方面，近年来西北地区也有很大发展。2004 年，西北地区畜牧业总产值已达到 947.0 亿元，占西北地区农林牧渔业总产值的 32.2%，其中畜牧业总产值最高的是内蒙古自治区，占西北地区的 40%。牲畜的良种化和牧业生产的机械化也走在全国前列，这使得西北地区已成为我国重要的畜牧业生产基地，其中内蒙古自治区的畜牧业生产居全区第一位。根据内蒙古自治区农牧业厅的数据，2006 年内蒙古肉类、牛奶等主要畜产品产量继续保持两位数的增长速度，在全国保持领先优势。肉类产品产量预计将在年底达到 260 万吨以上，增幅将超过 10%，其中羊肉产量可达 85 万吨，增幅也将超过 20%，继续保持全国第一的增长幅度。

从矿物资源方面来看，西北区有丰富的矿物储量，到 2004 年底，西北地区石油储量已达到 73268.1 万吨，占全国的 29%；天然气储量为 15965.8 亿立方米，占全国的 63%；煤炭储量为 1280.1 亿吨，占全国的 38%。新疆的石油与天然气资源非常丰富，煤和铬铁矿资源也在全国占有重要地位。到 1995 年时，在塔里木盆地、准噶尔盆地和吐哈盆地已发现具有经济开采价值的油、气田共 38 个，这里的油、气储量占全国 1/6，这些油气田在 20 世纪 90 年代已相继投入开发，成为具有全国意义的石油与石油化学工业基地。到 2004 年底，新疆的原油产量达到 2227.71 万吨，占全国的 13%，居全国第三位。内蒙古自治区的原煤产量在 2004 年达到了 1.72 亿吨，占全国的 8.8%；生铁产量也达到了 646.23 万吨，占全国的 2.6%（见表 4-14）。青海省的矿产资源品种较齐全，并且分布也很集中，有很高的开采价值，其中铷、钾、镁、锂、锶、芒硝、石棉、石灰石、石英岩等矿产储量居全国第一位。青海柴达木盆地有"聚宝盆"之称，盐湖资源具有储量大、品位高、类型全、分布集中、组合好等特点。在20世纪90年代以前，由于地处偏远而一直未得到大规模开发。至90年代中期，柴达木盆地已具备加快开发的客观条件和良好的机遇，大规模的投资建设在"九五"（1996—2000年）期间全方位启动。预计在今后五年（2006—2010年）内，柴达木盆地将逐步建设成为我国西部地区的盐化工基地、石油化工基地和有色金属工业基地。

表4-14 西北地区主要工业产品产量

地 区	原煤（亿吨）	原油（万吨）	天然气（亿立方米）	生铁（万吨）
内蒙古	1.72	0.00	0.00	646.23
陕 西	0.84	1527.97	74.56	170.32
甘 肃	0.31	76.34	0.23	295.73
青 海	0.04	222.02	18.35	0.00
宁 夏	0.24	0.00	0.00	18.61
新 疆	0.22	2227.71	57.13	176.94
西北地区	3.37	4054.04	150.27	1307.83
全 国	19.56	17500.00	414.93	25185.05

资料来源：2005年《中国统计年鉴》

西北地区也有一定的水能蕴藏量，到2004年底，水资源总量达到2391亿立方米，大中小水库数为2595座，水库总库容量633.5亿立方米。黄河干流蜿蜒流经青海、甘肃、宁夏、内蒙古和陕西5个省区，流程达4000公里以上。沿途多峡谷，水流湍急，有许多地方适合建设大、中型水电站。从上到下，著名峡谷依次有龙羊峡、李家峡、公伯峡、积石峡、刘家峡、盐锅峡、八盘峡、小峡、大峡、乌金峡、小观音、大柳树、青铜峡、壶口、龙门等。这些峡谷都蕴藏着丰富的水力资源。在其他地区少有的是：黄河上游水力资源开发还具有迁移人口少、淹没土地少、单位容量投资少等有利因素。但是，本地区电源点多并且不在负荷中心。由于上述各峡大多位于我国的几何中心地区，无论是距邻近省区，还是本区经济重心都不是很遥远，可采用高压输电技术将大量廉价电力东送。因此，这一带是对黄河流域进行梯级开发最理想的地段，也是我国水力资源的"富矿"所在。本河段水利资源的开发，对根治黄河，利用黄河，开发大西北，有着重大的意义。

另外，虽然西北地区是我国幅员最辽阔、开发潜力最大的地区，我们还应看到西部地区在自然生态方面的脆弱之处。西北地区是我国荒漠化土地分布最集中的地区，有大片分布的风蚀荒漠土地、冻融荒漠化土地、盐渍化土地。近几十年来，西北地区范围内的沙化土地以相当快的速度扩散。上述情况对本地区经济发展及其社会发展已产生严重的影响，迫切需要防治荒漠化的各项措施，走可持续发展的道路。

4.3.3 西南经济区

西南经济区包括重庆直辖市和四川、云南、贵州三省及西藏自治区、广西壮族自治区，以桂林、贵阳、昆明、成都、拉萨省市区府城市为连线，形成西南经济区的主线，并以主线为中轴线向四周辐射。本地区可利用沿江、沿边等区位优势以及能源、金属矿藏、农林、旅游资源丰富等有利条件，通过建设出海和外运通道，大力开发能源和多种矿藏，形成具有全国意义的大能源基地、有色金属、磷硫生产基地以及热带亚热带农业基地和旅游基地。

从我国版图上看，西南地区地理位置似乎有些偏西南一隅，但因有世界著名的长江水系贯流其间，使得这里成为我国东南沿海一带的辽阔腹地。加之区内东部的四川、贵州两省及云南省东北部一带，地处全国的腹心部位，而且自然资源丰富，劳动力充足，经济开发条件有利，是我国的战略后方。全区地形以高原、山地为主，作为"世界屋脊"的青藏高原，其海拔最高的主体部分位于本区西部的西藏自治区境内。此外，在本区中部和东南部还有横断山区、云贵高原。以上三大地形区，占去了全区面积的绝大部分。它们总的来说地处高寒，交通运输困难，人口密度低，经济开发的难度较大，只有在一些河谷地带如雅鲁藏布江、怒江、澜沧江、金沙江、雅砻江和元江等流域，散布着许多串珠状的河谷平坝，坝子上通常淤积较厚的冲积土，气候条件相对有利，适宜发展农业生产。其中位置偏南的河谷地带，还可种植亚热带或热带经济作物。从历史上看，我国对于西南地区的开发，除四川盆地开发利用较早以外，其他地方一般较为落后。20世纪50年代中期至80年代，国家在西南地区有重点地建设工业、交通线路。先后开发了云南个旧的锡矿、东川的铜矿、四川攀枝花的铁矿、贵州六盘水的煤矿。与此同时，四川盆地的天然气、盐的开采，也从小到大，由过去沿袭旧式手工开采而逐步改用机械化作业，开采规模大大扩展了。在上述资源的基础上，发展了钢铁和有色冶金、机械制造、军工、化工等主要工业部门。

　　西南地区的四川盆地非常适合农业生产，该盆地位于四川省东部，是我国各大盆地中形态最典型的盆地。盆地地势由西北向东南倾斜，海拔一般在250～750米，盆地最高点海拔1800米，为华蓥山脉的最高峰。盆地四周由邛崃山、龙门山、大巴山、巫山、大娄山环绕，这些山脉海拔高度1000—3000米。盆地范围西起雅安，北至广元，东至奉节，南止叙永，略呈菱形，面积达到20万平方公里。由于境内岩石主要由紫红色沙页岩组成，而这些岩石又易受风化成为紫色土，故有"紫色盆地"或"红色盆地"之称。

根据不同的地形特征，在四川盆地内又可分为川西平原、川中方山丘陵和川东平行岭谷三大部分。川西平原是整个四川盆地中唯一一块较大的平原，也是四川盆地中最富饶的地区。总的来说，四川盆地的自然条件非常适宜农业、林业、畜牧业、副业、渔业综合发展，物产非常丰富，并且享有"天府之国"的称号，是我国人口密集、经济比较发达的首要盆地地区。盆地出产的稻米、油菜籽常年居全国首位，而且还是我国三大蚕丝产地之一。此外，盆地内部沱江流域还盛产甘蔗，内江市享有"甜城"之称。从内江向西北，越过龙泉山，便是盆地中面积最大、物产最富饶的"川西成都平原"。该平原由于地处四川盆地西部，也被称为川西平原，由沱江和岷江两条河流共7个冲击扇组成，为山麓冲积平原。它的西北起自都江堰市附近的神仙桥山，南至新津县城附近，东到金堂一带，平均海拔约为600米，面积达到8000平方公里。川西平原上的地势自西北向东南倾斜，著名的都江堰水利工程，就是利用这种微微倾斜的自然地势修建而成的。两千多年前修建的这座堰，把汹涌的岷江水均匀地分散到四川盆地内龙泉山以西的地区，经过不断的滋润、冲刷出了今日富饶的川西平原。现在，灌溉面积已扩展到1000万亩，成为我国面积最大的灌区。灌区内土壤肥沃，河渠密如蛛网，农业生产精耕细作，稻、麦、油菜籽、烟叶高产稳产，不仅是四川盆地内的精华，而且也是全省和整个西部地区的一颗璀璨"明珠"。在我国古代的记载中"沃野千里，不知涝旱，号称天府"，最初指的就是这里，后来，整个四川盆地也被称为"天府之国"。

西南地区除具有上述发展农业生产的自然条件以外，也拥有丰富的发展工业的矿物资源和能源。已发现的矿产达100余种，其中有90多种具有经济开采价值。钒、钛、锡、铅、铜、锌、铝、铬、铁等金属矿藏，天然气、井盐、芒硝、硫、磷、石棉、硅石、云母、制碱灰岩和煤炭等非金属矿藏，都分别在全国占有重要地位。到 2004 年底,西南地区的天然气储量已达到 4308.8 亿立方米,占全国的 20%,主要分布在重庆和四川;铁矿储量已达到 37.4 亿吨,占全国的 20%,主要分布在四川省;锰矿储量已达到 20555.3 万吨,占全国的 70%,主要分布在广西壮族自治区;钒矿储量已达到 915.8 万吨,占全国的 70%,主要分布在四川省;铬矿储量已达到 199.6 万吨,占全国的 40%,主要分布在西藏自治区;锌矿储量已达到 1935.8 万吨,占全国的 50%,主要分布在云南省。四川铁矿储量丰富,居全国第二位。四川攀西地区拥有储量巨大的钒钛磁铁矿,其中,攀枝花市拥有的钒、钛资源,分别占全国的 69%、91%,均居第一位。红格钒钛磁铁矿是我国少有的特大型综合型矿床,已探明的钛储量占世界已探明总储量的 28.9%,铁矿储量达数十亿吨,占全国同类型矿床的一半以上;整个矿床潜在的经济价值高达数千亿美元。此外,云南兰坪铅锌矿是我国储量最大的铅锌矿之一;贵州的煤炭储量在南方各省中居首位;甘肃省有 10 种矿藏的探明储量居全国第一位;陕西和宁夏的煤、天然气、铼、制碱灰岩、黄金和石膏也具有非常重要的开采价值[1]。其中,地处陕北和内蒙古接壤地区的神府东胜煤田以及地处陕甘宁接壤地区的长庆气田,分别是我国已探明的最大煤田和最大气田。从中国锰业发展论坛上获悉,广西已探明锰矿资源储量 2.56 亿吨,占全国锰矿资源的 38.5%,保有储量 2.23 亿吨,居全国首位。

随着上述丰富的矿物资源在 20 年代末至 21 世纪初逐渐得到开发,届时,西部地区在全国经济发展中的地位将会有所提高。

在水资源方面,西南地区是我国长江、黄河和珠江的江河源头和主要产流区,拥有丰富的水资源。到 2004 年底,西南地区水资源总量 12359.9 亿立方米,占全国水资源总量的 50%,拥有

---

[1] 胡欣主编:《中国经济地理》,立信会计出版社 1999 年版,第 458—462 页。

大小水库共 21149 座，水库总库容量为 642.9 亿立方米。本区具有降水丰富，河流众多，山峦起伏，地势高低悬殊的特点，境内有很多著名河流，如长江上游的金沙江、澜沧江、怒江、雅鲁藏布江等，都是从世界屋脊的边缘飞泻而下，水能蕴藏丰富。但是由于山高坡陡，石灰岩山地面积较大，水利工程建设难度大，水资源开发程度低。西南地区的水资源也有不少有利之处：通常具有落差大、水流稳定、建坝回水成库淹没损失小等一系列的优点，所以仍然具有很大的开发价值。

但是，也应看到西南地区工业发展仅是开始，离地区经济综合发展长远目标还相距甚远，同沿海的华东、华北、东北以及邻近的中南区相比，也有很大差距。加上上世纪 60—70 年代"三线"建设带有很大的盲目性，项目上得太多，在工业布局上又片面地推行"靠山、分散、隐蔽"的"山、散、洞"方针，造成工业布局不合理，原材料和能源供应不足，运输不便，难以形成综合生产能力，供、产、销脱节，产品成本高，竞争性差，职工生活困难。这些都影响了本区工业的发展速度和质量。上世纪 80 年代以来，经过对"三线"建设教训的总结，大幅度调整了本区工业结构和布局。至 90 年代，由于西部地区拥有丰富的能源、金属矿藏、农林、旅游资源及其区位特征等有利条件，确定通过修筑出海和外运通道，大力开发能源和多种矿藏，把西部地区建设成为具有全国意义的大能源基地、磷硫、有色金属生产基地及农业基地和旅游基地。

参考文献

1. 胡欣主编：《中国经济地理》，立信会计出版社，1999 年 8 月。

2. 谢光晖、熊小兰编：《中国经济地理》，中国财政经济出版社，2001 年 8 月。

3. 刘卫东等著：《中国西部开发重点区域规划前期研究》，商务印书馆，2003年7月。

4. 国家发展和改革委员会、国土开发与地区经济研究所编：《中国西部开发信息百科〈综合卷〉》，中国计划出版社，2003年7月。

5. 李善同主编：《西部大开发与地区协调发展》，商务印书馆，2003年4月。

6. 2004、2005中国统计年鉴及地方统计年鉴。

第五章 经济布局中的产业布局

5.1 西部产业布局现状及其发展战略

5.1.1 西部地区产业布局现状

(一) 西部地区第一产业

自从1999年实施"西部大开发"战略以来，西部的农业取得了很大的发展，西部各省市认真贯彻落实中央关于农业和农村发展的一系列方针政策，以市场需求为导向，以农民增收为目标，加大农业和农村经济结构调整的力度，发展农村经济，加快生态建设。

西部地区的农业是以种植业为主的传统型农业。2004年西部地区农业总产值中，林渔业所占比例远低于种植业和牧业（见图5-1）。

西部地区中，四川省是第一大农业省，2004年农林牧渔业总产值达到2252.3亿元，占西部地区的26%；西藏自治区为最小的农业生产省份，农林牧渔业总产值只有62.7亿元。农业内部生产结构中，农业产值最高的四川省为987.7亿元，农业产值最低的西藏自治区，只有26.6亿元；林业产值最高的云南省，为86.4亿元，林业产值最低的青海省，只有1.8亿元；牧业产值最高的四川省，为1097.6亿元；牧业产值最低的西藏自治区，为29.1亿元；渔业产值最高的广西壮族自治区为133.8亿元，渔业产值最低的西藏自治区和青海省，青海省渔业产值为0.1亿元，而西藏自治区渔业产值几乎为空白（见表5-1）。

第五章 经济布局中的产业布局 179

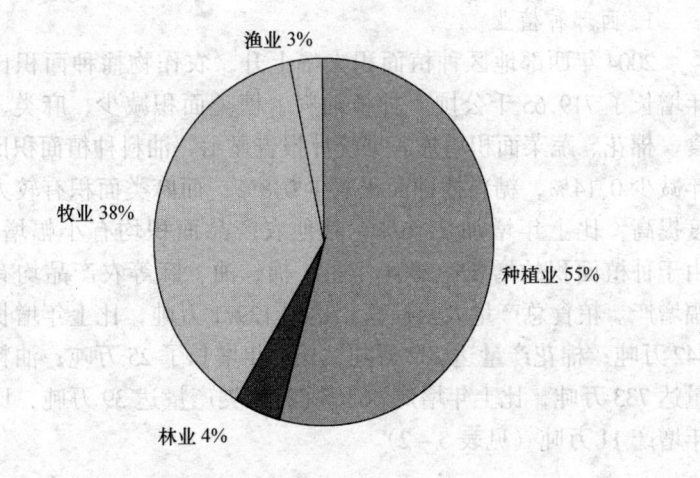

图 5-1 2004年西部地区农业总产值结构图

资料来源：2005年《中国统计年鉴》

表 5-1 2004年西部地区各省（区、市）农、林、牧、渔业总产值

地 区	绝 对 数（亿元）				
	农林牧渔业总产值	#农 业	#林 业	#牧 业	#渔 业
内蒙古	851.3	411.5	46.6	374.7	6.0
广 西	1294.5	623.1	58.1	460.7	133.8
重 庆	612.8	333.0	18.5	230.9	21.2
四 川	2252.3	987.7	62.7	1097.6	65.8
贵 州	524.6	317.7	23.2	168.8	7.0
云 南	965.2	516.9	86.4	305.4	19.1
西 藏	62.7	26.6	5.7	29.1	
陕 西	651.2	413.7	26.4	179.4	5.1
甘 肃	477.4	331.4	16.2	117.7	1.0
青 海	86.6	34.2	1.8	46.5	0.1
宁 夏	125.5	71.3	6.2	41.2	3.6
新 疆	750.7	515.0	13.8	187.5	4.3

资料来源：2005年《中国统计年鉴》

1. 西部种植业

2004年西部地区种植面积大幅上升，农作物播种面积比上年增长了719.65千公顷。种植油料、糖类面积减少，麻类、粮食、棉花、蔬菜面积增加。据统计报告显示，油料种植面积比上年减少0.14%，糖料播种面积减少0.8%；而麻类面积有较大幅度提高，比上年增加22.6%，其他农产品面积均有小幅增长。由于种植面积的增长，2004年粮、棉、油、麻等农产品均有大幅增产。粮食总产量大幅提高，达到12971万吨，比上年增长了442万吨；棉花产量达202万吨，比上年增长了25万吨；油料产量达733万吨，比上年增产36万吨；麻类产量达39万吨，比上年增产11万吨（见表5-2）。

表5-2 西部地区主要农产品产量　　　　　　单位：万吨

年 份	粮 食	棉 花	油 料	麻 类
2003	12529	177	697	28
2004	12971	202	733	39

资料来源：2004年、2005年《中国统计年鉴》

四川省的粮食作物种类繁多，主要以水稻、小麦、玉米、红薯为主；另外经济作物和经济林果类的种类也很多，主要品种有棉花、油菜籽、甘蔗、烟叶、麻类、蔬菜、水果、茶叶、蚕等。2004年，四川省在"政策好、市场旺、人努力、天帮忙"等有利因素的积极推动下，农业经济出现了近20年少有的好形势。全年粮食作物播种面积为633.3万公顷，较上年增加了24.5万公顷，所占比重由上年的67%上升为68.5%；油料作物种植面积为108.9万公顷，较上年增加了0.2万公顷，所占比重由上年的12%下降到11.8%；药材种植面积为9.2万公顷，增幅为6%；蔬菜种植面积为96.9万公顷，所占比重由上年的11.1%下降到10.5%。优质农作物种植面积大幅增长，品质也有所提高。全省优质水稻面积为123万公顷，较上年增加了9.1万公顷；优质小麦播种面积为50.3万公顷，较上年增加了10.5万公顷；优质玉米种植面积为47万公顷，较上年增加了8.2万公顷；优质大豆种植面积为9.2万公顷，较上年增加了1.1万公顷；优质油菜籽种植面积为55.2万公顷，较上年增加了4.5万公顷。多数农产品产量增加，全年粮食总产量3326.5万吨，较上年增长了4.5%；油菜籽产量165万吨，较上年增长了5.8%，创历史新高；烤烟产量达到了9.4万吨，较上年增长了13.9%；棉花产量为3.3万吨，较上年增长了30.5%；麻类作物产量为5.3万吨，较上年增长了6.1%；茶叶产量为9.9万吨，较上年增长了37.5%；水果产量为507.3万吨，较上年增长了9.1%；药材产量为31万吨，较上年增长了19.8%；蔬菜产量为2616.5万吨，较上年减少了0.8%；甘蔗产量为146.1万吨，较上年减少了14.3%[1]。

2. 西部林业

林业产业体系包括木材生产、林产品生产以及经济林、竹产业、森林旅游、森林食品和药材等。其中最主要的是木材生产和林产品生产两部分。2004年西部地区林业用地面积已达到16344.58万公顷，占全国的57%；森林面积达到9863.78万公顷，占全国的56%，其中人工林面积达到1831.38万公顷；森林蓄积量达到769251.39万立方米，占全国的62%。森林蓄积主要集中在内蒙古、西藏、四川，其中西藏自治区的森林蓄积量为226606.41万立方米，四川省的森林蓄积量为149543.36万立方米，内蒙古自治区的森林蓄积量为110153.15万立方米，分别占到西部地区的29.5%、19%、14%。西部地区主要的林产品有松脂、油桐籽、橡胶、油茶籽、核桃、生漆等。2004年，西部地

---

[1] 来源于中华人民共和国国家发展和改革委员会网站：http://www.Chinawest.gov.cn/web/NewsInfo.asp?NewsId=27953。

区松脂的产量为 370430 吨，占全国的 55%，主要集中在广西壮族自治区，占西部地区的 76%；油桐籽的产量为 241565 吨，占全国的 63%，主要集中在贵州、广西、四川，分别占西部地区的 36%、23%、16%；核桃的产量为 268399 吨，占全国的 61%，主要集中在云南、陕西、四川，分别占西部地区的 31%、23%、21%。

内蒙古林业在全国占有重要地位，是全国林业大省之一，森林面积居全国之冠。到 2004 年底，内蒙古全省的森林面积已达到 2050.67 万公顷，占全国的 11%，居全国第一位；其中人工林面积为 241.29 万公顷，占全国的 4.5%；活立木总储蓄量为 128806.70 万立方米，占全国的 9.4%。内蒙古的林业生产主要集中在本省东部有"祖国绿色宝库"之称的大兴安岭，拥有许多优良的木材品种：兴安落叶松、红松、樟松、油松、白桦、水曲柳等，本地区是国家重要的林业生产基地。

3. 西部畜牧业

我国的主要牧区几乎全部集中在西部地区。2004 年，畜牧业运行状况良好，整体效益好于上年。全年肉类总产量达到 1991.6 万吨，比上年增长了 5.8%；蛋类总产量达到 359.7 万吨，比上年增长 6.3%；奶类总产量达到 988.8 万吨，比上年增长 34.5%（见表 5-3）。西部地区作为全国主要的产奶地区，近些年为了尽快改变我国人均占有量低于世界平均水平的现状，实施了大量有利政策，加大了奶牛的品种改良力度，努力扩大奶制品产业的规模，创立名优品牌，带动奶产品的消费。

表 5-3　西部地区牧产品产量

年　份	肉类产量（万吨）	奶　类（万吨）	禽　蛋（万吨）
2003	1882.4	735.5	338.3
2004	1991.6	988.8	359.7

资料来源：2004 年、2005 年《中国统计年鉴》

内蒙古自治区是我国五大牧区之一，是全国重要的畜牧业基地，素有"畜牧王国"的美誉。本区草场面积居全国五大牧场之首，东起大兴安岭山地，西至居延海，广袤无垠的草原东西绵延2000多公里，总面积达8700公顷，其中可利用草场面积6800万公顷，占全国可利用草场面积1/5以上。呼伦贝尔、锡林郭勒、科尔沁、乌兰察布、鄂尔多斯和乌拉特是全国著名草原，孕育出丰富多样的畜种资源，著名的三河牛、三河马、草原红牛、乌珠穆沁肥尾羊、敖汉细毛羊、内蒙古细毛羊、阿尔巴斯白山羊、阿拉善驼等优良品种，在区内外闻名遐迩。畜牧业保持稳步发展。牧业年度全区牲畜存栏头数达9274.43万头（只），比上年同期增长16%；牲畜总增4125.02万头（只），增长26.6%，牲畜总增率达51.6%。牧业年度良种及改良种牲畜总头数8197.19万头（只），比重为88.4%，比上年提高1.6个百分点。牲畜出栏头数明显增加，全年牲畜出栏4969.34万头（只），比上年增长28.9%。全年肉类总产量201.9万吨，比上年增长24.1%；牛奶产量490万吨，增长59.1%；山羊绒产量5552吨，增长4%；禽蛋产量38.75万吨，增长12.5%[1]。

4. 西部渔业

2004年，全国水产品总产量4901.8万吨，西部地区为438.9万吨，占8.95%，广西壮族自治区有268.9万吨，西部除广西外，其余11个省市区水产品产量很少，例如青海省、西藏自治区只有0.1万吨；其中西部海水产品产量为165.8万吨，占全国的6%，主要出自广西壮族自治区，其他省区市几乎为0；淡水产品产量为273.1万吨，占全国的12.8%，主要出自广西和四川，分别占到西部地区的37.7%和31.5%（见表5-4）。2004

---

[1] 来源于中华人民共和国国家发展和改革委员会网站：
http://www.Chinawest.gov.cn/web/NewsInfo.asp?NewsId=27950。

年，渔业生产平稳发展，水产品总产量比上年增长4.71%，水产品市场运行平稳，渔业环境和资源保护力度进一步加大。西部水域是一个天然的鱼类资源宝库。青海湖的裸鲤、川陕的罗哲鱼、细鳞鱼，新疆的裸腹鲟、哲罗鲑、额河银鲫等都是西部特有的经济鱼类，具有很好的开发前景。

表5-4 西部水产品产量　　　　　单位：万吨

地 区	水产品总产量	海水产品	淡水产品
内蒙古	7.7		7.7
广 西	268.9	165.8	103.1
重 庆	23.4		23.4
四 川	86.1		86.1
贵 州	8.8		8.8
云 南	22.0		22.0
西 藏	0.1		0.1
陕 西	7.4		7.4
甘 肃	1.5		1.5
青 海	0.1		0.1
宁 夏	5.7		5.7
新 疆	7.2		7.2
西部地区	438.9	165.8	273.1
全 国	4901.8	2767.8	2134.0

资料来源：2005年《中国统计年鉴》

广西壮族自治区南临北部湾，海域面积12.93万平方公里。北部湾是我国热带海洋生物物种资源的宝库，栖息着900多种鱼类，其中常见经济鱼类50多种；200多种虾类，其中主要经济虾类10多种；头足类47种。渔业资源量约为75万吨，其中底栖鱼类资源量35万吨。按鱼类捕捞限量标准计算，北部湾渔场总可捕量约为 40 万吨/年[①]。

（二）西部地区第二产业

1. 西部能源产业

西部地区有丰富的煤炭储量，2004 年西部地区原煤产量为 5.19 亿吨，占全国的 26.5%；主要分布在内蒙古自治区、贵州省和陕西省，其中内蒙古自治区的原煤产量为 1.72 亿吨，贵州省的原煤产量为 0.98 亿吨，陕西省的原煤产量为 0.84 亿吨，位居西部地区的第一、第二、第三位，分别占西部地区的 33%、19%、16%。内蒙古自治区煤炭工业发展潜力很大。全区煤炭资源仅次于山西，居全国第二，储量为 740.2 亿吨，有很多适宜露天开采的特大型煤田，其中准噶尔、霍林河为最。煤炭已成为内蒙古自治区国民经济发展的重要支柱。贵州是西部地区重要的商品煤和工业原料煤基地，经过多年的发展，贵州煤炭工业已初具规模，形成了从勘探设计、采掘到营销及三产等多产业、多产品的煤炭工业体系。

西部地区的石油和天然气加工业也有很大优势。2004 年，西部地区的原油产量为 4071.93 万吨，占全国的 23%；主要分布在新疆维吾尔自治区、陕西省和青海省，其中新疆维吾尔自治区的原油产量为 2227.71 万吨，陕西省的原油产量为 1527.97 万吨，青海省为 222.02 万吨，位居西部地区原油产量的第一、第二、第三位，分别占西部地区的 55%、37.5%、5.5%。西部地区的天然气产量也很高，2004 年达到了 270.29 亿立方米，占全国的 65%；主要分布在四川省、陕西省和新疆维吾尔自治区，产量分别为 117.33 亿立方米、74.56 亿立方米、57.13 亿立方米，位居西部地区第一、二、三位，分别占西部地区的 43%、27.6%、

---

① 来源于中华人民共和国国家发展和改革委员会网站：
http://www.Chinawest.gov.cn/web/NewsInfo.asp? NewsId = 27957。

21%。陕西省的石油主要分布于陕北延安境内，已发现 12 个油区，地质储量 7 亿吨左右，探明储量 4 亿吨以上，居全国第十位；在陕北西部探明天然气 1700 亿立方米、横山、榆林等地探明储量 33 亿立方米。

西部地区是我国"西电东送"的电源基地。从地域布局看，我国生产力分布与电力资源分布极不均衡，而电力市场的大小与当地生产力高低成正比关系，生产力水平高的地区，电力市场就大，生产力水平低的地区，电力市场就小。我国经济较发达地区主要分布在东部，并且经济发达程度沿东、中、西部逐渐减弱，而电力资源分布则依次增强，特别是拥有丰富煤炭资源的陕北、内蒙古西部、宁夏等地区以及石油、天然气资源储量居全国前列的新疆地区，水力资源蕴藏丰富的黄河上游、长江中上游、横断山区附近河流是西部地区重要的电源基地。2004 年西部地区电力消费量 4715.05 亿千瓦时，占全国的 21.7%；人均用电量为 1270 千瓦时，低于全国平均水平 1673 千瓦时，所以有大量的电力资源可向东部输送。从 20 世纪 90 年代起，我国电力工业提出了"西电东送"的发展战略。"西电东送"工程包括三个主要的送电通道，一是开发贵州乌江水电站、云南澜沧江水电站和滇、桂、黔三省交界的南盘江水电站、北盘江水电站、红水河水电站，以及云南和贵州的坑口火电厂，把电力资源送往广东，形成南部"西电东送"大通道；二是将金沙江干支流雅砻江、大渡河的水电资源开发出来送往华东地区，形成中部"西电东送"大通道；三是加快建设黄河上游水电站和山西、陕西、内蒙古西部地区的坑口火电厂，向京津唐地区送电，形成北部"西电东送"大通道。"西电东送"的三个重要电源基地，除北部通道的山西，基本都位于西部地区，这使得西部地区的电力工业获得了前所未有的发展机遇。

2004 年，西部地区 12 省区市发电量达到 5099.0 亿千瓦时，其中四川省、陕西省、云南省的发电量占到很大比重。四川省的电力工业布局主要有以下特点：电源主要集中于西北部、南部和东南部地区，其中火电电源主要分布在城市、工业区或靠近煤炭基地的地区；水电和火电电源都靠近负荷中心，供电距离适中。在四川一次能源构成中，水能资源占 80%，而目前开发利用程度低，潜力很大。水电开发的重点是水能资源集中、开发条件较好的金沙江、雅砻江、大渡河，以及基地边缘的岷江、白龙江、乌江等大、中河流上一些动能经济效益特别好的大、中型水电电源点。截至 2005 年底，陕西省全口径发电装机容量 1054 万千瓦，拥有 330 千伏变电站 24 座，变电容量 981 万千伏安，线路长度 4602 公里，资产总额 253 亿元。到 2004 年 1 月，云南省的水能资源理论蕴藏量为 10364 万千瓦，年发电量可达到 9078 亿千瓦时，目前可开发的装机容量为 7116 万千瓦，年发电量为 3944 亿度，占全国的 20.5%，其中 85% 左右集中于金沙江、澜沧江、怒江干流上，可开发的大于 25 万千瓦的大型水电站有 35 座，总装机容量达到 6707 万千瓦，占全部可开发装机容量的 88%[①]。

2. 西部地区黑色金属和有色金属采矿业和加工业

2004 年西部地区生铁产量达到 3675 万吨，占全国的 15%；其中四川的生铁产量为 919.74 万吨，占西部地区的 25%，位居西部地区第一名；云南和内蒙古分别为 659.87 万吨和 646.23 万吨，分别占西部地区的 18% 和 17.6%，位居西部地区第二、第三位。西部地区粗钢产量为 3547.6 万吨，占全国的 13%；其中四川的粗钢产量为 989.25 万吨，占西部地区的 28%，位居西部地区第一位；内蒙古和云南的粗钢产量分别为 626.26 万吨和

---

① 来源于国务院西部开发领导小组办公室网站：http://www.Chinawest.gov.cn/web/NewsInfo.asp? NewsId=27956。

343.79万吨，分别占西部地区的17.6%与10%，位居西部地区第二、第三位。西部地区钢材产量为3594.3万吨，占全国的12%；其中四川的钢材产量达到1011.97万吨，占西部地区的28%，位居西部地区第一位；内蒙古和广西的钢材产量分别为601.36万吨和376.12万吨，分别占西部地区的16.7%和10.5%，位居西部地区第二位、第三位。

四川省的钢铁工业是中国钢铁工业的重要组成部分。四川钢铁工业已形成了以攀枝花钢铁公司、长城特殊钢有限公司等为骨干，即以矿石采选、钢铁冶炼、压力加工、冶金机械、耐火材料、碳素制品和铁合金为一体，形成科技开发、勘探、设计、施工、检验测试和供销、进出口代理相配套的完整的钢铁工业体系。四川省的大型高炉冶炼钒钛磁铁矿、钒钛资源综合利用等工艺技术已达到了国际先进水平，重轨、汽轮机叶片用钢、汽车大梁板、合金钢棒材、优质建筑钢材和钒钛制品等产品，均在国内外市场上具有较强的市场竞争力和质量优势。

内蒙古自治区的钢铁工业也已具备采矿、选矿、烧结、炼焦、炼铁、炼钢、开坯、轧材及相应的辅助设施等完整的生产流程，并且已形成从地探、采选、冶炼、科研、施工、生产等门类齐全的钢铁工业体系。甘肃酒钢集团是西北地区最大的钢铁生产基地，西北铁合金厂、兰州碳素厂是全国重点铁合金和重点碳素生产厂家，近年来通过技术创新提高了企业的装备水平，优化了产品结构，增加了新型冶金产品，并已达到国际标准。

西部地区有色金属工业在全国有色金属工业中占有重要的地位，整个西部地区有色金属工业总产值、增加值及十种有色金属产量占全国的比重均在35%以上，其中甘肃与云南两省更是我国有色金属前6位的生产大省。西部地区现已建设起了一批大型有色金属工业企业，如贵州铝厂、西南铝加工厂、兰州铝厂、甘肃白银公司、金川公司等，其中不少企业还是国内同行业中最大的有色金属生产企业。西部地区有色金属工业的另一大优势是有色金属矿产资源丰富，集中程度高、品质好。2004 年，西部地区铜矿储量为 1032 万吨，占全国的 35%，主要集中在云南、西藏和甘肃，储量分别为 262.3 万吨、220.5 万吨和 198.0 万吨，分别占西部地区的 25%、21% 和 19%；西部地区铅矿储量为 891.1 万吨，占全国的 68%，主要集中在云南、内蒙古和甘肃，储量分别为 338.3 万吨、157.5 万吨和 118.9 万吨，分别占西部地区的 38%、17.6% 和 13.3%；西部地区锌矿储量为 3171.7 万吨，占全国的 76%，主要集中在云南、内蒙古和甘肃，储量分别为 1514.4 万吨、540.4 万吨和 469.9 万吨，分别占西部地区的 47.7%、17% 和 14.8%。

甘肃有色金属矿产具有如下特点：储量高度集中，矿石品位高，选冶性能好，共伴生有益组分多，综合利用价值高。其中镍、钴、铂族金属的保有储量居全国第 1 位，锌矿保有储量居全国第 3 位，铜、铅矿保有储量居全国第 4 位，锑矿保有储量居全国第 5 位[1]。

陕西已经建立起了一批有色金属采掘、冶炼、压延加工企业，形成了以铜、钼、铝、镁、锌等金属为主的冶炼工业及加工工业。重点企业有金堆城钼业公司、宝鸡有色金属加工厂、铜川金光铝业有限公司等。云南是全国主要的铜生产基地，铜矿开发利用程度除易门、滇中、个旧等矿山已进入中晚期开采外，总的说来仍然很低，有很大的开发潜力。甘肃有色金属工业已形成从地质勘探、采矿、选矿到冶炼、加工，从设计、实施到生产科研比较完整的工业体系。形成了以金川公司、白银公司、陇南西成铅锌矿为中心的国家有色技术基地。

---

[1] 来源于国务院西部地区开发领导小组办公室，http://www.Chinawest.gov.cn/web/NewsInfo.asp? NewsId = 27949。

3. 西部地区化学工业和医药工业

基本化学工业是西部地区工业较为薄弱的一个行业，产值比重小，产品附加值低，产品结构初级化。如南贵昆经济区大部分的磷矿资源主要用于生产普通过磷酸钙、钙镁磷肥等低效磷肥，且磷矿资源的调出主要是以磷矿石形式，阻碍了西部地区基本化学工业的发展。但西部地区化学工业尤其是无机化工资源丰富，在全国具有显著优势。到 2004 年底，西部地区磷矿储量为 197695.2 万吨，占全国的 51%；主要集中在云南、贵州和四川，磷矿储量分别为 89714.2 万吨、70648.4 万吨和 28368.8 万吨，分别占西部地区的 45%、36% 和 14%。资源丰富是西部地区化学工业发展的物质基础和推动力。2004 年西部地区农用氮、磷、钾化肥产量达到 1611.47 万吨，占全国的 36%，主要集中在四川和云南，产量分别为 410.07 万吨和 252.08 万吨，占西部地区的 25% 和 16%；西部地区硫酸产量达到 1580.73 万吨，占全国的 39.6%，主要集中在云南，产量为 449.51 万吨，占西部地区的 28.4%；西部地区纯碱和烧碱产量分别为 223.69 万吨、169.60 万吨，占全国的 17%、16%（见表 5-5）。

表 5-5　西部地区主要化工产品产量

地　区	硫酸（万吨）	纯碱（万吨）	烧碱（万吨）	农用氮、磷、钾化肥（万吨）
内蒙古	33.19	65.75	21.76	60.75
广　西	153.74	0.54	20.72	74.72
重　庆	135.51	10.03	8.02	104.22
四　川	288.82	77.10	60.20	410.07
贵　州	289.38	2.32	8.10	213.79
云　南	449.51	14.81	4.80	252.08
西　藏	0.00	0.00	0.00	0.00
陕　西	83.03	18.67	10.46	117.85

续表

地 区	硫 酸（万吨）	纯 碱（万吨）	烧 碱（万吨）	农用氮、磷、钾化肥（万吨）
甘 肃	115.17	15.49	5.80	71.54
青 海	6.48	7.66	1.07	147.62
宁 夏	14.55	0.00	11.23	75.78
新 疆	11.35	11.32	17.44	83.05
西部地区	1580.73	223.69	169.60	1611.47
全国	3994.2	1302.46	1060.26	4469.47

资料来源：2005年《中国统计年鉴》

西部地区是中国民族药业的主要集中地，依托本地丰富的生物资源，已形成藏药、蒙药、维药、傣药、苗药、彝药等十余种独具特色的民族医药。由于就地取材，可开发利用价值非常大。西部地区也是中国重要的天然药物宝库，其中西藏药用植物达到1000多种，常用的中草药有400多种，具有特殊用途的藏药有300多种，著名的药材有天麻、贝母、三七、黄连、大黄等；云南可用于药用的植物达到4758种（是全国药用植物种数最多的省份），常用草药近1300种，目前已列入收购和生产的植物药有360多种；四川有高等植物1万余种，约有4500多种是可供开发的药用植物；贵州已查明的药用植物有3700种，野生植物资源中的药用植物资源是贵州的优势资源，是中国四大产药区之一。西北地区还是全国最大的麻黄药和甘草种植与加工基地。近年来，中药材的定点种植已成为中医药领域发展的主流，这主要是由于野生中药材资源的逐渐枯竭和国际市场对天然药物的需求造成的。因此西部各省区市都纷纷加大了特色中药材种植的力度，一批珍稀中药材品种的人工培育与大规模人工种植工作也取得了进展，如珍稀藏药红花、虫草的人工培育都已取得成功。西部许多贫困地区依靠中药材种植脱贫，并且还诞生了一批以中药为主的大型企业,如西藏药业、云南白药、成都地奥、贵州神奇等全国知名的中草药企业。此外,一大批中小型中草药企业也在崛起,极大地带动了地方经济的发展,为地方的脱贫致富做出了巨大贡献。

(三) 西部地区第三产业

1. 西部地区交通运输业

通过 50 多年的建设,西部交通网络框架已经初步形成。多条综合运输通道联结了西部,技术等级和能力有待提高。随着国道主干线和高速公路的建设,西部的综合运输通道已形成以公路干线为主,以铁路、航空、航道为辅的综合运输网络。国家实施西部大开发战略后,西部地区的交通运输建设进入到加速发展期。

首先,西部公路建设进展迅速,公路网基本形成。西部公路建设与全国公路建设同步,20 世纪 80 年代年均增长 0.573 万公里,90 年代年均增长 1.446 万公里;80 年代和 90 年代新增公路里程都占全国同期公路增长里程的 40%[1]。

其次,西部地区铁路建设进展迅速,累计新建铁路铺轨 4066.5 公里,建成投产铁路新线 2819.6 公里。仅 2004 年西部铁路新线铺轨 645.4 公里,新线投产 1030.2 公里,电气化铁路投产 408.6 公里。同时还完成了兰新线百里风区改造和宝兰复线、成都至青白江复线、二连浩特口岸站与集宁扩能改造,宁西线西河段、成昆线电气化改造和昆明站、满洲里口岸站改造等工程建设项目;西部重点项目青藏铁路格尔木至拉萨段、渝怀线等,施工

---

[1] 国家发展和改革委员会、国土开发与地区经济研究所编:《中国西部开发信息百科〈综合卷〉》,中国计划出版社 2003 年版,第 240 页。

第五章 经济布局中的产业布局

进展顺利①。

西部地区内河航道主要以长江三峡和黄河上游河道为主，发展内河航运业。到2004年底，西部地区内河航道达到3万公里，占全国内河航道总里程的25%，比上年增加了720公里，其中四川省的内河航道达到1.07万公里，占西部地区的35%，位居西部地区第一位；西部地区水运客运总量达到7441万人，占全国的40%，比上年增加了580万人，其中四川省的水运客运量达到3487万人，占西部地区的46.8%。

2. 西部地区通信业

经过多年的建设，西部地区已拥有现代化的通信网络，特别是实施西部大开发战略后，西部地区的通信业得到了飞快的发展。到2004年底，西部地区长途自动交换机容量达到2631748路端，本地电话局用交换机容量达到8629.9万门，移动电话交换机容量达到8096.3万户，长途光缆线路长度达到260828公里，长途微波线路长度达到14551公里，形成了连接主要地区大容量的传输网络。西部地区的业务容量也达到了相当的水平，到2004年底，西部12省区市邮电业务总量达到1843.36亿元，移动电话用户达到6920.10万户，互联网上网人数达到1941.0万人。

四川省长途自动交换机容量达到612931路端，长途光缆线路长度达到33218公里，本地电话局用交换机容量达到1801.8万门，移动电话交换机容量达到1654.9万户，移动电话用户达到1514.6万户，互联网上网人数达到523万人。

---

① 韦苇主编：《中国西部经济发展报告（2005）》，社会科学文献出版社2005年版，第73页。

3. 西部地区旅游业

西部地区 12 省区市在充分考虑各地区的自然资源、历史、文化特色和社会经济结构特征的基础上，加快旅游业的发展步伐。在新一轮的产业结构调整中，西部地区将旅游业放到了优先和重点发展的地位。旅游业已成为西部地区经济增长的重要驱动力量。西部地区拥有丰富的旅游资源，不仅有众多的少数民族聚居区、历史文化遗产和现代产业景观，还有许多著名的自然景观。

四川省是全国旅游资源最丰富的省（区）之一，具有品种多样、类型齐全的旅游资源，主要的旅游胜地有：9 个国家级风景名胜区，44 个省级风景名胜区，150 多个市县级风景名胜区；还有 28 座海拔 5000 米以上的山峰群，有丰富的野生动物资源和种类繁多的植物群落，是科学考察和专项生态旅游的好去处；另外众多的历史文化遗产和现代产业景观，也是游人向往之地[①]。宁夏的旅游资源也十分丰富，主要景点有：西夏王陵、拜寺口双塔、海宝塔、承天寺塔、鼓楼、玉皇阁、南关清真寺、贺寺山岩画和贺兰山自然保护区、六盘山自然保护区、沙湖旅游区、沙波头自然保护区。甘肃省旅游业的特点主要在于其反映古代文明的石窟、古建筑、古迹和古寺院与独特的自然地理。"丝绸之路"横贯甘肃 1600 多公里，沿路有许多极其珍贵的文化遗存：有"东方艺术明珠"之称的敦煌莫高窟、嘉峪关城楼、张掖大佛寺、武威文庙、嘉峪关魏晋壁画墓、天水伏羲庙和夏河拉卜楞寺等；沿路民族风情各异，地方特色多姿多彩，现已成为全国三条黄金

---

① 来源于国务院西部地区开发领导小组办公室：
　　http://www.Chinawest.gov.cn/web/NewsInfo.asp? NewsId = 27953。

旅游线路之一①。

5.1.2 西部产业布局的战略选择

在探索西部经济发展、缩小东西部差距问题时，应从国家宏观经济政策以及西部地区经济特点出发，制定切实可行的西部产业布局战略。

（一）培育增长极，延伸轴线，形成产业网络

产业布局是一个客观的历史过程，我们必须遵循它的发展规律；产业布局是一个主观的能动创造过程，我们应积极主动加以改造。在区域经济发展中，经历极点——轴线——网络这一动态过程，分别采取不同发展模式，以便协调经济的增长和均衡。第一，极点开发。在资金、技术、劳动等生产力要素有限的情况下，要促进区域经济发展，关键是选择几个发展潜力大、区位条件好的城镇，进行重点开发，使之成为区域的增长点。这些作为增长点的城镇通过聚集、扩散效应，带动周围地区经济的增长。培育增长点应该依据以下原则：首先选择主导企业和支柱企业；其次要营造良好的经济环境；再次要建立健全区域经济增长传递机制。这些增长点主要是以省会为中心的中心城市。第二，轴线开发。轴线开发是以物质技术基础和经济实力较强的增长点为中心，沿轴线向四围延伸，逐步积累，渐进开发，最终形成贯通城乡的产业链、产业带。由于西部地区大城市少，地域广阔，小城市、县城（镇）是城市经济向农村辐射、转移的必经之路，因此西部地区轴线开发的战略应是：以水陆交通干线为依托，实现产业布局与交通运输的最佳空间结合；继续加快发展工业和城镇；合理地开发和利用资源优势。第三，网络开发。在极点开发和轴

---

① 来源于国务院西部地区开发领导小组办公室：
http://www.Chinawest.gov.cn/web/NewsInfo.asp? NewsId=27949。

线开发后，西部地区经济已有较好基础，城市化程度亦有很大提高，人口素质较高，基础设施较完善，能够通过运输网络和通讯网络实现增长点的扩散效应。通过这些轴线连接成纵横交错的产业带、城镇带，依托现有的运输网络，兴建必要的运输网新线，形成新的产业带，促进地区经济发展。按照国务院的部署，西部大开发实施后，首先要加大对基础设施建设的投入，全面推进综合运输网络、输变电网络、通信网络、广播电视网络和水利建设。以上这些都为西部地区经济的长远发展创造了良好条件。

（二）建立区域主导产业，同时加强地区间分工与协作

区域主导产业的前向关联度、后向关联度较高，能够较好地带动本区域其他相关产业的发展，在区域经济发展中发挥关键作用。要根据各区域的实际特点及地区优势，谨慎选择和发展具有地方特点的主导产业。主导产业的选择要注意以下几点：首先要充分发挥地区的经济优势，成为地区经济增长点；第二，要具有综合效益高、规模集中等特征，能够成为全国同类产业的主要生产供应基地；最后要符合国家相关的产业政策。西部地区拥有丰富的能源、矿藏资源，发展潜力巨大，西部各地区应以当地资源为依托培育主导产业，围绕主导产业建立前向和后向关联产业和相关服务性产业，形成主导产业群。此外，林业、牧业和旅游业等都可以为西部大开发作出积极贡献。

西部各地区主导产业既有区别又有协作。西部地区的分工和各自区位的差异客观上要求各地区优势互补、互相往来、分工协作。因此，国家应加快西部地区的开发，把西部地区培育成原材料基地，并相应在资金、技术、人才、政策上给予支持；把对外开放推向西部地区，使地区经济的内、外向循环有机结合起来，同时利用市场机制促进各要素在地区间流动，实现公平竞争，互利互惠，把市场机制与政府政策导向结合起来，从而使西部地区经济走上协调发展、共同繁荣的道路。

5.2 资源型产业开发的对策

能源资源，是国家经济社会发展的重要战略资源，特别是在全球经济一体化的前提下，资源的优劣和多寡已成为评价一个国家综合实力的重要因素。因此，我们不仅要看到西部地区的资源优势及其对西部经济的作用，还应正确认识到西部资源所存在的严重的问题，并针对这些问题采取切实可行的措施，坚持既要兼顾西部地区的眼前利益，还要兼顾西部地区乃至全国的长远利益的原则，认真贯彻可持续发展战略，加大对西部资源的勘探与合理开采，认真做到以下几点：

（一）合理开发西部能源资源，杜绝资源浪费

由于我国能源十分有限，西部地区应该严格按照国家发展规划进行资源开发，杜绝无序开采，恶性竞争，实现西部地区能源资源开发利用速度、效益的统一。还要把节约资源提升到基本国策的高度，对目前的资源管理体制进行改革，并通过行政手段和经济手段、法律约束和市场调节相结合来减少能源资源浪费。首先，按照市场经济的一般规律，对矿产资源开发进行公开招、投标，改变矿产权无偿获得的局面。第二，不仅要大幅度提高矿产资源税率，还应将资源补偿费由现在的按企业产量征收改为按企业资源消耗量征收，即按资源消耗量来计算补偿费，以此来杜绝能源资源浪费。第三，对能源实现"保护性"开采，通过借鉴国外能源产业经验，实行准入制，还要对能源开采企业的规模、回采率、环保等指标进行严格要求，使开采企业必须具备较高的办矿技术水平，将达不到规范标准的小企业淘汰出去，从而大大减少由小企业造成的浪费现象。同时，在开发过程中还要注意各能源部门的协调发展，力争使资源开发、经济效益、生态效益并

重，实现规模经营，提高经济效益，避免重复建设和开发进度不协调。

（二）加大政策扶持力度，促进西部资源产业发展

西部大开发，为西部地区发展注入了活力，但是国家对西部地区资源开发的力度还较薄弱。这不仅影响了西部地区能源资源工业自身的发展，也影响了西部地区经济社会的发展，进而也影响了全国经济发展的步伐。所以，国家应继续加大对西部能源资源工业的扶持，特别要加大基础设施投入，如铁路建设、公路建设、油管网建设及电网建设等。同时还应该鼓励能源企业上市，提供市场信息服务和人才支持等。对西部地区能源资源工业的优惠政策应包括：政策性资金的投入、鼓励出口、加大能源项目的资本金投入比例、落实"贷改拨"政策、延长贷期、大型水电站投资分摊等。

（三）合理开发资源，保护生态环境

西部地区的能源开发要注意保护环境。要加强对与能源资源开发有关的环境问题研究，制定相应的矿产资源开发中的环境保护法规，将资源开发量和开发速度严格控制在环境允许的范围内。对于煤矿开采业要提高准入门槛，完善许可证制度，在技术、安全和资源回收率及环保方面提高要求。还应该严格执法，以限制不具资质的生产者进入，鼓励民间投资联合起来走集约化道路。在消费方面要注意优化西部地区的能源消费结构，提高能源效率，减少污染物排放，提高排污费收费标准。但是也要考虑到当地的实际情况。要加大环保执法力度，把谁污染谁治理的政策落到实处，由开发企业承担环境污染的外部成本，同时也要建立合理的生态补偿机制，将地质灾害防治和生态环境治理所发生的各项费用列入项目预算。

（四）延伸能源工业产业链，开发可再生资源，促进西部经济加速发展

在西部能源开发中，应该提高资源在当地加工利用比例，延伸产业链，建设一批能源深加工工业项目，促进东部工业西移，缩短西部新兴工业化进程，增加经济效益，扩大就业，真正实现地方由资源优势向经济优势转变，使开发区群众走上富裕道路。如在煤炭和水资源富集区，广泛建立大型坑口热电联产项目，加大资源就地转化的力度，缓解运力紧张的局面；在石油、天然气主产区合理布局深加工化学工业项目，支持地方建设大型化工基地的积极性，延长化工产业链条；实施以煤气化为基础的多联产技术，加速煤炭资源综合开发利用，在主产区大力发展新兴煤化工产业，开发煤炭气化、液化技术。在这方面，西部地区有许多很好的例子，如内蒙古自治区提出了以煤液化、天然气化工为主建设国家重化工基地，还有陕西、宁夏也提出煤炭向电力转化、煤电向载能工业品转化和煤油气盐向化工产品转化等战略。同时西部能源开发要充分重视可再生能源的开发和利用，如生物质气化既能提高能源效率，又节省时间，目前已在东部地区应用。但是实际上仍存在经济和技术问题，需要政府扶持，需要相关的优惠政策加强攻关，提高技术，降低成本，在西部地区推广。在边远地区，政府应该大力扶持风能和太阳能建设，同时还要争取国际援助，特别是利用 CDM。但对于可再生能源的发展应该以技术引进，以消化、吸收、掌握先进技术为主，这主要是为了技术储备。保障农村和边远地区的能源供应可以结合扶贫计划来实施，但是能源供应以满足基本需求为宜，防止浪费。

（五）多方筹措资金，加大西部资源勘探开发力度

资金是制约西部地区能源开发的重要"瓶颈"，因此，要大力吸引民间（主要是东部地区）和国外投资，以满足能源资源工业发展的需要。在目前西部地区投资能力还不够的情况下，国家应制定相关的优惠政策，鼓励投资。目前开发西部的投资环境和机遇不如改革开放初期，所以应比东部拥有更优惠的政策，同时

政府要在确定总体规划的前提下，放宽审批权限，简化审批程序，提高服务质量。同时在"西气东输"和"西电东送"的项目中也可考虑引入西部地区的政府或民间投资，并给予合理的回报。在制定吸引投资的政策时要中外投资者一视同仁，同时要让投资者承担一定的风险以提高经营水平，不能制定类似固定回报率和价格优惠的政策，这样不利于提高效率。所以优惠政策应主要体现在税收政策上。在资源勘探中，中央政府应安排专项基金加大西部地区的地质勘探工作力度，加快发展基础性地质工作，以市场机制为导向，改革目前的勘探体制。

5.3 西部地区产业结构调整

5.3.1 西部地区产业结构现状

建国50多年来，西部地区的产业结构经历了三次重大的调整，这些调整对西部地区产业结构产生了决定性的影响。

首先，在"一五"、"二五"时期，国家投资向西部倾斜。在"交通先行、基础配套、集中布局、渐次推进"原则的指导下，根据西部地区的资源状况，国家对西部投入了大量的资金，拉开了西部工业化建设的序幕，初步建成了西部地区相对完整的工业体系和基础设施网络。

第二，在"三线建设"时期，国家对西部地区进行重点投资，有力地推动了西部地区的工业发展。经过这一时期的重点建设，西部地区形成了一些新的工业中心：西南工业基地、机械工业基地、攀枝花钢铁基地、黔西大型煤矿和电力基地以及成都、西安新兴技术和高精尖产品生产基地。这使得西部地区的工业能力在全国占有重要的地位，同时，还为西部地区聚集了一大批人才。

第三，改革开放以来的产业结构调整时期。在这一时期，西部地区对产业结构作了重要调整，尤其是西部大开发战略实施后，西部地区产业优化升级的步伐日益加快，并形成了西部特色产业体系。

近几十年来，西部地区产业结构调整已取得巨大的成绩，但是仍存在很多问题，主要表现在以下几方面：

(一) 西部地区产业结构不合理

首先，西部地区第一产业在三次产业中所占比重依然较大。近几年来，西部地区第一产业比重一直比全国高5个百分点左右，下降速度也较慢。到2004年未受农产品价格上涨因素影响，第一产业比重有所上升，呈现明显的农业经济特征。而西部地区的农民人均纯收入又低于全国平均水平，这是由于第一产业人均劳动生产率低下以及农业结构水平低造成的。在西部农产品中，粮食作物多，经济作物少，如2004年，西部地区农作物中粮食作物种植面积为32179.7千公顷，经济作物种植面积为15823.5千公顷，分别占西部农作物总种植面积的65.8%、32.3%；西部地区农村居民人均收入2192元，比全国平均人均收入低744元。

从第二产业比重来看，西部地区比全国低10个百分点左右，且提高的速度非常缓慢。2004年，西部地区第二产业生产总值所占比重为44%，比全国平均水平低9个百分点，比东部地区低12个百分点；2003年比全国低9个百分点，比东部低12个百分点。从第三产业比重来看，2000年以来，西部地区第三产业比重均比全国高5个百分点左右，但是第三产业内部结构却呈现结构低级化的情况。以青海为例，2002年第三产业结构中，交通运输仓储及邮电通信业、批发零售贸易及餐饮业共占37.2%，而全国是13.8%，比全国高23个百分点；国家机关、党政机关和社会团体所占比重也高于全国；而教育、文化艺术及广播电影电视业、社会服务业、金融保险业所占比重却低于全国平均水平①。所以,西部第三产业比重高于全国,其实是一种在第一产业不发达、工业水平低、现代化水平低的情况下的一种社会生产与消费之间的结构畸形。

其次,西部地区第一产业、第二产业从业人数较多,这表现出工业化初级阶段的特点,落后于全国的平均水平。1999年,西部地区的三次产业就业结构比例为63.4:13.1:23.6,东部地区为43.3:27.2:29.5,全国为50.1:23.0:26.9;到2003年,西部地区的三次产业就业结构比例为58.1:13.9:28.0,东部地区为38.1:29.8:32.1,全国为49.1:21.6:29.3②。1999年,西部地区第一产业的就业比重比东部地区高出20.1个百分点,比全国高出13.3个百分点,而第二产业就业比重比东部地区低14.1个百分点,比全国低9.9个百分点,第三产业就业比重差距相对较小;明显看出,西部就业结构与全国相差甚远,与东部的就业结构相差更大。到2003年,西部、东部乃至全国第一产业就业比重均有所降低,第二、三产业就业比重均有所升高,但变动不明显;西部第二产业就业比重比东部低14.9个百分点,差距进一步扩大;西部第一、三产业就业比重与东部、全国的平均水平差距相对较小。

总的来说,西部地区产业结构不合理,劳动生产率远远低于全国以及东部地区,第一产业比重偏高,直接导致该地区人民收入水平的低下。

(二)西部地区产业结构趋同现象严重

随着西部大开发战略的实施,西部地区工业企业数目大增。

---

① 韦苇主编:《中国西部经济发展报告(2005)》,社会科学文献出版社2005年版,第204页。

② 同上书,第205页。

但在地方利益驱动下，各地区重复建设、盲目建设项目有增无减，导致西部地区工业结构相类似，特别是西北地区各省区市工业内部结构基本相同，并且大多是以原材料开采、加工工业为主，产品重叠度较高。近年来西部地区产业结构虽有所改善，但地方特色经济、比较优势和协作效益不明显，没有形成生产要素在区域间合理流动和配置的体制与机制。

5.3.2 西部地区产业结构调整的政策建议

党的十六大提出"坚持以信息化带动工业化，以工业化促进信息化，走出一条科技含量高、经济效益好、资源消耗低、环境污染少、人力资源优势得到充分发挥的新型工业化路子"的科学论断，对西部地区产业发展和产业结构优化具有重要的指导意义。走新型工业化道路，对于处于西部大开发进程中的西部地区来说，推进产业结构优化升级，加快区域经济发展，有着非常重要的意义。新型工业化道路是针对所有产业发展的一项基本要求。新型工业化道路，要求西部地区发展有机产业、绿色产业，实现人与自然的和谐发展；新型工业化道路，要求西部地区坚持技术进步的原则，积极发展高新技术产业；新型工业化道路，要求西部地区坚持以人为本，发挥人力资源优势，大力开发人力资本。所以，西部地区的产业结构调整应做到以下几点：

（一）注重生态保护，经济可持续发展

西部地区拥有优美的环境、充足的矿藏、大片的森林和丰富的资源，但是该地区过去的发展是以破坏生态环境和过度开发自然资源为基础的。西部大开发应该记取这些经验教训，以可持续发展的策略来调整西部地区产业结构。

西部地区位于我国长江、黄河的上游，对全国的生态环境有着重要的影响。但是近年来，由于对资源的不合理开采，使得我国西部地区的生态环境日趋恶劣。西部地区环境的恶化，使得西部人民的生活质量直线下降，自然灾害增多，农民收入减少，也使得一些希望在西部投资的企业望而却步，阻碍了西部地区的发展。

为此，必须下决心改变目前西部地区某些不当的开发方式，禁止掠夺式、破坏环境式地开采资源。要符合可持续发展的要求，把一些资源作为战略储备保护起来。还要有效地治理和限制高污染、高消耗行业的发展，努力减少各种污染物的排放量，不能只顾眼前的经济效益而牺牲生态环境。大力开展节水节能活动，提高资源的综合利用率。积极发展生态保护产业，为西部地区环保事业的发展提供必要的物质技术基础，也为西部地区产业升级提供一个新的发展方向和增长点。

（二）坚持技术进步原则，将改造传统产业与培育新的经济增长点相结合，促进产业结构升级

近几十年来，世界范围内的产业结构的变动出现了两个明显的趋势：产业结构升级和产业结构调整加速。由于新兴知识产业的快速发展和用新知识和高技术改造传统产业促进了产业结构的升级。为了推动新型知识产业的发展，世界各国都加大了对科研开发的投入，并且着重发展知识、技术密集型产业。同时为了提高传统产业的生产效率，都致力于将成熟的高新技术应用于传统产业，从而提升传统产业结构的技术层次。但是，由于我国依靠高投入、低产出的粗放式经济增长模式已走入死胡同，我国的产业结构调整必须走以提高技术水平、提高生产要素的使用效率为基础的集约型经济增长的道路。技术进步既是推动产业发展和优化升级的根本动力，又是将地区资源优势转化为产业竞争优势、促进地区经济飞快发展的决定性因素。在市场竞争中没有落后的产业，只有落后的技术，关键在于是否能够培育出以技术进步为支撑、有市场竞争力的优势产业。西部大开发战略实施以来，我国西部地区已在资源禀赋优势的基础上，基本建立起了资源性比

重较高的优势产业，如天然气开采、水电建设、金属和非金属矿产的开采和冶炼、机电、生物资源的开发、特色旅游资源的利用等等。今后，西部要加快运用先进技术加快这些产业建设的步伐，以增加企业技术含量为宗旨，进行产品结构和技术结构的调整。同时，还要充分利用国内外和西部地区本身的技术力量优势，发展相适应的高新技术产业，加快优势产业的升级。

（三）加快新兴产业的发展

西部地区应加快金融保险、电子信息业、高新技术产业、旅游、教育、新闻出版、广播电视电影等新兴产业的发展。新兴产业有一个巨大的、上升的市场空间和巨大的利润空间，能开辟许多新的就业门路、提供大量的就业机会。其中高新技术产业是当今世界经济贸易的核心、主导产业，这个产业的基本特征是高科技研发投入与高附加值产品的产出，并且市场开拓意识活跃，出口竞争能力较强，劳动生产率较稳定，经济增长率较高，具有带动整个国民经济发展的强辐射作用。促进科技成果产业化，积极发展高新技术产业，是西部大开发的战略重点。所以在调整西部产业结构中，一定要面向未来加快新兴产业的发展，特别是高新技术产业。

（四）开发人力资源是重要的一环

西部地区经济落后的根本原因是人力资源的落后。人力资源是经济发展的第一资源，西部经济的发展应该以人为本。面对激烈的国际国内人才竞争，西部面临着相当严峻的挑战。而近年来，"孔雀东南飞"是西部人才流失的真实写照。陕西省2002年毕业的4600多名研究生、博士生，有八成流向了外地、特别是东南部地区[①]。西部地区教育落后，人才资源较少，加上人才单

---

① 武康平主编：《西部经济增长的方式与途径》，经济科学出版社2004年版，第31页。

项外流，更使得西部的经济建设雪上加霜。另外西部地区人才资源的素质结构不合理，也已成为制约西部经济增长的重要因素。同时，西部地区企业的人力资源管理总的看来还处于比较低级的阶段，存在很多问题，如企业缺乏吸引力、专业人才浪费、人力资源外流、人才选拔与激励机制落后、人才培养困难等。所以，开发人力资源，是十分必要的。

(五) 产业结构调整必须以市场为导向，发挥市场机制和政府宏观调控的职能

西部开发是在"相对过剩经济"的市场环境下进行的，产业结构调整必须通过满足市场需求、引导市场需求和创造市场需求来进行。目前我国经济已经进入相对过剩时期，生产能力相对过剩的矛盾十分突出，而且这种状况也不断地向能源以及其他资源产品延伸，对以资源型产业为主体的西部地区经济造成一定冲击。产业结构与产品结构问题成为制约西部地区经济发展的一个重要因素，调整产业结构成为促进西部经济发展的关键。发展西部地区的主导产业，首先必须有充足的市场空间，包括国内市场空间和国际市场空间。因此，以市场为导向，发挥市场机制的作用无疑成为西部地区产业结构调整的基本原则。西部地区在进行产业结构调整时，也要符合国家相关的产业政策，要根据自身的自然、经济和社会条件，进行合理的产业布局规划，发展地方优势产业，防止盲目、重复建设。地方政府对产业结构的调整应依据国民经济发展战略的要求以及产业结构演变的一般规律，制定产业政策并推动产业结构的调整。

(六) 加快基础设施建设是促进西部产业结构调整的必要条件

相应的基础设施建设是区域经济发展的基础和前提，而目前西部地区基础设施建设却十分落后。西部地区基础设施中最薄弱的环节是交通通信。所以，今后西部地区应加强交通通信基础设

施的建设，首先要配合"西气东输"、"西电东送"等大型工程，加快建设和改造重要的东西大通道；其次要尽快建立和完善西部各经济中心的交通通信主干网络，从而提高西部各地区间的通信深度和各地区产品、服务和生产要素的合理流动，促进区域间分工协作与协调发展。另外，西部地区水利设施落后，使得水资源利用率低下。随着西部大开发的进展，西部地区的用水数量和质量会有更高的要求，所以要求西部地区更高效地利用水资源。同时，只有加强水利建设，才能有效地治理和恢复西部地区生态环境。

（七）用好国家的优惠政策，促进产业结构调整

国家已出台一系列鼓励西部大开发的优惠政策，其中《国务院关于实施西部大开发若干政策措施》较全面地提出了一些优惠政策，如增加资金投入、改善投资环境、扩大对外开放、吸引人才等政策，具有较高的含金量，为西部产业结构调整创造了有利的政策环境，西部地区应根据自己的特色，用好这些政策。要改善原有的比较单一的或已不适应市场需求的经济结构，增强本区在区域分工中的协作能力，带动地区经济发展。要用好国家针对地方特色产业的优惠政策，加快地方特色经济发展的步伐。还要积极引导资源流向现有优势产业，以加速形成西部优势产业群。

5.4 发展西部特色经济

我们要加快西部地区特色经济发展，促进资源优势向产业优势和经济优势转化，增强西部地区自我发展能力，推进西部地区产业结构调整，转变经济增长方式，从而达到优化资源配置、发展西部地区经济的目标。

5.4.1 西部地区发展特色经济的基础

西部地区幅员辽阔，拥有丰富的能源资源、矿产资源，是我国主要的能源和原材料产地；西部气候带多，还拥有丰富的生物资源；另外西部地区的旅游资源得天独厚，有广阔的开发前景。基础设施建设也是西部特色经济发展的前提和基础，西部大开发实施以来，西部地区基础设施建设速度明显加快，国家累计在西部新开工建设 60 多项重点工程，投资总规模约为 8500 亿元[①]，其中大部分用于基础设施建设项目，这些项目为西部特色产业的发展创造了必要的硬件条件。同时，自西部大开发战略提出以来，国家还出台了一系列相关的优惠政策，如 2000 年发布的《国务院关于实施西部大开发若干政策措施的通知》和《关于西部大开发若干政策措施实施意见的通知》，2002 年发布的《关于加快西部地区特色农业发展的意见》，2004 年发布的《关于进一步推进西部大开发的若干意见》等。西部地区各级政府在这些政策指导下，确定了自己的优势产业，制定了符合当地实际的发展政策。

5.4.2 西部地区发展特色经济的指导思想和指导原则

发展西部地区特色经济，要坚持以邓小平理论和"三个代表"重要思想为指导，全面贯彻落实科学发展观，深刻认识发展是党执政兴国的第一要务，立足西部地区的比较优势，促进西部地区产业结构调整，完善市场经济体制，优化资源配置，着力自主创新，提升企业竞争能力，突出优势产业，保护生态环境，走具有西部地区特色的发展道路。同时要坚持以下原则：坚持市场

[①] 武康平主编：《西部经济增长的方式与途径》，经济科学出版社 2004 年版，第 235 页。

导向，发挥比较优势，促进合理布局，转变经济增长方式。发展西部地区特色经济，首先要坚持以市场为导向，以资本为纽带，以企业为主体，进一步完善市场机制，充分发挥市场配置资源的作用，发展一批有实力的大型企业和集团，有效提高市场竞争力。同时还应该发挥地区比较优势，因地制宜，扬长避短，根据实际条件，考虑约束因素，合理确定产业发展方向。第三，促进合理布局。着力支持重点区域、重点城市和重点产业的发展，依托基础条件较好的中心城市和资源富集区，促进产业集中布局、土地集约利用、资源合理开发和环境综合治理，推进产业集群化发展，培育增长极。第四要转变增长方式。坚持科学发展观，依靠科技创新，大力发展循环经济，不断提高产业发展的质量和效益。

5.4.3 西部地区发展特色经济的成就与问题

（一）基于独特的资源优势，西部地区在发展特色经济中已取得一定的成绩

1. 特色农牧业及加工业

西部地区发展特色经济的过程中，充分发挥了地区独特的农牧业资源优势，加快发展现代农业，培育和壮大特色农牧业，推进农牧业产品深加工，提高农牧产品的增值能力。同时还提高西部地区重点商品粮基地的综合生产能力，建设了一系列农产品生产基地，如油菜、啤酒大麦、小杂粮、马铃薯、球茎花卉等产品生产基地。继续建设新疆优质棉花生产基地，提升新疆、陕西地区的棉纺织加工水平，并且以内蒙古、新疆、甘肃、青海、宁夏、西藏的羊绒、驼绒、牦牛绒加工为依托，建设一些特色毛纺织加工基地。进一步增强云南、贵州、四川等地烟草、酒类、茶叶生产加工基地的品牌竞争力。建设陕西、四川、重庆、新疆等地果蔬加工基地和广西、云南糖业生产基地。提高藏、滇民族药

材栽培、养殖和加工水平,发展特色药品。

2. 旅游产业

旅游业一直以来都是西部地区许多省区市的一大经济来源。西部地区拥有丰富的自然风光、民俗风情、历史文化等资源,近几年来,通过重点开发长征之旅红色旅游区、川渝黔"金三角"生态旅游区、香格里拉高原风光旅游区、湘鄂西民族风情与生态旅游区、大湄公河次区域民族风情旅游区、西北大漠草原旅游区和青藏高原生态旅游区,同时加快开发生态旅游、探险旅游、科普旅游、农业旅游等专题旅游,西部地区已形成协调配套、特色鲜明的旅游产品体系。另外,西部地区重视发展红色旅游,大力开发文化旅游,通过影视作品、媒体宣传、文艺汇演等方式,充分挖掘和展示西部地区特有的文化底蕴和多民族文化,并且还开发系列特色文化旅游产品,促进特色旅游业的发展。

3. 重大装备制造业

通过对现有产业基础的利用,依托重点工程,努力突破核心技术,提高西部地区重大装备制造业的水平。在西部发展特色经济的过程中,重点发展核电装备制造、摩托车、内燃机、重型燃机、大型冶金化工成套设备、重型机械和大型工程施工成套设备、环保成套装备、水利及风力发电成套设备等,形成重庆、成都、包头、柳州、宝鸡、西安、兰州、贵阳等重大装备制造业基地和国家级研发生产基地。

4. 高技术产业

为了重点培育一批在全国具有技术优势的高技术产业基地,西部地区应该加强自主创新能力建设,推进科技成果产业化。首先要通过增强重庆、成都、绵阳、陕西等省市的集成电路、软件、网络通信、新型电子元器件等高技术产业的核心竞争力,扩大产业规模;其次要通过大力促进云南生物资源、四川与陕西医药产业、重庆生物医学工程等生物产业的发展,形成具有地方特色的新的经济增长点。同时还要推动陕西阎良国家航空基地，四川成都民用航空产业的发展，大力促进支线飞机、大型干线飞机、民用飞机零部件生产、民用飞机维修等相关产业的快速发展，还应该鼓励广西、新疆、云南、陕西、贵州等地结合资源优势，大力发展铝、钛、超导、复合、稀土等高性能材料。

（二）西部地区发展特色经济过程中存在的问题

尽管西部地区发展特色经济已取得一定的成就，但是在发展过程中仍然存在一些问题。

1. 市场化程度仍然较低，产品供需失衡

与东部地区相比，西部地区的市场化改革明显落后，市场化水平相对较低，限制了西部地区特色经济的发展。西部地区特色产业的发展需要依靠市场力量来调节，但由于西部地区市场化程度较低，以致特色产品的供需失衡，价格无序，从而导致相应的特色产业发展受限，打击了西部地区发展特色经济的信心。

2. 生态环境脆弱，限制特色经济规模

西部特色经济主要是建立在西部地区独特的资源基础上的，所以，保持良好的生态环境是至关重要的。近年来，虽然在各级政府的高度重视下，西部地区的各项生态建设已得到加强，但生态环境的破坏依然很严重。因此，在这种脆弱的生态环境条件下，西部的特色经济规模受到严重的限制。

3. 基础设施相对薄弱

西部大开发实施以后，虽然国家对西部地区的基础设施建设进行了大规模的投资，而且这些工作也取得了一定的成就，但是，西部地区基础设施建设相对比我国平均水平乃至东部地区仍然较落后。由于地区作为特色产品的输出地，对交通、通信等设施的依赖程度比较大，所以落后的基础设施很大程度上限制了西部地区特色经济的发展。

5.4.4 促进西部地区特色优势产业发展的建议

（一）政府应为西部特色经济的发展制定相应的政策倾斜

首先重大项目布局实行同等条件西部地区优先。为了合理调整全国产业分工格局，由国家审批或核准的重点产业项目，同等条件下应该优先安排在西部地区。按照统一规划和相关产业政策，为了支持西部地区特色经济发展，要使有市场、有效益的资源就地加工转化。相关的国有大企业也应当积极参与西部地区特色优势产业发展。其次，应该坚持政府投入倾斜。应该继续从中央预算内资金和长期建设国债资金中安排一定额度，支持西部地区特色优势产业发展；在重大装备制造、高技术产业、农副产品加工等方面也要投资补助和贴息，对西部地区给予倾斜；在西部地区老工业基地改造、资源枯竭矿山治理上，要适当照顾，加大资金投入；在西部地区棉花等基地建设上继续给予投资补助；对于那些经过国家认可的农业产业化龙头企业的固定资产投资贷款要给予贴息；对旅游基础设施建设要给予资金扶持。同时还要加强对西部矿产资源集中区的调查评价、勘查与开发利用，西部地区各级政府也要加大资金投入支持特色优势产业发展。第三，应该加大金融服务力度。我国的金融机构应该做好支持西部地区特色优势产业发展的金融服务工作，不仅政策性银行要进一步加强对西部地区特色优势产业发展的信贷支持，商业银行也应着力优化信贷结构，继续提高金融服务水平，加大对西部地区符合信贷条件的相关特色农产品加工企业和特色优势产业项目的信贷投入。鼓励保险机构在西部地区开展政策性农业保险业务试点，从而为西部地区农业生产和农民收入提供一定的保险保障。培育竞争性农村金融市场。鼓励和支持西部地区企业扩大融资渠道，支持西部地区符合条件的企业发行企业债券或直接上市。还要在西部地区组织产业投资基金试点，支持西部地区加快处置国有企业不良资产,支持西部地区以股权投资方式吸引外资,鼓励民间投资参股、兼并和重组国有企业。第四,要支持西部地区合理的用地需要。对西部地区重点支持的特色优势产业在土地供给方面,国家应该依法提供保证,鼓励利用山地、荒地进行项目建设。

(二) 改善发展环境

要加强西部地区交通、水利、通信等基础设施建设,尤其对特色优势产业集聚地,要加强供电、给排水供气、道路以及污水、垃圾处理等基础设施建设。加强西部地区市场体系建设,依托重庆、成都、西安、兰州、乌鲁木齐等交通枢纽和中心城市,进行物流资源整合,加快发展现代物流业。同时还要规范和整顿西部地区市场经济秩序,为各种所有制经济主体创造公平竞争的市场环境。研究制定促进西部地区特色优势产业发展的人才政策,继续转变政府职能,不断加强和改善对企业的服务,努力建设服务型政府。

(三) 注重科研,提高深加工能力,发展高附加值的特色产业

要坚持依靠科技进步,加强西部地区科学技术的应用和推广,提高科技成果的转化率,提高特色产品的附加值,实现经济增长方式的转变。西部要发展,必须提高资源的深加工系数,增强特色产业的竞争力。因此,应建立健全科技管理、培训、推广服务体系,加快新产品的开发、培育和推广,形成具有地方特色的产品。要利用西安、成都等地的科教资源推动西部地区经济的发展,使目前科研院所的发展与地方经济的发展紧密地结合起来,充分利用人才优势促进最新科技成果转化为现实生产力。在发展优势产业方面,要引进先进的技术和管理手段,改造传统产业,提高科技成果的比重,创建出更多的科技先导示范企业,形成新的经济优势。

(四) 推进东中西部地区的良性互动

为了发展西部特色经济，要积极探索建立全国各区域良性互动的有效机制和互惠互利的协作形式，加强西部地区与东中部地区之间的经济交流与经济合作，加快各区域间的资源整合，引导东中部地区企业积极参与西部地区资源产业的开发和发展。还要促进东中部地区一些资源密集型、劳动密集型和技术密集型产业向西部地区转移，实现区域优势互补、互惠互利、共同发展。

（五）扩大对外开放

加大西部地区对外开放力度，支持区内边境口岸和跨境基础设施建设，把口岸城镇建成重要的进口材料加工区和出口产品加工区；不断提高利用外资的质量和水平，促进特色优势产品出口；不断加强与周边国家和地区在能源、科技、基础设施和人力资源等领域的合作。

西部地区特色经济的发展，事关全国实现全面、协调、可持续发展的大局。因此，各地区、各部门要高度重视，加强领导，抓好落实，共同推动西部地区特色经济的发展，开创西部大开发的新局面。

5.5 产业布局中的资金问题

根据2004年3月21日国务院颁布的《国务院关于进一步推进西部大开发的若干意见》："建立长期稳定的西部开发资金渠道，是持续推进西部大开发的重要保障"，可以看出资金支持对于西部地区的发展具有重要意义。但到目前为止，资金问题仍然是制约西部地区发展的瓶颈。西部地区在我国属欠发达地区，新中国建立后，虽然国家在资金方面给予了很大支持，使西部地区具有了相当雄厚的经济基础，但还未能从根本上摆脱其落后的状态，与东部地区和中部地区相比，仍然存在着相当大的差距。所以，资金问题至今仍困扰着西部，是制约西部发展并且是非常难以解决的问题。

5.5.1 西部地区产业布局中的资金现状及存在的问题

(一) 针对西部地区的相关政策及存在的不足

实施西部大开发后，我国国家财政投资明显向西部地区倾斜。2002年国家财政在西部地区投入基建预算内基金867.24亿元，占到全国总额的34.23%，并且也占到西部基建投资总额的21.25%。国家在西部地区的资金投入不但在金额上有大幅提高，在比例上也有明显增长，1995年西部地区国家预算内资金仅为116.06亿元，仅占当年西部地区基本设施投资总额的9.2%，而这一比例到2002年就已上升到了21.25%[①]。

国家政策在西部地区的针对性较差。从国家财政对西部地区的投资状况可以看出，投资范围是比较宽泛的，涉及到国防事业、教育、卫生医疗等公共产品以及基础产业等方面，并且取得了一定的成就，但是这种大范围的投资形式，使得并不充裕的国家财政资金在实际使用中更显得捉襟见肘。根据国家对西部地区具体的投资方向来看，投资的重点项目为交通运输、邮政业、电力生产、通讯业等公共基础设施的建设，而针对农业、采掘农业、传统工业这些传统优势产业的投资则相对较少。以至于没有对彻底改善西部地区经济基础起到决定性作用。

(二) 西部地区的资金渠道

目前西部地区的资金主要来源于地区自身资金积累、国家财政投入、资本市场融资、金融机构贷款和引进外资等几个渠道。

1. 西部地区自身资金积累

---

① 殷孟波、占松著：《西部地区资金渠道现状研究》，《西南金融》，2005年第4期。

西部地区的自身资金积累主要来源于地方财政收入与居民收入的增长，但是由于西部从总体上说是我国经济欠发达地区，因此西部地区存在财政收入少、居民收入大幅度低于东部的情况。西部地区财政长期入不敷出，2004 年西部地区财政收入为 1982.9 亿元，仅相当于全国财政收入 11693.4 亿元的 17%，而财政支出却达到了 5133.1 亿元，远远超过当年的财政收入；同时，西部地区居民收入普遍低下，人均可支配收入均低于全国平均水平，一些地区居民收入尚处于维持生计状态以下，储蓄能力相当微弱。

2. 中央政府向西部地区的资金投入

实施西部大开发政策以来，由于国债资金、财政预算内建设资金均向西部地区倾斜、地方配套增加等因素，使得西部地区的投资快速增长。在投资增长因素中，政府投入尤其中央政府投入是主要带动力量，据相关部门估算，1 元政府投资平均能带动 4 元的社会投资，所以今后一段时期，中央政府投资仍是西部开发的主要带动力量。虽然中央财政加大了对西部转移支付的力度，相对于西部大开发巨大的资金需求是远远不够的，但是，中央政府的财力毕竟有限，向西部地区的资金投入远远不能满足西部发展的需求。

3. 资本市场融资及金融机构贷款

由于缺乏有效的市场中介机构和具有良好收益水平的资本市场主体，西部地区企业的竞争能力远低于东中部企业；并且至今尚无较大的区域性中心资本市场，证券公司和营业部也较少，证券化和票据融资受阻，使得股票和债券发行较东中部地区困难，融资额度也低于东中部地区，从而使西部地区资本市场融资能力低于东中部地区。银行贷款也是当前西部资金的主要来源之一，但是由于在全国统一的货币信贷政策及现代市场经济下，商业银行均以追求自身利益最大化为目标，资金运用以安全性、流动性和收益性为原则，而西部地区的预期收益率较低，并且投资风险相对较高，使得东部银行资金流入少，西部银行资金流出多。

4.东中部地区及外资向西部的资金投入

西部地区经济不发达，投资环境不理想，投资回报率低，从经济利益角度考虑，向西部投资对东中部地区缺乏吸引力，投资者自发投资在西部的直接投资中所占比例不会很高，因而东中部地区在西部的投资大部分是对西部地区的援建、帮扶项目。这部分资金从数量上来说是非常低的，与西部开发所需资金相比是微不足道的。同时，虽然西部地区在利用外资方面取得了一定成绩，但是由于西部地区基础设施薄弱，交通、通讯信息产业不发达，投资环境不够理想，所以实际利用外资数量大大低于东中部地区。西部地区的对外融资也进展缓慢，直接利用外资比例低、质量不高。目前西部地区利用外资形式主要集中在中外合资或外商独资的合作企业上，国际上目前盛行的 BOT 和 TOT 引资形式在西部地区发展非常缓慢。

（三）西部地区的投资环境现状及存在的问题

近年来，西部地区各省区市高度重视投资环境的改善，明显加快了基础设施的建设。西部地区的交通运输网络得到了明显的增强，通信基础设施得到快速发展，能源基地建设也初具规模，水利建设收到显著成效，农村基础设施建设显著加强，农民生活水平有了很大的提高。同时，加大对地区经济秩序的治理整顿力度，并且取得了一定的效果。重庆市从 2001 年开始清理行政审批项目，到目前为止共减少 602 项，行政审批减少率达到了 57％；内蒙古清理出需废止的地方性法规共 6 件，决议 3 件，需修改的 15 件，不再适用的达 35 件，需废止或修改的地方政府规章 9 件，需废止或修改的政府文件 12 件；广西壮族自治区废止和修改了 12 个条例；云南省规范行政收费行为，取消涉及教育、民政、土地、税务、工商、公安等 9 个方面的 41 项乱收费项目；

陕西省全面进行"市场整治"并取得初步成效，查处制假、贩假、不正当竞争等各类经济违法案件3.7万件，受理各类举报1.3万件，消费者申诉1.6万件①。以上这些都使西部地区的投资环境有了进一步改善。

但是，总的来看，西部地区的投资环境还不尽如人意。与中部地区、东部地区相比，差距还很大。首先基础设施及服务设施达不到广大投资者的要求。主要的问题是铁路运输网络不完善，运力和运量在高峰期仍有较大问题。大中城市交通拥挤现象仍十分严重，地上地下交通设施还不够发达，高等级公路比重还较低，县乡级公路通达程度仍比较差；航空运输不够发达，机场基础设施建设还不完善；通讯网络覆盖面积小，信号传输速度慢，信息传递质量低。此外，还缺少为外商服务的高级住宅及相应的休闲娱乐设施、医疗保障设施等；由于管理水平低，环境卫生、水质较差，使得投资者长期居住感到十分不舒适、不方便。市容市貌脏乱差、空气质量差，并且偶尔还会遇到沙尘暴，甚至有些地区水、电、气、暖等供应还不稳定，都给外商留下了深刻的坏印象。其次西部地区在法制、政策、市场环境等方面存在明显不足。根据许多投资者的反映，在西部地区进行项目考察、商务洽谈、项目实施、企业组建和生产经营过程中，会遇到较大阻力。这主要是由于西部地区法制还不够健全，缺乏国家统一制定的商法、外资法、反垄断法及相关的地方性法律法规，使得一些经济活动无法可依。再加上严重的地方保护主义，当发生纠纷时，外地投资商很难胜诉。国家已经出台的金融、税收、土地等优惠政策，也很难落实到位，又由于地方权限十分有限，政策执行过程中人为干扰较大，缺少公平性，使得仅有的优惠政策得不到很好

---

① 韦苇主编：《中国西部经济发展报告（2005）》，社会科学文献出版社2005年版，第329页。

的运用。第三，西部地区部分部门存在行政管理部门服务意识较差，办事效率低，尤其是一些审批部门工作不负责任，互相推诿，办事拖拉，使得一些投资者望而生畏；西部地区的现代市场体系还不完善，社会信用体系也不发达，都阻碍了资金的投入。另外生态环境与中东部地区也存在明显差距。

（四）资金利用率较低

西部不仅资金供给严重不足，与资金需求刚性增长的矛盾愈演愈烈，而且由于种种原因，资金营运低效，资金配置效率低下。在经济发展过程中，西部地区很大程度上沿袭着计划经济时期高投入、低产出的粗放型经济增长模式，由于受地区利益刚性驱动和地方政府干预，以及企业短期行为影响，西部地区争项目、铺摊子、盲目扩张现象严重，资金投入结构不合理，目标不明确，机制不完善，从而导致资源浪费严重、资金利用效率不高，而经济效益的差异又会导致西部的资金进一步流到东部地区，使得整体货币运用效率大为降低，从而使得西部地区始终处于高投入、低产出、低收入、低积累的恶性循环中，其资金内生能力差，自身积累严重不足，产业基础薄弱，输入资金也难以吸纳。如果以资金投入产出率衡量资金利用效率的话，2001年西部资金利用效率比东部低50多个百分点。

5.5.2 如何解决西部地区产业布局中的资金问题

西部地区的产业布局及经济发展，关键在于资金的投入，所以，为了保持西部地区投资的稳定增长，应建立长期稳定的资金渠道。

（一）国家政府的财政支持

由于目前我国政府已向西部地区投入了大量的资金，但如果采取进一步补贴资金的办法来应对，则很难从根本上发展西部地区经济，因此国家主要应依靠财政政策诱导民间资本参与西部开发。为了保持西部地区投资的稳定增长，要注意以下几点：首先，国家财政性资金要继续加大对西部地区的支持力度。国家财政预算内建设资金应加大对西部地区的铁路、交通等基础设施建设的投入力度。第二，国家财政应建立起规范、有力的转移支付制度，政府的投资应成为一种诱发性投资，通过资金供给和制度供给，以融资渠道为杠杆，最终启动民间资本，建立有效的市场化融资体系，从而解决西部大开发中的资金问题。同时还要调整现行体制上解数和财政分成办法，减少税收返还，将体制补助和结算补助纳入一般性转移支付体系。改变目前中央财政一般性转移支付主要用于解决地方财政运转困难，促进地区公共服务均等化，切实履行好公共财政职能，使西部地区教育、卫生、文化等公共服务水平至少达到全国平均水平的90%。在以上项目的基础上，建立西部开发专项资金。西部开发专项资金应由发行西部开发彩票、社会各界捐助等渠道构成，主要用于西部地区公益性社会事业，起到"拾遗补缺、添油加醋、杠杆引导"的作用。

（二）积极拓展西部地区的资金渠道

拓展西部资金渠道，首先必须进行合理的路径选择，逐步疏通资金渠道，为培养市场经济体制打好基础，以启动民间资本为最终目的，从而建立起现代市场化融资体制，形成长期稳定的西部开发资金渠道。

首先必须加快金融体制改革，改进间接融资渠道。用市场机制规范发展金融机构，逐渐完善西部多元化的金融机构体系；同时还要大力发展金融信息技术，从而降低金融交易的信息成本和交易成本，提高金融交易的效率；还必须探索根治债务拖欠、信用不良的有效办法，加强金融人才的培养，为西部开发提供一个良好的投融资环境。拥有健全和完善的金融机构能将西部地区的储蓄资金动员起来并引导这部分资金进入生产性投资，从而促进西部地区经济的发展。因此，在完善的金融机构体系中，首先要按中央统一的金融机构改革部署，还应根据本地区经济特点和地域状况，建立完善的金融体系。培育西部地区资本市场也是非常重要的。改善直接融资渠道，首先要发展西部债券市场。对大中型投资项目，可以直接发行项目债券筹集资金；而对于一些达不到上市发债标准的小型项目，可以先发放银行贷款，然后再进行债券化。利用债券融资不仅可以加强对投资项目及企业的风险监管，还能更好配置资金资源，解决长期以来的重复建设问题，同时还有利于银行调整自身的资产负债结构，防范金融风险。

要规范西部地区的股票市场，设立西部产业投资基金。通过对股票市场的规范，扩大西部地区的企业上市筹资规模，通过股本融资手段充实项目资本金，为西部基础设施建设及一些优势产业的发展提供资金支持，有利于信贷资金和其他资金的进入，从而形成良性循环。投资基金具有集合投资、专家理财、分散经营、收益稳定等特点，在西部开发中能够发挥重要的作用。西部开发资金渠道在经过政府行为引导，各种融资渠道拓展后，进一步开放民间投资渠道，允许开办民间商业银行和各类信贷机构，用以广泛吸引社会公众、民间资本和国内外商家共同开发西部。由于民营银行可以从制度上打破国有银行对资金渠道的垄断，因此民营银行是构建市场化融资体系的重要环节，可以有效地解决西部中小企业融资难的问题，从而成为支持西部地区经济持续增长的重要力量。

第二，西部地区拓展资金渠道，还必须要营造自由竞争的市场。市场经济的活力体现在自由竞争。政府在西部开发过程中，可以随着市场经济的发展、市场化融资体制的逐步完善，逐步将国有资金退出竞争性领域，而致力于完善西部地区市场体系的制度建设。西部大开发为吸引国内外各种投资，更应该创造自由竞争的市场环境。

(三) 改善投资环境

西部地区在注重中心城市建设和基础设施建设的同时，也要加强西部地区的法制、政策、政务、人文环境等方面的建设，真正做到全方位、多层次、宽领域的对外开放。首先在经济发展上要强化竞争意识，市场经济的本质在于形成经济主体之间相互竞争的态势，在招商引资上必须提倡协同意识，在政府职能转变上要树立服务意识。同时要转变政府职能，优化服务环境，进一步准确定位和转变政府职能；根本性地改革现行审批制度，减少审批项目，简化审批程序，建立与市场经济发展相适应的审批制度；采取多种有效办法，加强提高政府职能部门工作人员特别是领导干部的综合素质。还要构筑合理的政策，形成公平、公正、公开的政策环境。实行统一、规范、透明的政策，加强现有政策法规的立法、修改、废止工作，创造宽松的政策法制环境。还要注意不能陷入单纯依靠政府优惠政策的发展误区。近几年，中央的优惠政策对企业的吸引力在下降，这是由于许多企业已经意识到，规范生于优惠，制度终于政策。在现代市场经济中，企业确立产品竞争优势主要靠技术含量、资本实力和市场份额，国内外的大投资商已不再过多地考虑政策的优惠程度来寻求商机和投资领域，而是从战略方面来做投资决策的。

完善金融体制、市场体系，整顿市场秩序，对于改善西部地区的投资环境也是至关重要的。首先要加强金融与财政的配合，为西部注入后备资金提供良好条件，还要充分利用资本市场和现代金融工具，扩大企业融资渠道，创造有利条件，壮大企业实力。整顿和规范市场经济秩序，打击假冒伪劣产品等违法行为，规范市场交易行为，形成优胜劣汰的市场竞争机制，营造良好的公平竞争的市场环境。发展西部货币与资本市场，为企业资本运营活动以及信息资源的充分利用创造条件，运用市场手段吸引国内外资本流向西部地区。

(四) 提高资金利用率

西部地区提高资金利用效率、解决资金问题的关键是：逐步实现计划经济时期的粗放型经济增长模式向市场经济时期的集约型经济增长模式的转变。

西部地区经济发展是一个规模宏大的社会经济系统工程，要统筹规划，防止重复建设、资源浪费、环境破坏，要坚持规划和目标分期推进的方式，集中有限的财力物力投向最有发展潜力的地区，然后再逐步向其他落后地区推进。由于我国的经济发展实力有限，近期内不可能一下拿出大量的资金投入西部开发，因此西部开发要力求把有限的资源、要素集中起来，用于某些主导部门和有创新能力的行业，使这些部门和行业所在的区域成为发展热点。同时还要根据西部自身的客观实际情况及国家经济发展的整体需要，因地制宜地制定每一阶段的具体目标，适时转移和推进建设进程，确保西部地区合理产业布局的成效。

提高西部地区资金利用率，还应进行行政体制改革，增加中央对地方政府的监督和制约作用，同时还要精简政府机构，提高政府办事效率，为资金在西部的高效实用，创造政治平台。另外，建立现代化企业，实现企业机制创新，调整西部地区的经济结构，打破国有经济垄断行业的局面，促进民营经济的发展，促进西部地区资金利用率的提高。

参考文献

1. 韦苇主编：《中国西部经济发展报告（2005）》，社会科学文献出版社，2005年10月。

2. 韦苇主编：《中国西部经济发展报告（2006）》，社会科学文献出版社，2006年8月。

3. 杨清震主编：《西部大开发与民族地区经济发展》，民族出版社，2004年1月。

4.《西部地区产业结构调整及升级研究》课题组著:《西部地区产业结构调整及升级研究》,《中国统计》,2006年第6期。

5.张贵著:《试论西部开发的产业布局战略选择》,《天津师范大学学报》,2001年第4期。

6.殷孟波、魏巍著:《论西部资金问题的现状及对策》,《经济观察》,2004年第6期。

7.国家发展和改革委员会、国土开发与地区经济研究所编:《中国西部开发信息百科〈综合卷〉》,中国计划出版社,2003年7月。

8.武康平主编:《西部经济增长的方式与途径》,经济科学出版社,2004年8月。

9.殷孟波、占松著:《西部地区资金渠道现状研究》,《西南金融》,2005年第4期。

10.2004、2005中国统计年鉴及地方统计年鉴。

第六章 西部经济布局中流域经济带的建设

6.1 流域经济概论

6.1.1 流域经济的形成

（一）流域经济的产生

河流是人类文明的发祥地，人类文明多发源于大江大河之畔，世界四大古代文明皆产生于著名的河流，古埃及文明产生于尼罗河畔，印度河流域产生了印度文明，底格里斯河和幼发拉底河流域萌发了两河流域文明——巴比伦文明，而长江和黄河流域孕育了华夏文明。流域也是经济发展的重要区域，世界各国尤其是发达国家都很重视对流域的综合开发和规划，并且做了大量的研究，取得了很多成就。可见，人类生存与发展，经济繁荣与兴旺，与江河流域息息相关。从人类历史的发展进程来看，许多国家的经济发展历程，就是一部流域开发史，流域是区域经济的主要生长点，河流两岸是各行政区域经济最发达的地区，例如，美国的密西西比河流域，欧洲的多瑙河流域，埃及尼罗河流域，等等。因此，无论是发达国家，还是发展中国家或地区，河流都是流域经济的纽带，主要的产业都集中在流域区，流域经济在区域经济乃至整个国民经济发展中占有重要地位。[①]

[①] 刘建、巴春生：《珠江流域经济合作问题的思考》，《城市经济》，人民出版社，2003。

现代流域经济的萌芽和产生可以追溯到20世纪30年代。在世界上，美国最早创建了流域经济的开发范式。1941年美国成立了田纳西河流域管理局，制定了完整的田纳西河流域开发计划。其主要目的是为了拯救经济萧条、灾害深重而陷于困境的流域经济，重建以保护环境为目标的生态友好型发展模式。由此，美国开展了一系列以流域为区域界线，采取一系列工程技术措施，改造自然，利用自然，发展生产，促进落后地区振兴与发展的流域开发实践。美国的流域开发给资本主义国家流域经济发展创造了一个比较成功的先例，它的经验为许多国家所吸收，从此，流域经济问题的研究受到各国政府和学术界的高度重视[①]。许多国家通过模仿、学习和研究美国的开发模式，创立了自己的流域开发道路。印度的达莫达尔河和日本的北上川河流域开发借鉴田纳西的经验相继取得成功。1992年，我国做出了"以浦东开放为龙头，进一步开放长江沿岸城市，尽快把上海建成国际经济、金融、贸易中心之一，带动长江三角洲和整个长江流域地区经济的新飞跃"的流域经济发展战略。由此，国内学术界兴起了对长江流域经济发展研究的热潮。我国主要流域的经济也随即迅速繁荣起来，黄河流域的环渤海经济带，长江下游的三角洲地带，珠江流域的珠江三角洲三个流域经济已经逐步发展成为支撑和带动我国经济发展的主要增长源。

然而，随着我国经济的发展，地区经济发展不平衡，特别是流域经济发展不平衡的情况日益突出起来，三大流域的上中下游的经济表现出明显的不平衡发展。并且各区域合作有限，协调不足，不能充分地发挥地区比较优势，体现整体的竞争力。三大流域上游的西部地区，虽然拥有丰富的自然资源，但由于经济基础薄弱，未能将资源优势转化为经济优势，经济发展依然相当的落

---

① 胡碧玉：《流域经济论》，四川大学，中国期刊网，2006。

后。如乌江、嘉陵江等流域拥有丰富的水能资源的地区，由于经济基础薄弱、技术落后、资金短缺等原因未能将水能资源充分合理地开发利用，为本地区带来经济效益，经济仍处于相对落后的状态。流域的下游地区因为要素供给不足，经济发展的趋势在逐渐的放慢，如何实现流域经济上中下合理分工，层次发展，对流域资源进行综合合理开发，探索出适当的流域开发模式，促进我国江河流域开发和可持续发展是西部大开发和西部经济崛起的重要课题，对我国的经济社会发展具有十分重大的意义。

(二) 流域经济形成的基本理论分析

流域经济是一种特殊类型的区域经济。它以江河为纽带和轴线，通过区域内资源、资本、人力、技术等要素的优化与整合，形成分工协作、优势互补、各地区经济优势充分发挥的具有开放性的经济区域。它以流域作为经济活动的界线，配置社会经济资源，充分发挥河流在经济布局中的桥梁和纽带作用，对区域经济发展具有重要的现实意义。

区域经济学认为，"点—轴系统"理论是流域经济形成的理论基础。发展轴线即重点经济带，它是沿江沿河建设的，具有较强经济实力，较为密切的经济社会联系，是基本一致的经济合作趋向的综合地域的社会经济体系。"点—轴系统"是关于社会经济空间结构（组织）的理论，是生产力布局、国土开发与区域合作发展的模式。

"点—轴系统"客观反映社会经济发展的空间结构，可以较好地处理集中与分散、公平与效率、从不平衡发展到平衡发展之间的关系。在区域开发阶段，社会经济客体自发一个或几个扩散源，沿着其线状扩散通道渐次扩散，形成社会经济流，在距中心扩散源不同距离的位置形成强度不同的新聚集点。在"空间摩擦"规律的作用下，新聚集点的规模也随距离增加而变化。相邻地区扩散源扩散的结果使扩散通道相互连接，成为发展轴线。随着社会经济的变化，发展轴线将进一步延伸，新的规模相对较小的，集聚点和发展轴又不断形成。从而实现社会经济实体在空间中渐进式扩散，这种渐进式扩散可以实现区域的不平衡到平衡的发展。

社会经济客体在区域或空间的范畴总是处于互相作用之中，存在空间聚集和空间扩散两种倾向。在一个国家和地区的发展过程中，大部分社会经济要素在"点"上聚集，并由线状基础设施联系在一起而形成"轴"。这里的"点"指各级居民点和中心城市，"轴"指由交通、通讯干线和能源、水源通道连接起来的"基础设施束"。"轴"对附近区域有很强的经济吸引力和凝聚力。轴线上集中的社会经济活动通过产品、信息、技术、人员、金融等方式对附近区域有扩散作用。扩散的物质要素和非物质要素作用于附近区域，与当地生产力要素相结合，形成新的生产力，推动社会经济的发展。一般地，在"基础设施束"上往往会形成产业聚集带。

由于不同国家和地区地理基础及社会经济发展特点的差异，"点—轴"空间结构的形成过程具有不同的内在动力、形式及不同的等级和规模；在不同社会经济发展阶段（水平）情况下，社会经济形成的空间结构也具有不同的特征。这种特征体现为集聚与分散程度及社会经济客体间的相互作用等方面。"发展轴"具有不同的结构与类型，"点—轴"空间结构系统还通过空间可达性和位置级差地租等对区域发展产生影响。

"点—轴系统"理论与另一个重要空间开发理论即"增长极"理论既存在共同点，又有明显的区别。它们之间的共同点是：模式形成的过程都是由于空间聚集和空间扩散；而且首先是空间聚集，然后是空间扩散。另外，它们还有共同的社会经济客体的空间形态。它们之间的区别是："增长极"是阐明各级中心城市在区域经济增长中的作用的理论模式，"点—轴系统"模式是区域经济发展的总体模式;"增长极"理论侧重于空间结构形成的经济过程和经济联系,是高度工业化下的理论模式,而"点—轴系统"理论更多的是强调空间过程,是各个发展阶段都适用的理论模式。

从以上分析可以看出,"点—轴系统"理论的核心是关于区域的"最佳结构与最佳发展"的理论模式概括。也就是说,"点—轴系统"是区域发展的最佳空间结构;要使区域获得最佳发展,必然要求以"点—轴系统"模式对社会经济客体进行空间组织。该理论还回答了区域发展中的发展过程和地理格局之间的关系,即发展过程一定会形成某种空间格局,而一定的空间格局又反过来影响区域的发展过程。二者之间的融合和协调,体现着区域的最佳发展。

"点—轴"空间结构基本形成之后,区域进入全面有组织的状态。它的形成可以是社会经济要素长期自组织的结果,也可以是科学的区域发展政策和规划的结果。从宏观角度考察,达到全面有组织的状态后,区域空间结构重新恢复到"均衡"阶段。在这个阶段,社会组织、经济组织虽然有高效率,但作为发展标志的人口增长和经济却不是高速度。

按照"点—轴"空间结构系统实施基础设施和经济活动布局,可以使区域形成科学合理的可达性,使货物、人员、信息的流动最为合理。因而,可使区域获得最佳发展。按"点—轴"系统配置生产力和改善生产力的空间结构以及进行全部经济社会的空间组织,可以产生以下几个方面的实践效果:

第一,"点—轴"开发可以满足社会经济发展必须在空间上集聚成点、发挥集聚效果的客观要求。在各种地域范围内,确定合理的工业结构并使工业与区域性基础设施之间有机结合,会产生巨大的空间聚集效果。只有以"点—轴"的空间形式发展才能充分利用这种效果。

第二,"点—轴"开发可以充分发挥各级中心城市的作用。城市是区域的核心和统帅,城市在区域经济发展中产生,依靠腹地提供的原料、能源、食品和劳动力而发展;城市以工业品、信息、技术、政策等供给和统帅它的区域。要把广大区域发展起来,必须把各级中心城市作为不同等级的开发重点。

第三,"点—轴"开发可以实现生产布局与线状基础设施之间最佳的空间结合,即可使各级范围内重点的交通干线、能源、水源供给线与重点建设的城市和工矿区紧密结合,避免出现空间上的相互脱离。

第四,"点—轴"开发有利于城市之间、区域之间、城乡之间便捷的联系,促进地区间和城市间的专业化分工与协作,形成有机的地区经济网络。

6.1.2 流域经济的概念和特征

(一) 流域经济的概念

目前,国内外有许多关于流域经济概念的论述,但多数都注重于对流域水资源的合理利用和综合开发,以及保护流域生态环境等方面,对于流域整体的协调发展和流域的产业布局方面的内容涉及较少。例如:"流域经济是一种生产布局以自然河流水系为基础,以水资源综合开放利用为核心的大区域经济。"[①] "流域经济是自然区域范围内的经济,流域经济是宏观经济系统的一个子系统。"[②] "流域经济称之为以自然河流为基础,以流域人、财、物资源配置为核心的亚区域和跨区域经济。"[③] 本文所指流域经济带主要以经济带为突破口,强调整个流域以及流域之间的

[①] 吕拉昌:《区域开发导论》,云南大学出版社,1992。
[②] 余东勤、茹继田:《流域经济基本特征的探讨》,《陕西水利发电》,1995。
[③] 胡碧玉:《流域经济论》,四川大学,中国期刊网,2006。

优势互补，分工协作，充分发挥流域各地区之间的资源、要素、产业等经济因素的比较优势。

区域经济学关于经济带的概念，是指沿着一定的开发轴线（通常是一条交通干线或者一个流域），围绕一定的经济增长极（包括新增的和原有的），使资源、要素、产业等围绕轴线层次分布，从而形成分工协作、主次有序、优势互补的经济发展区域。它是区域经济的一种类型，对于经济布局和区域协作发展有重要的作用。流域经济是以流域为轴线，围绕沿岸大中型城市为增长极、中小城市为中间衔接，各地区之间相互协作，产业结构层次发展，优势互补形成的区域经济统一体。流域经济既有区域经济的特征，同时又具备流域经济的特殊性。我国的长江、黄河、珠江贯穿东中西部，流经全国大部分地区，且流域地区产业结构呈层次性展开，并且主要的城市都围绕着河流两岸依次铺开，流域经济这种经济发展模式对于西部开发和东中西部协调发展具有很重要的实践意义。

（二）流域经济的特征

流域经济是以流域为轴线，流域各地区之间充分发挥比较优势，分工协作，产业层次布局的经济体。从这种意义上讲，它是区域经济的一种形式，然而又不同于区域经济，同时具有自然和经济双重的属性。流域经济的特征如下：

（1）流域经济是以河流为纽带的区域经济系统。流域经济是一种特殊的区域经济，它以流域为经济区域的划分界限，以河流为纽带将上中下游的经济紧密联系起来。在进行流域综合治理和合理开发的过程中，我们既要考虑到整个区域经济之间的优势互补，分工协作；同时又要考虑流域经济与人口、资源、环境的协调发展。既要考虑现在流域经济的快速崛起，又要保持流域经济的可持续发展，要使流域经济快速、持续、健康的发展。

（2）流域经济产业布局呈梯级层次分布。流域的上中下游经济发展是不平衡的，主要有两个方面的原因，一是国家经济政策的倾向，二是流域自身特点的结果。从我国流域经济发展过程可以清楚看出，流域下游的经济发达地区（包括上海、广东、江苏、浙江、北京、天津、山东等省市）的优势产业主要有：电子工业、汽车制造业、石油化工工业、精密仪器及通讯设备制造工业、轻纺工业等。这些产业明显体现了东部发达地区的资源及技术、劳动力与资本优势，并且具有较高的附加值与较长的产业链，各行业的技术现代化水平较高。流域中游经济欠发达地区（包括东北三省、湖北、湖南、河北、河南、江西等省）的相对优势产业主要有机械制造工业、建材工业、冶金工业以及煤化、盐化、磷化为主的化学工业和钢铁工业等，虽具有一定的基础优势，也具备一定的发展潜力，但成长性不高，面临发展空间有限、设备老化、附加值不高等发展困难。而流域上游经济不发达地区（包括蒙、新、宁、甘、桂、云、贵以及西藏等省区）的相对优势产业主要集中在与资源相关联的产业，主要有电力工业、煤炭工业、石油化工工业、有色金属工业、石油、天然气开采与加工工业及森林和畜产品加工工业，这些产业均为资源型产业，耗能高、产量大、附加值低，没有形成产业链，多为原材料与初级产品产业。

(3) 流域生态环境联动性是经济协作的重要方面。经济的发展必然以消耗自然资源为前提，而且也会对生态环境造成或多或少的损害。在流域经济发展过程中，流域各区域之间通过河流紧密联系，流域上中下游每个地区经济发展和环境保护的失调都会影响到其他的地区，以长江流域为例，长江流域上游地区是我国山清水秀、风景优美的西部地区，但是由于生产力落后，经济基础差，人们生活水平低下，人口数量的不断增长，对环境的威胁越来越大，人们在生存和发展的压力下，在市场经济激烈的竞争条件下，不断地向环境要收入，这样势必对自然的伤害越来大，上游环境的破坏严重，导致河流水质变化和径流量的减少，对下游人们的生产生活造成很大的负面影响。所以说，流域的生态环境联动性对流域经济的发展有着举足轻重的影响。

（4）流域产业由下游到上游渗透，实现产业的高度化。随着流域经济的发展，下游地区对生产要素和经济资源的吸收使得该地区的要素价格不断地上升，企业的成本越来越大，一方面迫使企业不断提高生产率，进行技术和制度的革新，实现产业的升级，淘汰粗放增长的企业；另一方面，由于流域上游是要素和资源丰富且分布密集的地区，一些企业通过直接或间接投资的方式进入流域上游的西部地区，促使产业不断由流域的下游地区向上游地区转移，实现上游地区工业化和现代化，但在这一过程中，也会导致上游地区生态环境的损害，从而影响整体流域的环境和经济发展。

（5）跨流域经济交流与合作将逐渐加强。随着市场经济进一步发展，全国由南到北将形成由珠江经济带、长江经济带、环渤海经济带三大流域经济带。现在已经初步具备经济带的雏形，但是目前流域经济的协调发展主要还是着眼于流域这个整体，仅仅突破流域内部区域的界限，形成的也仅仅是流域经济的一体化，由于三大流域贯穿我国的东中西部地区和三个地理阶梯，而且是我国经济发展的支柱地区和主要的增长源，所以随着经济的发展，突破流域的界限而实现流域之间的更大范围的经济协调、分工协作和优势互补将是未来经济发展的必然趋势。这也充分体现了流域经济在全国经济发展过程中的重要意义。

6.1.3 流域经济的作用及实践意义

（一）流域经济开发推动了流域内要素的互补与流动，形成合作优势。长江、黄河、珠江三大流域横贯中国的东西部地区，它们的上游都在经济落后的西部地区，而中、下游则是分属于经济较发达的中部、东部地区。生产要素禀赋的区域差距十分明显，上游地区幅员辽阔、自然资源丰富，国土面积占到全国的57%多，与14个国家直接接壤，陆上国界线占全国近80%，中国大多数天然矿物资源都集中在这些地区，而且具备开发的条件。但这些地区的不利条件是经济基础薄弱，市场化程度低，缺乏人才、资金、技术等资源要素。而下游地区经济发展水平高，市场经济发育早，拥有丰富的资金、技术、人才优势，其不足是自然资源相对匮乏，劳动力、土地等生产要素的价格成本高，目前正处于产业结构调整幅度较大的时期，具有将一部分产业向其他地区转移的要求。为此，流域的上下游经济具有很强的互补性，合作优势十分明显。实行流域经济一体化发展，可以推动上下游地区的资源、资金、技术、产业的横向联合，有利于优势互补、互惠互利，合理调配资源，优化流域产业结构，使流域内经济协调发展，共同繁荣。

（二）流域经济的发展较好地发挥中心城市的辐射带动作用。从中国第一大水系长江来看，自古以来就是中国外联世界、内居中原的交通大动脉，是我国横贯东、中、西三大地带最重要的产业轴线。下游上海港就是长江流域同世界各国经济往来和文化交流的桥头堡，对外开放的港口和口岸分布范围广、跨度大，有效地促进了上、中、下游地区之间互补互促的横向经济联系。这些沿海港口城市利用自己的条件发展起来以后，就将先进的科学技术和管理经验向周边地区及经济腹地进行辐射，带动和促进整个流域经济的发展。目前上海、武汉、重庆三大港口城市的经济辐射扩散作用已特别显著，并形成了分别以它们为增长极的长江流域三大经济圈，如上海对外省市直接投资中超过70%是落实在长江流域七省一市地区。以武汉市为中心的长江中游经济圈和以重庆为中心的长江上游经济圈也已具备一定规模，成为带动中西部经济腹地发展的新增长极。长江在沟通东西部，促进经济发展由东向西纵深推进中具有重要的战略通道作用。长江流域一体化发展的成功实践已经表明,在西部大开发中,应把流域经济一体化作为东西合作的一个重要模式加以试验、推广。同时,各流域内的省、市之间的各级地方政府,应加强沟通和联系,加强一体化规划与建设,积极引导下游经济、沿江港口城市的资金、技术、人才和产业向中上游地区转移,并继续采取对口支持等各种形式,帮助中上游地区发展经济,通过流域经济专业化协作与综合发展,发挥东部地区的主力军作用,最终实现东西部经济的共同繁荣。

(三) 有利于促进全国经济长期快速增长和可持续发展。长期以来我国经济的快速增长都是以资源和要素的巨大投入和能源的大量消耗,以及对环境的损害为代价的。我国三大流域的下游地区是我国经济快速发展的东部沿海地区,而流域上游的中西部地区却分布着丰富的自然资源,并且西部地区经济发展相对滞后,随着国家西部大开发战略的推进,西部地区具有广阔的市场前景,并且将为流域下游东部的发展提供不可或缺的资源和技术支持。从流域生态环境一体化的角度出发,流域各区域之间以河流为纽带紧密地联系在一起,任何一部分环境的变化,不仅仅影响本地区的发展,而且影响到其他地区,比如,流域上游的西部地区就是我国生态环境比较脆弱的地区,长江源头、黄河源头、黄土高原等许多地区的生态环境恶化直接影响中下游地区的经济发展和人们的生活,以流域为经济划分,从流域经济整体发展出发,统筹规划,协调发展是实现流域经济和我国整体经济快速可持续发展的有效途径。

(四) 有利于推动产业结构的战略性调整和生产力合理布局。流域经济东中西部地区之间在自然资源禀赋、区位条件、生产要素条件、社会条件方面各有优势和劣势。东部经济发展速度比较快,经济基础好,在人才、技术、信息、管理等社会资源以及工业基础、资金等方面具有相对的优势，但在自然资源方面相对处于劣势，中西部特别是西部省区在自然资源方面具有相对优势，且中西部省区有些重点城市的工业基础也相当雄厚，但在无形资源方面却存在着相对劣势。正是这种差异性和互补性的客观存在，为流域经济各地区开展经济联合，实现分工协作、优势互补，形成整体优势提供了基础。目前，流域下游的东部地区经过多年的快速发展，经济总量达到了一定的规模，经济的进一步发展对能源、劳动力和原材料形成了较大的市场需求，以前支撑这些地区发展的劳动密集型加工业已经面临经济结构调整的压力向周边地区转移和扩散。相应地，流域上游的中西部地区则具备提供能源、劳动力和原材料的天然条件，也具有吸纳劳动密集型产业的基础和需求。与此同时，流域的东中西部地区已经形成了广泛的经济技术合作基础。流域经济带各地区之间在农副产品、旅游产品和能源产品等领域有紧密的经济技术交流与合作关系。因此，流域经济发展中的经济带建设有利于推动各地区在区域经济分工与合作中，寻找自己的发展空间，构筑具有比较优势的产业结构，从而形成优势互补的协作关系，促进产业结构的战略性调整和生产力的合理布局。

6.2 流域经济一体化与东西部经济合作

流域经济发展中的区域差异是比较明显的，东部发达、西部落后，下游发达、上游落后，城市发达、农村落后，非民族地区发达、民族地区落后这都是不争的事实。因此，在流域经济一体化发展中必须重视西部上游地区和东部下游地区经济合作问题。

6.2.1 流域经济与东西部经济合作的理论分析

东西部经济合作是我国现阶段经济发展的现实选择,在流域经济发展中,资源禀赋条件的差异形成了区域不同的比较优势,导致区域分工的产生与扩大,为了实现利益最大化目标,流域各区域间的要素转移与流动变得异常突出,区域之间利用自己的比较优势进行经济合作就成为必然。可见,区域分工理论与比较成本学说是我国流域经济上下游东西部经济合作的理论基础。

(一)绝对成本与比较成本理论

亚当·斯密在1776年出版的《关于国民财富的性质与原因的研究》中,提出并阐述了"绝对成本说",认为分工可以促进劳动生产率的提高。在两个国家或两种商品构成的"2×2"模型中,两国各自在一种商品的生产效率上具有优势,在另一种商品的生产效率上具有劣势,而通过商品的专业化生产与交换,两国皆可获得"绝对利益"。决定商品优劣势所在的根本原因是各国在商品生产的劳动成本上存在差异,因而认为只有能生产出成本绝对低的产品才有可能进行国际交换。显然,"绝对成本说"无法解释下述两个问题:第一,由于各国的生产力发展水平不一样,许多生产力水平低下的国家生产不出成本绝对低的产品,但他们仍然可以参加国际贸易;第二,在两种商品的生产上皆具有绝对优势或者皆处于绝对劣势的国家是否仍有必要参与国际贸易与获得利益。1817年,大卫·李嘉图在其《政治经济学及赋税原理》一书中提出了意义深远的"比较成本说",该学说在西方国际贸易理论中一直占据着重要地位。这一学说的主要观点是:即使一国在两种商品的生产上都具备绝对优势或者都处于绝对劣势,也可通过国际间的生产专业化以及商品交换而获取所谓的"比较利益",即生产和出口优势较大(劣势较小)的商品,进口优势较小(劣势较大)的商品。与"绝对成本说"相同的是,

"比较成本说"也把决定商品生产优、劣势的基本原因归于各国在劳动成本方面存在的差异。

绝对成本理论、比较成本理论奠定了自由贸易理论的基础，对以后国际贸易理论的发展具有十分重要的意义。在要素分析上，绝对成本理论与比较成本理论采用的都是单个要素，亦即劳动要素分析法。在假定生产要素在国际间不能自由转移的前提下，以活劳动消耗的多少来区别成本的差异。李嘉图在其比较成本理论中假定，各国每单位劳动的素质是同一的，各国生产同类产品的生产函数是不同的。两国间劳动量投入与产出的差异来源于各国劳动要素在生产过程中所处的条件差异，因此导致了同质劳动的不同生产效率。李嘉图当时分析的生产过程中的条件差异主要指自然资源状况方面存在的国别差异。古典经济学家坚持了劳动价值理论，以劳动成本来说明贸易的流向和利益。斯密和李嘉图在分析劳动成本差异时，都把各国自然资源的差异放在十分重要的地位。

（二）生产要素禀赋理论

生产要素禀赋理论是由瑞典经济学家赫克歇尔和俄林提出的，又称"赫克歇尔——俄林定理"。该理论认为：不同的商品需要不同的生产要素比例，而不同国家拥有的生产要素相对来讲是不同的。因此，各国应生产那些密集地利用其较充裕的生产要素的商品，以换取那些需要密集地使用其较稀缺的生产要素的进口商品。由于各个国家或区域存在生产要素禀赋上的差异，导致了生产成本的不同，从而其生产的商品出现相对价格差异，进而形成不同地区和不同国家的生产条件和生产成本结构。由于存在相对价格差异，就产生了区域性的专业化分工，自然区际与国际间的贸易就应运而生了。俄林又进一步分析了生产要素的区际间与国际间的自由转移问题。指出如果生产要素能够在国际间自由转移，各国就能有效地利用各生产要素，达到优化资源配置的目的。但是，由于生产要素存在着自然特性，国际间利害关系也颇为复杂，这样，有可能造成生产要素的相对不流动，因此，可能存在各国不能总是有效地利用处于比较优势的生产要素。而他们又认为，商品的流动（贸易）可能弥补这一缺陷。如果实现国际间的经济合作，则能更直接地把生产要素在各国间进行重新分配，使得国际间生产要素的价格和商品的价格趋于相对均等化。

事实上"赫克歇尔"与"俄林"的分析，是抽象掉了要素收入分配、消费偏好的差异，假定生产技术状况是相同的，商品的最终需求与要素派生的需求是相同的，因此，得出了要素禀赋差异是专业化分工存在从而形成比较优势的结论。很显然，影响生产条件和成本的因素不仅仅只有生产要素禀赋，技术、消费倾向、收入分配等都会起作用。但是，不论其理论有何局限，但其揭示的区域分工与要素禀赋之间的关系依然构成区域经济合作的理论基础。

不论在赫克歇尔、俄林之后的"里昂惕夫之谜"，还是琼斯等人的"区域比较利益之说"，都是围绕"生产要素流动"进行分析的，对"生产要素"分析深化了人们的认识。可以概括为以下两个方面的发展。一是在生产要素的深度方面，不仅认为生产要素存在"非同一性"（异质性），生产要素禀赋具有变动性，而且认为，生产要素配置比例的密集性特征是不断变换的，同种商品在不同的国家要素密集性特征是不同的，现实生活中生产要素密集性变换广泛而不断发展。不仅如此，技术进步通过影响各种要素的投入量和产品的产出量而促进要素密集特征发生变化。二是在生产要素的广度上进行了拓展，提出了新生产要素观点，认为人力资本、研究与开发、规模经济、经济信息与管理都可作为新的生产要素。

6.2.2 生产要素转移与流域经济发展的东西部合作

（一）生产要素转移机制

流域各区域之间受自然地理条件、经济发展水平与科技发展速度的影响，生产要素存在着较大差异，各地区之间在资本、技术、劳动力、土地及经济信息与经济管理诸要素方面的禀赋不同，成为要素转移与流动的直接原因。由区域之间经济发展水平的不平衡表现出的发展阶段的不同、发展程度的不同以及产业间、部门间、产品间的不一致与不平衡，通过对市场供给与需求的差异影响而形成的比较优势与比较利益成为流域区域之间生产要素转移的内在动力。而在当今政府亲善市场时期，政府对经济所实行的必要干预，围绕丰裕要素的流出与稀缺要素的流入而形成的干预政策，在内容、范围、规模及力度等方面的差异，深刻影响着要素的转移与流动。

从国际分工与要素流动的发展来看，在生产要素的移动与资源的组合配置上形成两种运行机制，即市场机制与非市场机制，市场机制主要通过价格杠杆来自发进行调节；非市场机制主要是通过法律、行政、计划等手段和政策的协调自觉实现调节，国家通过制定经济发展战略、发展计划，通过立法与协定，有意识地对要素流动进行调节，它不仅保证一国从要素转移中获得利益，同时，也在某种程度上影响和制约着生产要素活动的方向和资源配置的规模。一般而言，生产要素的转移主要是通过要素市场来实现的，在市场上各种要素表现为不同的要素商品，要素商品与一般商品一样，其价格依市场供给者与需求者市场行为谈判而确定。需求方在支付了要素价格后，取得了要素的使用权，正如利息是资金的价格，工资是劳动力的价格，地租是土地的价格。价格水平与市场规模的波动，直接影响着要素转移的规模与范围。等价交换、供求关系是市场机制作用的最为简单与直接的表现。

不同的市场类型决定着市场化机制作用的规模与力度，在充分竞争的要素市场、完全垄断的要素市场及竞争垄断要素的市场中，要素买卖双方的市场行为是不同的，因而要素转移的特点也就存在着差异。从全国经济一盘棋和东西部经济协调发展层次看，流域经济的合作，不论在规模上、范围上，还是在层次上、趋势上都有扩大化之势。从合作类型看，有宏观经济合作与微观经济合作，有多边合作与双边合作，有垂直型合作与水平型合作；从合作所涉及的要素看，有资金上的投资参股，技术上的转让与扶持，劳务上的输入与输出，信息上的共享与交流，土地上的出租与出让以及政策上的协调与统一等。

(二) 从流域经济角度分析东西部经济合作的基础

从流域经济合作的理论与实践看，流域各区域合作是处于流域空间内的不同地区追求自身利益中而形成的共同利益目标而进行的专业化分工协作，是以要素的流动与资源的配置为主要手段的区域经济一体化的发展过程。我国三大流域流经的地域广阔，人口众多，自然地理条件各异，经济发展水平差别明显，地区经济发展极不平衡，历史文化存在差异。因此，流域各地区之间的合作显得尤为重要且极具一体化条件。

1. 共同发展的利益基础

市场经济条件下的流域区域之间的经济合作，是建立在利益驱动下的利益最大化的基础之上的，在追求合作双方利益（既包括各自利益，也包括共同利益）前提下的合作才是有效或持久的。流域经济的东西部合作当然也应体现合作双方追求共同利益及实现自身利益的价值取向。

由于要素禀赋上的差异及由此带来的生产要素价格及收益上的差异，在比较优势与比较利益的驱使下，要素丰裕差异的不同地区，在由要素移动而形成的经济区际合作的过程中，形成了共同的利益诱导机制，在利益诱导机制的作用下，流域各区域之间经济的联系与协调就显得更为突出与重要。并且由于流域之间的增长不平衡，而形成的工业化、城市化中的阶段性特征与现状，使得流域经济的增长遵循着产业、产品结构的不断转换及升级换代的梯度递进发展路径，尽管某一区域可实施超前战略或发挥后发优势，但要素禀赋的差异性与经济增长的一般规则，依然形成桎梏，非特殊条件下，一般战略制定与制度安排都应体现要素禀赋所带来的比较成本及比较利益，遵循流域之间的专业分工，利于流域内的产业结构与经济结构的调整与升级。

流域各区域之间的产业分布应该注重相互协调，优势互补，防止流域内的产业集中程度过高而形成恶性竞争，从而使流域经济的聚集效益从正面走向负面。若流域经济的集中程度超过了一定的限度，企业不仅不能取得聚集效益，而且会因布局上的不平衡导致流域乃至流域之间经济关系的恶化，流域的优势就转化为劣势了。由此我们知道聚集和扩散都应该坚持适度的原则。

2. 共同发展的流域空间

共同发展的流域空间是实施流域各区域内经济合作的依托与载体，在一定空间范围内，合理配置与有效利用各类经济资源与生产要素，改善管理，建立协调组织等都较为便利。例如珠江流域的珠江三角洲地区、长江流域的长江三角洲地区、黄河下游环渤海湾地区，都是根据区域之间协调和资源的合理配置形成的流域区域经济，具有明显的流域地域特点。在这些共同的区域空间内，经济发展的水平决定了空间内区域经济合作的水平与规模，从而决定着一体化的程度。从另一角度看，地区经济合作的成效并不与经济发展程度存在完全的正相关关系，流域各区域之间的差异，并不直接影响流域合作的进程，所不同的只是合作的方式、内容及范围等，在一定意义上说，差距较大的区域之间经济合作更能充分发挥流域经济的聚集与扩散功能，促进整个流域经济的更有效合作。

3. 协调合作的经济差异

流域各区域之间资源和经济方面差异是流域经济分工与合作的基础。众所周知，生产要素禀赋的差异与不平衡分布必然会导致经济活动方式的不同与经济内容的各异，从而使地区间的商品贸易与要素流动具有了一种替代与互补的双重关系。一般而言，生产要素的差异性越大，区域分工越明显，形成的专业化生产越具有比较优势。流域的各区域之间经济差异与专业化分工受自然、社会、经济、文化等因素的影响，差异是比较明显的，分工是较为专业化的，各区域内不仅相对优势明显，而且绝对优势也较为突出。从目前的状况来看，经济发展较快的地区主要集中在流域下游的沿海地区，这些地区经济基础好，经济实力强，资本充裕程度高，劳动力资源丰富，但也存在着资源短缺、空间有限、产业老化等问题；发展较慢的地区主要集中在中游地区，这些地区经济发展有一定的基础，也具备进一步发展的实力，资本、技术、劳动力等生产要素虽具潜力，而发展困难，成长性不高；经济比较落后的地区主要集中在流域上游的西部（尤其是民族地区），这些地区经济基础薄弱，经济实力不强，资本、技术、劳动力等生产要素严重短缺，但具有丰富的资源和较好的发展潜力，这些既是地区差异又是比较优势，为流域经济的合作提供条件与要求，虽然这些地区内部也存在着一定的差异。

进入 21 世纪以来，中国经济保持高速发展的态势，市场经济体制已经得到很大程度的完善，流域经济发展的体制环境也发生了深刻的变化，这为流域经济的合作与发展提供了可能。其主要表现为：一是市场化体制的建立为流域经济的合作提供了广阔的发展空间。在统一市场的形成与建立过程中，市场的作用被充分认识和充分利用，资源配置的市场化范围越来越大，程度越来越高，不仅加速了中国经济的市场化进程，而且也推进了市场经济中流域经济一体化的进程。二是为适应市场经济体制的需要，政府及其管理也在不断地进行改革，一方面政府干预经济的能力在不断提高，另一方面政府在流域经济的梯度发展中形成了一套明晰的思路与完整的整体规划，中央与地方、流域与流域的关系也日渐清晰，为流域经济的合作制造了一个良好的制度环境。三是政府实施的渐进式改革开放政策与区域梯度推动发展战略，在带来整体效率提高的同时，也加大了流域各地区间的发展不平衡，不论是市场的发育程度，还是政府的干预能力，都存在着较大的差异与不平衡，这种差异与不平衡一方面一定程度上影响了各流域之间经济合作的发展，影响合作的方式、程度与规模，另一方面，正由于差异与不平衡而形成了流域间经济合作的多样性与层次化。四是经过几十年的计划经济发展与二十多年的市场化发展，流域经济的合作有了一定的基础，合作发展共同成长中也积累了一定的经验与教训，这都为流域经济的合作和进一步发展积累了经验。

6.2.3 流域经济一体化与东西部经济合作模式

经过改革开放之后经济的飞速发展，中国的市场经济体制有了很大程度的规范和完善，体现在流域经济发展的过程中，则是流域各区域的合作发展在不断的加强。不论从类型上，还是从内容上都有了一定的发展，这都为流域经济一体化奠定了一定的基础。

(一) 东西部区域经济合作的基本状况

2000年3月，在九届全国人大三次会议上，朱镕基总理在《政府工作报告》中指出，"实施西部地区大开发战略，加快中西部地区的发展，是党中央贯彻邓小平关于我国现代化建设'两个大局'战略思想，面向新世纪所做出的重大决策。这对于扩大内需、推动国民经济持续增长，对于促进各地区经济协调发展，最终实现共同富裕，对于加强民族团结、维护社会稳定和巩固边防,都具有十分重要的意义①。"为此,东部地区要继续采取"联合开发、互利合作、对口支援、干部交流"等多种形式,加大对中西部地区的支持力度。2000年10月,中央在关于制定"十五"计划的建议中指出,"合理调整生产力布局,促进地区经济协调发展"是经济结构战略性调整的主要任务之一。为此,要大力推进多种形式的地区经济技术合作,实现优势互补,支持中西部地区发展。2001年3月,国家在"十五"计划纲要中明确提出实施西部大开发,加快中西部地区发展,促进地区协调发展,是我国迈向现代化建设第三步战略目标的重要部署。2002年3月,朱镕基总理在九届全国人大五次会议上的《政府工作报告》中再次指出,"要积极推进西部开发,促进地区协调发展",并要求东部地区"采取多种方式加强同中西部地区的经济技术合作"。中央希望通过加强地区合作发挥东部地区对中西部落后地区的支援和带动作用,以逐步缩小地区差距,实现共同繁荣。

(二)主要流域经济带概况介绍②

1. 珠江经济带

珠江是我国南部东西连接的天然纽带。珠江经济带是沿珠江干流形成的连接粤、港、澳、滇、黔、桂6省区的经济区域。珠江经济带将流域内的珠江三角洲经济核心区、华南经济区、西南经济区等有机地连为一体,对于加强粤港澳出口导向型经济增长腹地的建设、对于珠江三角洲产业向内陆的转移和市场的纵深扩展、对于加快西南地区经济的国际化步伐和资源优势的转化等具有重要作用。"中国——东盟自由贸易区"建设的良好前景和切实步伐,使得身处西南边陲的云南、广西和贵州等省区一跃成为中国对外开放和连接东盟地区的前沿阵地。而泛亚铁路建设和澜

---

① 朱镕基:《政府工作报告》,《人民日报》,2000年3月6日。
② 《中国区域经济合作的新格局——四条横贯东西的经济带》,西部文教网。

沧江——湄公河次区域经济合作的推进又使得这种前景正在成为现实,这一外部条件的巨大变化为西南地区的发展创造了良好的条件。在新的形势下,进一步加强区域合作,整合区域优势,形成合理分工、优势互补和协同发展的局面,成为珠江经济带建设的重要内容。新的形势也使得加快珠江经济带建设步伐更具有紧迫性和现实意义。

2. 长江经济带

长江经济带是沿长江干流形成的横贯中国东、中、西部7省2市的经济区域。长江干流西起四川,经重庆、湖北、湖南、江西、安徽、江苏、浙江,至上海入海。沿途与8条南北向铁路干线交汇,流域内公路网密布,是沟通中国华东、中南和西部四川盆地的天然纽带(福建省不在长江流域,在现有的长江经济带区域性合作中参与也较少,但由于该地区与长江三角洲地区经济交流和联系比较密切,属于长江经济带的主要辐射范围,这里在四带划分中也将其列为长江经济带的范围)。由于黄金水道提供了发达的内河运输通道,该经济带各区域之间的合作较早,也较为密切。同时,该经济带集中了中国40.8%的人口和48.6%的国内生产总值。由于近年来全国经济增长速度最快的省区较多地集中在该经济带,其在全国经济总量中的比重也在不断扩大。上海取得2010年世界博览会举办权将进一步带动长江三角洲的发展,也将为沿江地区之间的合作带来新的机遇。

3. 陇海—兰新经济带

陇海—兰新经济带是黄河流域的重要经济带,依托欧亚大陆桥,东起江苏省的连云港,沿陇海兰新铁路经山东、河南、陕西、甘肃、青海到达中国最西端的新疆所形成的经济区域。该经济带是贯穿中国东中西部的跨度最长的经济带。20世纪90年代初期,随着欧亚大陆桥的建设和贯通(目前欧亚大陆桥共有四条,一条是东起俄罗斯海参崴,穿越西伯利亚至西欧的铁路,一条是东起中国江苏省连云港，沿陇海—兰新铁路出乌拉山口，穿越中亚地区至西欧的铁路，一条是东起中国天津，沿京包铁路出内蒙古自治区二连浩特，穿越蒙古至欧洲的铁路，一条是东起中国大连，出内蒙古自治区满洲里口岸，连接俄罗斯西伯利亚铁路至欧洲的铁路），形成了构建经济带的相对完整的点—轴体系，又因为陆桥在连接欧亚两大洲方面的特殊地位，沿线各中心城市之间采取了较为密切的合作形式，而亚太地区经济合作的加强和中国与俄罗斯及中亚地区的合作为畅通这条经济带向西开放的通道创造了良好的条件。但由于该经济带所经地带长，欧亚大陆桥过境国家多受中亚地区局势影响深，以及带内各地区之间发展水平差异相对较小，东部的龙头作用尚没有形成，西部向西开放的区位优势尚未显现，经济带内各地区之间协作的内在动力和基础还不甚牢靠。

4. 环渤海经济带

环渤海经济带是指环绕着渤海全部及黄海的部分沿岸地区所组成的广大经济区域，它位于黄河的下游地区，在国民经济增长中具有重要的作用，包括北京、天津两大直辖市及辽宁、河北、山西、山东和内蒙古中部地区，共五省（区）二市。环渤海地区处于东北亚经济圈的中心地带，向南，它联系着长江三角洲和珠江三角洲两大经济支柱地区。向东，它沟通韩国和日本；向北，它联结着蒙古国和俄罗斯远东地区，独特的地理环境使得它具有很强的经济辐射能力和良好的发展机会；而且该地区自然资源非常丰富。环渤海地区拥有丰富的海洋资源、矿产资源、油气资源、煤炭资源和旅游资源，也是中国重要的农业基地，耕地面积达到 2656.5 万公顷，占全国耕地总面积的 1/4 左右，粮食产量占全国总产量 23% 以上；环渤海地区拥有 40 多个港口，构成中国最为密集的港口群落；环渤海地区是中国交通网络最为密集的区域之一，是我国海运、铁路、公路、航空、通讯网络的枢纽地带,交通、通讯联片成网,形成了以港口为中心、陆海空为一体的立体交通网络,成为沟通东北、西北和华北经济和进入国际市场的重要集散地;环渤海地区是中国最大的工业密集区,是中国的重工业和化学工业基地,有资源和市场的比较优势。环渤海地区科技力量最强大,仅京津两大直辖市的科研院所、高等院校的科技人员就占全国的1/4。科技人才优势与资源优势必将对国际资本产生强大的吸引力。①

（三）流域经济一体化是我国东西部经济合作的有效形式

改革开放之前,我国地区经济的专业分工和生产布局是按照计划模式进行的,东部地区以发展轻工业和加工工业为主,中西部则主要以发展原材料和能源产业为主,为东部地区提供生产要素,从而形成了明显的垂直分工协作关系,也就形成了东部产品深加工、附加值高,西部产品附加值低的局面,明显有利于东部,20世纪80年代之后,东西部的经济合作关系有了很大的发展,东部以其地区政策优势及区位优势等特点,经济飞速发展,东西部的经济差异日益加剧,但是东西部低层次的合作关系仍然没有得到改变。

经济发展的经历告诉我们,东西部经济增长中的差异是国家梯度开发战略选择与安排的结果,选择区域经济合作模式,必须以梯度差距为基础和前提。理论界对合作模式的选择研究很多,有"T型"模式,有"弓箭型"模式,有"开"型模式等,不论何种模式,一个共同点就是要充分发挥沿海发达地区优势而形成经济辐射带动功能,将西部地区的资源优势转化为经济优势,最终促进统一、联动和协调的区域推动发展。

流域经济一体化模式是指以长江、黄河、珠江水系为轴线,以河流为纽带,通过三大流域轴线开发实现经济一体化合作,以

---

① 资料来源:新浪财经论坛。

此来增进推动东部发达地区的辐射功能，带动西部开发。通过流域经济区的专业化分工与协作，促进东西部经济的一体化发展。目前流域经济一体化发展与研究尚处在自发阶段，其作用与意义尚未显现出来，东部发达地区区域经济发展中所提出的"泛珠江三角洲地区"、"泛长江三角洲地区"以及"黄河中下游经济带"的相关研究内容，其实质反映了流域经济的内容。所以以流域经济一体化作为西部大开发东西部合作的重要形式，具有十分重要的理论和实践意义，可以通过流域经济专业协作和分工，达到东西部经济的统一、联动和协调发展的目的。

首先，我国东西部合作区域优势凸显，一体化趋势具有很好的前景。三大流域经济带贯穿我国东中西部地区，上游是经济落后、但资源丰富的西部地区，而中下游却是经济发达开放程度很高的中东部地区。要素禀赋的地区差异相当的明显，上游西部地区拥有丰富的资源，国土面积占了全国的57%，我国大部分天然矿产资源都集中在这些地方，但是由于这些地区的经济基础薄弱，市场发育程度低，缺少经济发展急需的人才、资金、技术等资源要素，资源优势不能有效地转化为经济优势，形成了资源富裕性的经济贫困。而下游中东部地区的经济发展水平较高，市场经济比较完善，具有丰富的人才、技术和资金优势，但经济的发展缺乏应有的自然资源的有效支持，导致土地、劳动力等生产要素的成本太高，抑制了经济的进一步发展。因此，我们可以看出东西部经济具有很好的优势互补、分工协作的前景，产业结构和产业布局有待进一步优化。区域经济一体化的发展，可以推动上下游地区的资源、资金、技术、人才、产业的横向联合和转移，有利于区域经济的优势互补和资源的合理有效的配置，优化产业结构，促进区域内经济的协调发展，共同繁荣。

其次，区域经济横向联系紧密，沿海港口城市的经济带动和辐射能力很强。以长江我国第一大流域为例，它是贯穿东中西三大地带重要的产业轴线。下游上海港是长江流域我国同世界各国和地区经济交往和文化交流的桥头堡,对外开放的港口分布范围广,跨度大,有效地促进了上中下游地区之间互补的横向经济联系。这些沿海城市利用自身的区位优势,将从国外引进的先进技术和管理经验向周边地区及经济腹地进行辐射,促进了整个流域经济的发展。目前,长江流域的上海、武汉、重庆三大港口城市的经济辐射能力已经明显的增强,并形成了以自身为增长极的长江流域三大经济圈,上海对外省直接投资70%都锁定在长江流域的七省一市区域,武汉和重庆也成为带动中西部地区经济的新的增长极。长江在沟通东西部,促进经济发展由东向西横向推进的过程中发挥了具有战略意义的重要作用。

由此可以看出:在实施西部大开发的过程中,把流域经济一体化作为东西合作的一个重要模式加以实行和推广,具有很强的实践价值。与此同时,流域内各区域的政府之间应该加强联系,促进一体化的规划与建设,积极引导沿海港口城市的资金、技术、人才和产业向中上游转移,并形成对外开放的形式。通过区域经济专业化分工和相互协作充分发挥各地区的优势,达到共同发展的目的。[①]

6.3 流域经济与可持续发展

可持续发展是20世纪80年代以来随着对全球环境与发展问题的广泛讨论而提出的一种新的发展观念和发展战略。"布伦特兰报告"对可持续发展提出了这样的定义:可持续发展是指既满

[①] 孙海鸣、赵小雷:《中国区域经济发展报告——国内及国际区域合作》,上海财经大学出版社,2003。

足当代人的需要,又不损坏后代人满足需要的能力的发展。作为一个人口、资源、环境问题突出的发展中大国,我国政府非常重视可持续发展战略的实施。《中国 21 世纪议程》的批准和实施充分体现我国实施可持续发展战略的决心和举措,揭开了 21 世纪我国可持续发展的序幕,同时也为流域经济的发展指明了前进的方向。

可持续发展是一种新型发展观,发展的核心是实现人类和自然环境之间的相互协调,即谋求经济、人口、资源、环境的协调发展和社会的全面进步,它要求我们转换传统的经济增长方式,在控制人口、保护环境和自然资源持续利用的基础上实现社会经济的永续健康发展。通过调整或建立合理的产业结构,确定合理的经济发展速度和规模,使人口再生产与物质再生产协调、经济发展与资源的承载力和环境的包容度相适应,确保经济效益、社会效益和生态效益的同时实现。

6.3.1 流域可持续发展的原则

流域可持续发展应是在维持流域系统的生态、环境、资源整体平衡的同时,充分满足流域现在及未来的社会经济文化发展需要。

(一)坚持统筹兼顾、协调发展。流域发展就是要实现流域各地区之间以及人口、经济、社会和环境之间协调持续发展。流域经济的协调可持续发展不仅是指一个地区内部资源的合理配置,而且更是一种各区域之间经济优势互补、层次有序的发展模式。环境与资源是经济、社会发展的物质基础和物质源泉,人与自然的矛盾是人类生存和发展的最基本的矛盾,经济、社会和环境的相互作用伴随着人类经济发展和开发利用自然的全过程。因此,协调经济、社会和环境的关系不仅是社会发展也是流域经济发展过程中一个较为核心的问题,实现经济、社会和环境的可持续发展始终是生态经济追求的目标。马克思主义经济学认为:

"经济的再生产过程,不管它特殊的社会性质如何,在这个部门内,总是同一个自然的再生产过程交织在一起。"社会和经济的发展过程是将自然物转化为财富的过程,也就是人类社会与自然环境之间进行物质交换的过程。所以,协调发展、可持续发展实质上是解决人类不断增长的需要与自然界有限供给能力之间的矛盾,合理协调人类社会与周围环境的物质交换,实现资源流域之间、流域地区之间以及现在和将来的时间优化配置的问题,实现经济、社会和自然的可持续再生产。

(二)坚持环境优先,保护与开发相结合。要坚决维护流域良好的生态环境,保持生态平衡和健康,按照国际标准,河流的开发利用率不得超过40%,人类活动产生的污染物总量不能超过相应区域的环境容量,各类有害物质即使通过食物链的富集作用也不应对人类或其他生物产生危害,保持物种多样性,使流域内保持一定的物种和遗传基因资源,保持足够的森林、水面、湿地面积,保持一定的地下水位,保持河流的连续性、水陆的连续性,防止河道断流及对生态系统产生不利的影响,将水资源可持续利用和流域生态建设摆在十分重要的位置,限制人类为了实现暂时的经济目标而盲目的损害环境。流域水资源的节约、保护、配置放在突出位置,合理开发利用,打造优美和谐的自然景观,使生物与人类一样享有舒适的生活环境。坚决遏制浪费资源、破坏资源的现象,以可持续的方式开发利用河流的价值,实现开发与保护的平衡,达到河流生命的健康,实现水资源的永续利用。

(三)坚持适度和合理的开发与利用。人类的经济和社会发展对于自然的开发和利用必须维持在资源和环境所能承受的范围之内,以保证发展的持续性,过度的开发利用会导致环境的破坏和资源的枯竭。每一条河流对于自然和社会系统的承载力都是有限的,只有在其承载力的范围内,才能保持流域人口、资源、环境可持续发展。因此,经济社会系统的发展必须以河流的承载能力为前提,以水资源供需平衡为基本条件,确定流域经济社会发展的合适的目标和规模。坚持适度原则,在合理有效开发的同时,防止人类对流域环境的侵害;重视生态与水的密切关系,对生态问题严重的流域,采取节水、防污、调水等措施予以修复;有计划有步骤地进行湿地补水,保护湿地;重视并充分发挥自然的自我修复能力,保护生态系统。同时,坚持按经济规律办事,实行政府宏观调控和市场机制有机结合,充分发挥公共财政和社会基金在水利建设中的主导作用,积极发挥市场在资源配置中的拉动作用,不断推进水利投融资体制改革和上下游之间的投资转移机制建设,探索建立水权制度和水市场,优化配置水资源,以水资源的可持续利用支持经济社会的可持续发展。

6.3.2 流域经济可持续发展的现状

我国在流域经济可持续发展中已经取得相当明显的成绩,主要体现在以下几个方面:

(一)经济发展的同时,人口数量的控制成效明显,人均收入不断增长,人们的生活水平不断提高。改革开放以来,我国国民经济得到快速健康的发展,GDP由1990年的18548亿增加到2004年的136584.3亿,年均增长9点几个百分点,人均GDP从1634元增长到2004年的10561元,已经突破万元大关,标志着我国人均收入和人民生活水平已经有了明显的提高。西部大开发的实施,更加加强了三大流域经济的合作发展。人口的增长也得到了很好的控制,人口自然增长率由1990年的14.39‰降低到2004年的5.87‰,人口数量增长的下降,经济增长的加快,使得各流域人口素质有了很大的提高,为流域可持续发展提供了可靠的人才保证。这样有利于东部地区产业向西部的转移和西部产业升级,从而促进整个流域产业升级和流域经济的发展。

(二)资源的合理利用和经济发展得到比较好的协调。在流域经济快速发展的同时，流域资源的开发效率和环境的保护力度也得到很大程度的提高。流域水资源利用通过全面推行节水灌溉，提高水资源的利用效率，科学调度和配置主要的江河水资源，浪费和短缺问题已经得到很大程度的改善。特别是流域水能资源的开发利用已经有了很大的发展，三峡水电的部分投产使用已经显示出了长江流域水能资源开发对流域经济的巨大影响，随着经济技术的发展，生产力水平大幅度提高，流域的资源产业从开采到运输，再到利用的整个过程都提高了效率，流域资源的浪费和对环境的污染已经有了很大的改观。

（三）生态环境的污染防治有了很大的改观。近几年来，国家十分重视流域生态环境的保护，投入了大量的人力物力进行流域环境的治理和维持，取得了明显的成果。黄河和长江的水质有了比较明显的改变，黄河已经连续九年没有了断流的情况；长江流域也初步摆脱了困扰很久的水土流失问题，每年平均治理水土流失面积达 $5000km^2$，治理区域的林草覆盖率由治理前的35%上升到56%，长江上游水土流失治理程度已经达到40%，与20世纪80年代相比，水土流失面积从62.22万 km^2 下降到53.07万 km^2，下降了15%，可以说，经过这些年的持续治理，长江流域的水土流域趋势已经发生了由增加到减少的历史性的转折。

6.3.3 流域可持续发展存在的问题

（一）流域的人口基数比较大，劳动力数量多，就业压力大，且多数是结构性失业。根据第五次人口普查，长江流域的人口总数已经达到47762万，占全国的37.73%，人口密度为每平方公里332人，是全国的两倍多。虽然由于国家计划生育政策的控制，人口的自然增长率已经呈现下降的趋势，但是由于人口的基数非常大，绝对增长数量依然比较大，特别是在流域上游经济相对比较落后的地区，由于人们生活拮据，只能以增加普通劳动力的数量维持收入的来源，并且由于这些地区的生态环境比较脆弱，增长的人口只能向环境要收入，这样就更加加大这些地区环境的压力。

流域人口分布不均匀，且人口素质跟不上产业发展的步伐也是经济发展的一个重要问题。以长江流域为例，流域的中上游主要以农业为主，随着农业技术的发展，个人所耕种的土地面积的增长，出现了大量的隐性剩余劳动力，然而，这些地区的二、三产业发展过于缓慢，不能吸纳劳动力，所以每年大量的人口从这些地区流向东南沿海外出打工。由于这些劳动力的素质不能满足沿海产业发展的需要，到达经济发达地区之后不能马上找到工作，由于这种结构性失业，形成大量的闲置人口，对人口流入地区的经济发展和社会稳定都形成很大的威胁。

（二）流域地区的资源总量比较大，但是相对量比较小，可更新的资源量更加小，经济发展的资源约束问题不容忽视。资源的数量和质量是流域经济可持续发展的重要保证。经济的发展不可避免地要消耗一定量的资源，但是我国流域资源的分布情况正是资源丰富的上游地区经济基础薄弱，对资源的开发和利用还使用原始落后的技术，造成大量的资源浪费和环境污染，而且这些资源还大部分是不可再生的，下游经济发达的地区，由于资源的约束，经济逐渐出现增长放慢的趋势。以长江流域为例，长江流域的水资源比较丰富，但是区域分布不均匀，有的省份人均水资源拥有量甚至还低于全国的平均水平，下游的一些城市由于上游地区不重视水体保护，经常出现水质性缺水的问题。长江三角洲地区的太湖流域，流域面积仅占全国的0.38%，各种污水排放量却高达32吨/年，为全国的10%，大大超过了环境的承载能力，严重污染了水环境，使本来水资源十分丰富的太湖流域普遍出现了"水质性缺水"现象。长江流域丰富的水能资源未能得到很好的开发，却以对环境造成高污染的煤、石油等能源作为工业的主要能源供给,产业结构的转换是可持续发展必须重视的问题。而且,流域的金属矿物、能源资源等由于长年粗放的开发已经出现萎缩,一些高品位的常规资源铁、石油等原材料还要依赖对外的进口。

(三)经济社会发展的同时伴随着生态环境的恶化。随着经济的发展,流域的生态环境却在不断地恶化,生物种类逐渐减少,自然灾害不断发生。总结起来,流域生态环境面临的主要特点有以下几方面:

1. 问题错综复杂。长江、黄河两大河流都流经我国地理形态的三大阶梯,自然环境复杂多样,地域十分广阔,人口密度非常大,文化差异相当明显,使得生态环境所面临的问题复杂多样。例如:流域源头出现湖泊干涸、冰川萎缩、草场沙化的问题,这些地区大多是高原气候环境,而中游则在水土流失、泥石流、洪涝灾害等,这些地区主要是平原气候,而且下游地区主要面临的是水质污染和大气污染,这里主要是海洋性气候。总的来说,流域整体就是一个大型的生态环境系统,各因素、各地区之间相互影响。

2. 环境问题之间的联动性。流域的各地区之间是一个统一的有机整体,河流是这个系统内物质和信息转移的纽带。流域的各地区之间相互联系,相互影响,每部分的发展变化都会影响到其他地区。以长江流域为例,长江的上游地区处于生态环境十分脆弱的高原地区,而这些地区的经济发展又多是原始的粗放模式,从而给河流的上游地区生态环境造成很大的损害,这样就会导致湖泊、水源退化,直接影响到长江的径流量,同时,由于水土流失,使得大量的泥沙在中下游地区囤积,加剧下游的洪涝灾害。所以流域的生态环境问题是牵一发动全身的,要解决好这些问题,必须从整体出发,追根寻底。

3. 突出问题是水土保持工作压力巨大,自然灾害频繁。我国资源环境保护一直是治理与破坏并存,一边治理一边破坏,并且经常是治理力度小于破坏的程度。由于相关经济策略的短视性,经济发展过多地强调短期成效和环境监督力度不强等原因,生态环境的破坏相当严重,毁林开荒、涸泽而渔、公共建设占用耕地和破坏植被等现象时有发生,加剧了水土流失,导致生态失衡,每年因上游水土流失进入长江、黄河的泥沙量达20多亿吨,直接影响河流中下游水库的蓄水能力,从而加剧了长江、黄河中下游地区的洪涝灾害。全国荒漠化土地面积267万平方千米,每年新增荒漠化面积2400多平方千米,90%以上集中在西部地区。西北戈壁沙漠地区荒漠化和滇桂黔石灰山区石漠化的问题日趋严重,我国荒漠化面积已达国土总面积的27.3%,贵州乌江流域石漠化土地已占全流域面积的8.6%。长期以来,长江上游乱砍滥伐林木,水土流失十分严重,长江有变成第二条黄河的可能。[1]

4. 经济和环境还未实现协调发展。衡量经济和环境之间是否协调以及协调的程度的指标是协调度,它是指在经济发展的不同阶段,区域环境和经济发展水平之间的相互关系。在经济发展的每个阶段经济和环境之间都可能出现相互协调的情况,而且可能出现协调程度完全一样的情况,但是其中的内在含义是不一样的,经济发展的高级阶段,经济和环境相互协调促进了经济的可持续发展。描述这一现象最著名的是库兹涅茨曲线。经济发展和环境之间的关系基本可以分为以下几个阶段:首先是产业的快速发展和环境的严重退化,其次是经济发展与环境保护的良性循环,最后是实现生态经济与可持续发展。我国目前的状况是各地区的经济发展程度不一样,整体处于经济发展的第二阶段,应该由粗放的破坏式的发展向集约的节约式的发展转化,最后实现可

---

[1] 胡碧玉:《流域经济论》,四川大学,中国期刊网,2006。

持续发展，这一阶段如何实现经济发展和环境保护的共同进步是协调发展的一个重大问题。

6.3.4 流域经济可持续发展的应对措施

世界各国经济发展的历史经验和改革开放以来经济发展的现实告诉我们：发展流域经济必须考虑生态环境承载力，不能以牺牲环境和挤占子孙后代的资源为代价来获得现在暂时的经济发展，必须探索出一条经济和环境协调发展的可持续发展之路。保护我们赖以生存的自然环境是经济发展的基本前提。通过以上的分析，流域经济的可持续发展必须做到：

（一）合理安排产业布局，加快工业结构调整和产业升级，治理生态环境污染。对于流域的经济布局主要考虑两方面的因素，一是要防止产业布局对环境的污染。改变原有的主要产业沿江两岸和沿江城市进行产业布局的传统模式，尤其不能将重污染企业建在沿江上游河道两岸和沿岸的城市。对于那些当地有自然禀赋优势确需发展的有污染企业，在尽量降低污染量的同时，也要有切实有效的污染治理方案，其污水、污物、污气都要按国家规定的标准进行排放，同时要坚决关掉一批污染严重的企业。对一些对生态环境污染极其严重，主要以环境为代价而维持发展的企业，例如小造纸厂、小化工厂等，要采取行政强制性和经济制裁性相结合的手段，规定时限、规定标准、规定要求，绝不允许再往各流域干流和支流排放超标准的污染废水和废物。再则还要考虑整个流域经济发展的协调性和优势互补，注重流域的环境保护和经济发展的整体性，以长江流域为例，流域的下游是我国民族工业的发源地，工业门类齐全，轻重工业都比较发达，经济技术基础雄厚，以后应该主要发展石油化工、电子电器、服装设计制造等产业，流域的中游是一些老工业基地，以武汉为中心的工业圈已经有一定的规模，并且中游还是全国主要的粮食生产基地，所以这一地区应该不断地壮大加工工业，增加各类资源的加工深度，不断地降低产品的生产成本，提高工业的整体效益。而上游是经济比较欠发达地区，随着西部大开发的进行，这些地区应该利用政策的优势不断发展绿色工业和对环境污染少的能源产业，充分利用上游的水能资源，成为流域发展的动力中心。

（二）合理利用和保护资源。长江和黄河具有丰富的水资源和生物资源，珠江流域的矿产资源和土地资源也相当的丰富。但是由于利用不合理，资源利用率不高，既造成了大量的资源浪费，又增加了"三废"排放量。因此在自然资源利用过程中，要不断提高开采转化的技术水平和管理水平，提高资源的利用率。长江流域的水能资源蕴藏量和可开采量分别是40%和52%，然而目前开发利用的仅仅占可利用的10%，对于水能资源这种绿色能源应该加大开发和利用的力度。在合理利用自然资源的同时，也要注意资源的保护与更新。一是对一些可再生资源要做到可持续循环使用，珍贵动植物资源要严加保护，对于一般生物资源也要做到利用与更新相协调。二是应将产业结构调整和水资源的治理相结合，确实保障流域内人们生产生活的水的需求数量和质量。三是对于矿产资源这类不可再生资源，在合理开发现有资源的基础上，要大力开发新资源及新能源，寻找替代品，充分利用流域巨大的水能资源，适当利用核能，并积极开发海洋资源。四是从数量和质量两方面入手，积极保护耕地资源。随着经济发展速度加快，不合理土地利用问题日益突出，应结合城市规划积极保护耕地资源，以保证农业的基础地位和粮食生产。自然资源是经济发展的基础，只有通过合理利用与积极保护现有资源，才能保证资源的持续利用，保证经济持续稳定发展。另外，保护和合理利用自然资源还需要加强法律和制度建设，在法律的框架内形成一套确实有效的制度，依法保护和合理利用淡水、土地、能源等宝贵资源。逐步建立战略性矿产资源储备和可持续供应系统,加强对海洋资源的综合开发利用和有效保护。积极开展资源回收利用,大力提高资源综合利用率,建立健全资源的有偿使用制度,维护矿产等资源的国家所有权力,完善资源保护和利用的法律法规,强化执法监督。①

(三)加快农业结构调整,发展生态农业,对于经济落后却又对环境造成很大损害的地区进行生态移民。改变以往农产品深加工不够,附加值低的现象,不断推进农业生产的集约化和产品的商品化。目前,我国三大流域虽然是农业基地,但是农产品结构单一,市场化程度不高,对于农业发展和农民增收是一个很大的障碍,流域经济发展应该贯彻国家的"三农"政策,实现农产品结构的转换,由原来多耕种粮食作物改变为在保证粮食供给的基础上,大力发展价值较高的经济作物和努力发展畜牧业,并不断推进农产品深加工,打开农产品的市场,鼓励发展出口农业。以三江源头的青海为例,青海是我国最主要的牦牛产区,牦牛具有相当高的经济价值,相对于其他的毛绒,牦牛绒具有保暖性强、耐久度高、价格低等优点,而且牦牛饲养业对草场的破坏作用也比较小。因此,三江源地区完全可以选择牦牛绒产业作为经济发展的一个重要产业,以此来提高人民的收入水平。充分利用西部地区独具特色的区域优势,大力发展生态种植业,建立名优特色农业基地。黄河源头的西北地区,日照十分充足,如果再加上灌溉技术,十分有利于植物的生长,发展水果等需要充足日照的产品具有得天独厚的优势,而且随着农产品国际贸易中环境和安全方面的标准不断提高,绿色农业受到越来越多的欢迎,所以我们在发展农业的同时,要以市场为导向,加强农业市场化和产业化,加快农业产业结构调整,以区域比较优势为出发点,结合环境特色、品种特色、气候特色以及野生生物特色,发展生态型

---

① 胡碧玉:《流域经济论》,四川大学,中国期刊网,2006。

特色产品，增强产品的市场竞争力，提高农业经济和生态综合效益。最后，对于那些既无比较优势，经济发展难有很大的起色，又对环境造成破坏的地区，有步骤地进行生态移民，在保护生态环境的同时，使这些地区的人民摆脱贫穷落后的状况。长江和黄河流域上游地区主要是少数民族聚居地区，民族和宗教问题较为敏感，少数民族的生产和生活方式、文化习俗、宗教信仰等情况比较复杂，对区域外生活的适应能力较弱，因此，对该地区的生态移民要先试点再逐渐推广，一步步地进行，不能急于求成。

（四）大力发展生态旅游业，带动经济发展。生态旅游是指有目的地前往自然地区去了解环境的文化和自然历史，它不会破坏自然，而且会使当地社区从保护自然资源中得到经济收益。生态旅游在保护环境的同时，让人们体会到自然界最淳朴的美丽，而且为旅游区的人们带来可观的经济收入。发展生态旅游业不仅对流域上游经济的发展有着十分重要的推动作用，同时对于整体流域的协调可持续发展也有很重要的意义。长江、黄河流域中上游地区自然地理条件复杂，地域环境差异大，民族风情丰富多彩，观赏性强，具备良好的发展生态旅游的资源基础。生态旅游经济是流域经济的新增长点，又是改善流域生态环境为目的的经济活动方式。长江、黄河流域上中游地区旅游资源丰富且集中度比较高，多数具有原生态性和独有性，是我国生态旅游资源最丰富的地区之一，但却也是生态系统比较脆弱的地区。如何在保护原始生态环境的条件下可持续开发旅游资源，让旅游者欣赏到瑰丽的景观的同时，又不打破环境原来的生态平衡。我们要走开发和保护同时进行的道路，流域上中游地区生态环境脆弱，敏感性强，所以生态旅游的开发要以保护为前提，把旅游开发对流域环境负面影响降低到最低程度。同时，要研究人类活动对自然生态环境系统的影响，建立生态旅游保护区，制定具有地域特色的生态旅游开发规划，在生态旅游经济发展的同时，确保流域生态旅游资源的持续利用。

6.3.5 流域经济可持续发展的协调机制

正是因为流域经济是一个有机的统一体，流域内各区域之间相互联系，相互影响。所以流域经济可持续发展必须建立一整套协调机制，从总体出发，达到整体流域的持续、稳定、快速发展，不能再走各自为阵、地区之间利益相互冲突的老路。

（一）建立流域上下游之间的环境补偿

在可持续发展经济学中，生态环境是生产力的一个有效组成部分，它既能在生产过程中被消耗掉，而且在再生产的过程之中，如果对环境进行利益补偿，那么它又能被再生产。由此，我们必须对环境进行价值积累，不仅要实现简单再生产，而且要进行扩大再生产，保证可持续发展和人们福利的不断提高。在流域经济的经济链条中，资源输出地与输入地之间应该在利益上建立一套环境补偿制度。建立流域上下游之间的环境补偿机制，首先必须促使流域内的企业和居民在进行经济开发和发展的过程中，对生态环境造成的负面影响进行经济上的补偿，其次它体现出生态环境的改善不单单是一个地区的责任，从环境改善中既得利益者都应该对此做出利益补偿。流域上游的生态环境建设，惠及流域的中下游地区，要使这些地区不以环境为代价发展经济，中下游地区要对上游的生态环境建设做出经济补偿，这样使生态环境的经济外部性成本内部化，才能保证流域内公平以及整体流域的协调发展。例如，长江中上游的防护林体系建设工程，可以由所受惠地区的企业和居民建立相关的环境基金，对这一工程进行投资，从而实现生态环境在生产过程中损耗的不断恢复，保持环境的可持续发展，使整体流域得到利益。

（二）建立流域上下游之间的利益补偿机制

上游地区的生态环境保护不仅给下游地区带来生态效益，而且给下游带来经济效益。然而，流域上游地区却是经济比较落后、经济效益不高的地区。在这种情况下，就意味着上游的生态环境建设产生了正的外部性。例如黄河上游的水资源节约和草地保护等，增加了黄河的径流量，使下游地区避免了断流的发生，给下游企业和居民带来很大的社会经济效益。因此，下游地区就应该从自己既得的经济利益中提出一部分来补偿上游的生态环境保护建设付出，使上游地区从生态环境保护中获得一定的利益，增强上游地区保护环境的积极性和主动性，使流域各地区之间的经济和环境相协调。在西部大开发中，由于国家只能投资于大型的生态环境项目，使得一些微观环境建设只能由地方自发组织实施。这样就容易形成一个问题，由于资金不足，在生态环境建设中，不能给上游居民以及时有效的补偿，过多地强调生态效益，而忽视上游居民的经济利益甚至生存问题，这样必然导致环境保护的失败。例如在宁夏某县的生态项目建设中，由于过于强调退耕还林还草，忽略了农民的生活改善和经济来源，在20世纪80年代投资4000万美元花了4年时间建设的10.4万公顷造林种草项目，完工后不到5年的时间，林草的面积锐减到9000公顷。[①]因此，流域经济可持续发展应该从整体出发，做好各地区、各利益团体之间的协调工作。

（三）建立流域上下游之间的投资转移机制，形成对生态环境建设投入的长效机制

流域上游的生态环境对于整体流域的发展有着十分重要的意义，为了充实环境建设的资金来源，必须建立起流域各地区之间的投资转移机制，形成长期的环境建设投入机制。具体可以有：

①生态的环境治理效果直接影响下游水资源的数量和质量，所以，可以对下游地区收取一定的水资源保护费用，用来补偿上

---

① 陈子玉：《西部生态环境建设与东部经济发展》，西部资料网，2006。

游地区水源保护的付出，使上游地区有动力维护和改善生态环境。

②在东部地区增收一定的生态税。最近几年来，西方国家陆续开征了一定的生态税种，并且有不少国家形成了一套生态税制，在亚洲，新加坡、印度、韩国等国家也不同程度采取了生态税收政策。我国可以借鉴这些国家的经验，运用税收的手段筹集生态环境建设资金，加大生态环境的投入力度。

③建立生态环境保护基金。因为流域生态环境建设影响到各地区的利益，可以根据各地区受惠程度的不同，按不同额度收取一定的经费建立环境保护基金，由环境保护相关部门委托给机构投资者进行运作，用获得的收益来充实环境保护资金的来源，这样既可以避免长期重复收取经费对经济发展的不利影响，又可以获得环保资金的来源，是一种很有效的解决方案。

参考文献

1. 孙海鸣、赵小雷：《中国区域经济发展报告——国内及国际区域合作》，上海财经大学出版社，2003年。
2. 张思平：《流域经济学》，湖北人民出版社，1987年。
3. 陈漓高、郑昭阳、齐俊妍等著：《全球化条件下的区域经济一体化》，中国财政经济出版社，2006年。
4. 王章留、习谏等著：《区域经济协调发展论》，河南人民出版社，2006年。
5. 陕西师范大学西北历史环境与经济社会发展研究中心、中国历史地理研究所编：《西部开发与生态环境的可持续发展》，三秦出版社，2006年。
6. 吴强：《政府行为与区域经济协调发展》，经济科学出版社，2006年。

第七章 西部经济布局中的区域经济发展模式

7.1 西部区域经济发展的一体化

7.1.1 区域经济一体化的涵义

1. 经济一体化

荷兰经济学家丁伯根于1950年首次提出了"经济一体化"这一概念,在他所著的《国际经济一体化》一书中进一步对世界经济一体化问题作了比较系统的理论分析。经济一体化是生产的国际化分工和当代国际经济领域一系列矛盾发展的产物。战后科学技术革命的迅猛发展促进了生产力的大幅提高,推动了世界范围内的社会化生产,越来越多的商品、劳务、技术、资本开始在国际间流通;同时,国家垄断资本主义的发展,迫使国家出面协调国与国之间的矛盾和冲突,从而把国家对经济生活的干预和调节扩展到国际范围。

最早的经济一体化组织是上世纪50年代开始形成的,也就是在最早的"舒曼计划"的基础上,德、法、意、荷、比、卢6国签订有关条约,组建的"煤钢共同体"。1958年欧洲经济共同体正式诞生,将6国的经济融合的范围延伸到各个经济领域,由此开始了区域经济的浪潮。此时的一体化主要指地区性的一体化,由于地理上的关联是一体化的有利条件,因此一体化更多地显现区域形势,经济一体化更多地表现为区域经济一体化。上世纪七八十年代以来，随着国际经济相互交流的增多，世界经济相互依存的程度也日趋加深，经济一体化的概念也得到了进一步发展，特别是通过对以市场一体化、贸易全球化、金融国际化、生产跨国化、经济网络化等为内容的跨国公司的研究，突出了经济全球化的特征。

经济一体化没有一个统一的定义，但通常所说的经济一体化应包含以下内容：①经济一体化是两个或两个以上国家在经济上的联合和调节；②经济一体化的程度和范围在各国之间有所不同；③经济一体化是一个不断发展的过程；④经济一体化会对成员国产生有利结果并产生新的经济机制；⑤经济一体化是一个综合系统，可能对国家间在政治上的联合产生影响。从经济一体化的发展阶段来看，一体化的形式有七大类：特惠关税区、自由贸易区、关税同盟、共同市场、经济联盟、完全的经济一体化和货币一体化。

2. 区域经济一体化

(1) 区域经济一体化的涵义

区域经济一体化是第二次世界大战后伴随着经济全球化的发展而出现的新现象。如今，区域经济一体化和经济全球化一起构成了当代世界经济发展的基本趋势。经济全球化通常以多边合作为基础，致力于资源在全球范围内的自由流动和配置，使世界各国经济相互依赖日益加深。而区域经济合作则是以双边或多边合作机制为基础，以集团的力量参与国际市场竞争，对内实行贸易投资自由化和经济技术合作，对外构筑种种显性和隐性的贸易壁垒的一种追求地区利益和民族利益的思潮和行为。区域经济一体化和经济全球化作为当今世界经济两大主要思潮，两者间的关系一直是人们所探讨的问题。

区域经济一体化的涵义是随着世界经济的发展而不断演进的，在不同的历史发展阶段，区域经济一体化所强调的重点也有所不同，从霍兹曼的要素流动无障碍的状态，到曼尼斯和索曼的产业部门的融合、政策与行政的统一，马洛和蒙蒂斯的传统经济地理因素的重要性，再到派内克的经济开放及经济相互依赖等等。共同市场理论和以规模经济和不完全竞争为前提条件的新贸易理论则构成了新区域经济一体化理论的主要内容。区域经济一体化的涵义是：地理上临近的国家或地区，为了维护共同的经济利益和加强经济联系与合作，相互间通过契约和协定，在区域内逐步消除成员国间的贸易和非贸易壁垒，进而协调成员国间的社会经济政策，形成一个跨越国界的商品、资本、人员和劳务等自由流通的统一的经济区域的过程。通过统一的区域市场、统一的交通运输建设、统一的互惠互利政策，实现区域性专业化分工与协作，促进贸易自由化和生产要素的流动，有利于最大限度地发挥每一个地区的经济潜力和比较优势，增进一体化联盟的经济福利，并逐步缩小区域经济发展的差距，更有效地利用成员国的资源，获取国际分工的利益，促进成员国经济的共同发展与繁荣。

上述对区域经济一体化的涵义论述揭示了区域经济一体化理论的内涵：第一，区域经济一体化最显著的标志是成员国之间关税等贸易障碍的消除；其次，谋求最佳的国际生产分工是一体化的根本原则；最后，区域经济一体化的根本目的是使每个成员国能获得比单独更大的利益[①]。

区域经济运行一体化具有许多一国经济单独运行时所不具备的经济方面的优点，重要的有：

①根据比较优势的原理通过加强专业化提高生产效率；
②通过市场规模的扩大达到规模经济提高生产水平；
③国际谈判实力增强有利于得到更好的贸易条件；
④增强的竞争带来增强的经济效率；

---

① 张幼文：《世界经济学》，立信会计出版社，2000。

⑤技术的提高带来生产数量和质量的提高；

⑥生产要素跨越国境；

⑦货币金融政策的合作；

⑧就业、高经济增长和更好的收入分配成为共同的目标。

在过去的数十年中，世界经济的一个主要特征就是各国经济的一体化。国际商品和劳务贸易增长速度超过了国内生产总值，各国金融市场之间的联系加强了，跨国流动的人数越来越多，对外直接投资迅速扩大，跨国公司的活动日益频繁。各国政府政策上的变化，特别是放开以前对外国公司封闭的产业，更强更广泛的区域贸易集团化运动，资金流动限制的取消，以及降低关税壁垒的长期影响，认同并强化了一体化的潮流。

(2) 区域经济一体化的模式

按照商品和要素自由流动的差别及成员国经济政策协调程度的不同可将经济一体化的组织形式分为：

优惠贸易安排。即在成员国间，通过协定或其他形式，对全部商品或一部分商品给予特别的关税优惠，这是经济一体化中最低级和最松散的一种形式，典型的有1932年英国与一些大英帝国以前的殖民地国家之间实行的英联邦特惠制。

自由贸易区。在贸易区内，各成员国取消了它们之间的贸易壁垒，但各自仍保留对外部世界进行贸易的贸易壁垒。在这种区域内，在成员国之间的边界上仍应设置海关检查员，对那些企图通过贸易壁垒较低的成员国进入这一区域以逃避某些较高壁垒成员国的贸易，课征关税或予以禁止，并规定原产地原则。

关税同盟。在关税同盟内，把经济一体化的进程向前推进了一步，关税同盟不仅消除了本地区内生产的商品的贸易壁垒，而且每个国家都调整各自关税和配额，建立起统一的对外贸易壁垒。即在同盟内部实行自由贸易，而对外则通过共同的贸易壁垒实行保护。

共同市场。在共同市场内,不仅实行商品自由流通,也不仅对从外界进口的商品实行统一的贸易壁垒,而且还在本地区内实行生产要素(资本和劳动力)的自由流动。任何阻碍劳动力从一国流向另一国的限制都被取消,而且那种限制某国公民或公司在另一国建厂或购买公司的规定也都被取消。

货币联盟。创立一个不可逆转的固定汇率和成员国货币的完全可兑换性,或者在所有成员国中通行一种货币的合作形式,也就是资本自由流动的共同市场。这种联盟包含宏观经济和预算政策一体化达到相当高的程度。

完全经济联盟。在这种同盟内,各成员国除了实行商品、资本、劳动力等生产要素的自由流动和对外统一的关税政策外,还要求成员国制定并执行一些共同的经济政策与社会政策,包括货币、财政和福利政策,以及有关贸易和生产要素移动的政策,以便消除各国在政策上的差异,形成一个庞大的超国家经济实体。经济联盟将政策的协调机制延伸到成员国国民经济的所有领域及相关政策,并谋求建立基于成员国部分国家主权让渡的超国家协调管理机制。目前的欧盟,正在向这种形式过渡。

完全经济一体化。是指成员国在经济联盟的基础上,实行统一的经济政策与社会政策,并建立起共同体一级的中央机构与执行机构,以便对所有事务进行控制,使各成员国在经济上形成单一的经济实体,这是经济一体化的最高级组织形式,迄今尚未出现这类经济一体化组织。

3. 区域经济一体化发展的动因及趋势

实行区域经济一体化的主要推动力有两点:

动因一:提高经济运行效率

人类的经济发展史就是一部追求生产效率不断提高的历史,我们所经历的三次科技革命,无不带来生产力的迅猛发展,人们总是在追求着更富有效率的经济发展模式。区域经济一体化正是因为满足了人们对提高经济效率的迫切需要，而被当今世界各国所普遍接纳。通常认为，实行区域经济一体化有利于形成区域范围内的规模经济；同时，在统一的大市场的前提下，各生产要素能够实现自由流动，使得生产要素的配置和区域分工更加合理。因此，无论从规模经济的角度来看，还是从更合理的要素和分工的分配来看，区域一体化的一个明显的好处就是可以提高区域内经济运行的效率。

动因二：增强实力，提高区域整体竞争力

当今的世界经济，竞争无处不在，而且竞争的程度越来越激烈。世界各国为了在激烈的竞争中生存下去，就必须提高自身的竞争力。很显然，一个区域经济体的经济实力要远远强于一个单独的经济体；通过优势互补，各成员国自身的经济实力往往都会有所增强，从而提高了作为一个整体的区域经济的竞争力，取得 1+1>2 的效果。因此，区域经济一体化成为世界各国提高其经济竞争力，实现与区域外部经济体进行经济对抗的必然选择之一。

近年来，随着区域经济一体化的不断兴起与发展，经济合作出现了"跨区域"或"次区域"的新的发展趋向，既有两个或某个国家或地区组成的经济合作组织，也有某几个国家的部分地区之间进行的"多边合作"或"地区经济合作组织"，最为典型的就是亚太经合组织和"东盟南部增长三角"组织；既有发达国家之间的北北型区域经济一体化，又有发展中国家间的南南型区域经济一体化，还有发达国家与发展中国家间的南北型区域经济一体化。与此同时，在多层次的经济联合与合作结构中，一个大区域组织内部又形成若干联系紧密的小区域组织，形成"大圈套小圈，小圈扣小圈"的格局。

不仅如此，区域经济一体化还出现了向一个国家内部区域转移的趋势。许多国家将能够提高经济运行效率和区域整体竞争力的这种经济发展模式运用到国内，其内部出现了一个乃至多个区域经济合作体，如我国的长江三角洲流域、珠江三角洲流域都有向着区域经济一体化迈进的趋势。至此，区域经济一体化在地域范围内总共表现为三个不同的层次，即：全球范围内的经济一体化、不同国家之间的经济一体化、一个国家内某些地区的经济一体化。

在中国，经济一体化是改革开放以后在区域经济研究领域出现并经常使用的名词，通常指国内的"区域经济一体化"。我国幅员辽阔、人口众多，有34个省、自治区、直辖市，由于受经济发展、资源禀赋、历史文化等因素的影响，地区发展很不平衡。市场经济体制的建立，使地区经济发展的独立性不断加强，在国家实行梯度开发的区域发展战略中，各地区之间的区域经济一体化显得尤为重要。为了能够使西部地区实现整体上的快速发展，更好地利用一体化发展模式的优势，我们提出了西部地区区域经济一体化。

7.1.2 西部地区区域经济一体化

（一）西部地区区域经济一体化的内容

西部地区区域经济一体化，是国家内部区域经济一体化的形式之一，是指在西部地区内按照地缘关系、经济依存度、商品及要素流向、文化传统以及社会发展需要而形成的跨行政区划的经济协作和共同发展的经济组合体。

西部地区区域经济一体化是一个发展的、动态的、开放的概念。其实质就是，在西部地区范围内按区域经济原则统一规划布局、统一组织专业化生产和分工协作，建立统一的大市场，优势互补、联合协作，连接并形成为一个利益命运共同体。它通过一定的组织和协议以及一定的联合方式，实现区域经济的统一规划布局和生产力配置，统一开发区域资源，统一分工协作关系，建立统一的大市场、统一的发展战略、统一的对外开放政策，联合开发和占领市场，提高竞争力，实现共同的发展目标。通过西部地区区域经济联合的优势和优势互补，促进西部地区经济优势的充分发挥，逐步缩小西部地区区域内部之间以及西部地区与外部地区的发展差距，实现经济、社会的跨越式发展。但是，我们也必须清醒地认识到，西部地区区域经济一体化不是将西部地区经济发展放置在一个相对狭小的区域内，来保护它的封闭性与落后性，而是将其放在中国整体经济发展乃至世界经济发展的格局中，既要充分发挥其相对优势，实现西部地区经济联合与合作，又要充分利用其具有比较优势的生产要素、商品，进行对内对外开放，消除一切阻碍要素、商品流动的障碍，实现区域内资源的优化配置。因此，西部地区区域经济一体化是多层次的、开放式的。既有西部区域内的一体化合作，又有全国范围的一体化合作，还有相邻地区的"跨区域"和"次区域"合作，这也是今后西部经济发展的大趋势。

（二）西部区域经济一体化的现实基础

西部地区区域经济一体化主要表现在要素、商品的自由流动，以及区域统一市场的形成。我国西部地理区位的相近、产业布局及结构的相似而形成的相同的经济发展水平以及共同的利益需求和共同的发展目标构成了西部区域经济一体化的现实基础，为一体化经济的运行提供了保障。

（1）纵观当今世界的区域经济一体化组织，无一不是建立在相近的地理区位的范围内的。地理区位的相近有利于商品及要素的自由流通，降低了交通、通讯等市场交易成本；此外，在相近的地理区位范围内，信息是相对充分的，有利于统一市场内竞争的形成，促进市场的健康运行。我国经济落后地区多地处西部，地理区位的相近使他们最有可能形成经济一体化当中的一极。

（2）西部地区整体经济发展状况相近，是其实现区域一体化的条件。我国西部地区与东部地区相比，市场化程度偏低，产业结构趋同，经济发展滞后，其原因一是地理环境的偏远与封闭，自然条件的恶劣，基础设施建设的滞后，远离国内中心市场，交通、通讯相对落后，信息不灵，这也是最根本的原因；二是历史上的原因，外国的资本、技术等生产要素都是先从中国的东南沿海进入，再向西部地区扩展，造成了西部经济发展时间上的滞后；三是政策上的原因，改革开放以后，中国实行的是让一部分人先富起来的不平衡的发展战略，实际上就是在政策上优先支持东部地区的经济发展，再带动西部的发展。四是人才缺乏，教育落后，劳动者素质普遍较差，特别是广大贫困山区，人们的科学知识文化素质太低，存在"人口的高出生率与人口素质的低化"现象和"人口增多而经济减弱"的矛盾。西部地区区域经济一体化有着共同的区域空间、相近的地域条件、相似的产业状况、相同的价值取向以及丰富多彩的民族文化。有关理论认为，区域经济的差异度与区域经济的合作紧密度一般呈反方向关系，相差越小，相近越大，其紧密度就越强，而相差悬殊越大，区域经济合作的紧密度就越低。共同的区域空间也意味着必须具有能发挥较强聚集、扩散作用的经济中心与经济腹地与网络经济，从而使区域经济合作更为有效。

(3) 共同的利益趋向、共同的发展目标而形成的统一的区域开发战略与政策是西部地区区域经济一体化的重要动力。西部地区区域经济一体化不仅是从资源分布梯度和经济发展水平梯度的角度展开的，更是建立在利益趋同性基础之上的。区域经济合作是利益驱动下的一种战略性选择，获得经济利益的双方共同发展与繁荣是区域经济一体化的动力源泉，没有经济利益的区域经济合作是不会发生的，即使出现，也是短命的、不长久的。西部地区由于生产要素禀赋上的差异及要素总是向效益高的地区与行业流动的规律作用，其相对优势与要素禀赋价值如何转化为经济优势，推动本地区经济的发展，这是西部地区共同面临的任务，变资源优势为经济优势，改变西部地区经济落后性与依附性状况，这是西部地区共同利益的选择。因此，共同的利益取向，共同的经济发展目标，成为西部地区推动区域经济一体化的动力。

7.2 区域经济一体化的构建

7.2.1 贸易、要素及市场的一体化

在市场经济体制下，要素的流通、交易是在市场中完成的，因此要素的一体化必然与贸易和市场的一体化联系在一起。生产要素不仅具有异质性、变动性、密集变换性和转移性的特征，而且它随着分工贸易的不断扩大而更加丰富，其运动变化也更具有变动与转移的特点。由于经济发展的不平衡性与要素自然禀赋的差异，要素的运行机制合理与否直接影响着一国或一地区经济增长与发展。现代经济社会中的要素机制的建立，主要是以其流动与效率为主要目标的，也就是说，要素的自由流动与有效配置是其运行机制的核心内容。生产要素的流动与配置方式有市场机制与非市场机制之分，前者是一种自发过程，它主要通过价格杠杆来进行调节；后者则主要通过政府及有关组织，是一种自觉过程，是政府及组织通过计划、规则与协定来有意识地进行调节的。而要素的自由流动则主要是通过市场来实现的，有效配置则是在"市场有效"与"有效干预"的不断博弈中获得的。一般而言，流动是前提，只有资源要素向效率高的行业、部门流动，才能最终实现其有效配置。因此，建立流动自由与配置有效的要素市场，是西部地区区域经济一体化发展的实质与内容。

要实现区域经济一体化，最基本的问题是实现产品和生产要素区域内的自由流动，促进区域分工与协作的发展，也就是贸易一体化和要素一体化。贸易一体化和要素一体化实际上是商品市

场和要素市场的一体化，在区域内建立统一的大市场，实现各种商品和生产要素的自由流通。实现要素市场一体化，要逐步扫除市场分割，形成统一的金融、技术、产权和劳动力市场，产品和生产要素在各城市间自由地流动。一体化的市场不仅是流通体制问题，关键是每一个区域要把其他的区域当作自己产品和要素的市场，力求把区域内部的自产自销贸易额做大。

（一）充分发挥市场的调节机制，规范政府的干预行为

我国已经建立了社会主义市场经济体制的基础，但市场经济的运行仍然面临着很大的困难和艰巨的任务，距离建成完善的社会主义市场经济体制的目标还有很长的路要走。其中，一个突出的问题就是国内的要素市场发育不良，市场被政府人为地分割，价格机制得不到充分的运用，金融市场、土地市场以及劳动力市场，基本上都处于国有部门垄断和各级政府的严格控制之下。前面讲到过，生产要素的流动与配置方式有市场机制与非市场机制之分，而且以市场机制为主；我国的情况却恰好相反，政府通过行政手段主导着生产要素的配置，本末倒置。当前，中央和国企依靠和掌控着大部分的资本要素，地方政府依靠和掌控着土地要素，外企民企依靠和掌控着劳动力要素。

由于要素市场处于政府的主导之下，价格机制不能充分发挥作用，市场供求关系得不到充分体现，要素价格往往会与市场的均衡价格相差甚远，通常是远远低于市场均衡价格。在这种情况下，获得了要素，就等于获得了利润。要素价格低廉，不仅造成要素使用的巨大浪费，而且不同要素的价差以及要素和商品的价差也成为政府寻租的主要对象，严重地扭曲了市场秩序和主体行为。这样的制度安排不是让企业在市场竞争中成长与发展自己，而是企业如何通过非市场化的方式从政府那里获得要素。

这些问题的出现，其根源在于市场化改革不到位，主要是要素市场化改革滞后，没有要素的市场化就更不会有要素市场的一

体化。因此，我们现在应该把区域经济一体化的建设重点放在要素的市场化，集中力量解决如何从整体上构造出要素市场的规则和规则体系，进而实现要素市场的一体化。市场经济，是由市场机制起资源配置基础性作用的经济，而市场机制的核心是价格机制。市场配置资源的基础性作用是通过价格机制及其相关的竞争机制来实现的。市场价格机制的根本特征是价格随着市场供求不断波动，将价格信息传递、利益分配、资源配置紧密地结合在一起，表现为对经济运行的一种自动调节过程。要逐步完善生产要素价格形成机制，加快要素价格市场化进程，使要素价格灵敏地反映市场供求和资源稀缺程度，向市场传递正确信号。这样，才能使市场经济中的微观主体，按照利润最大化的原则根据市场的供求变化，进行决策和运营，与市场上的其他主体进行公平的竞争。市场经济中的市场环境的建设，要按照加速要素流动与发挥比较优势的原则，建立公开、公正、公平的市场交易制度与规则，引导要素向效益高的地区、部门与企业流动，同时遵循价值规律，从节约成本、降低费用、提高效率方面发挥资源优势，通过市场的帕累托改善来实现帕累托效率。因此，要素价格机制和市场运行机制，不仅是市场主体优化资源配置的内在动力，也是他们在市场竞争处于不败之地的外在压力。

　　同时，我们也必须清醒地认识到，市场不是万能的，市场有时也会失灵，市场也存在缺陷，比如公共产品的生产与供给问题，市场微观主体的外部效应问题，过度竞争与集中引起的市场垄断问题以及信息的不对称、不完整，市场的不完全、不规范，宏观经济总量的不平衡等问题，都要求政府必须予以介入干预。特别是在西部地区区域经济的发展中，区域间行政区划及区域发展中的区域保护政策，会造成市场的分割与壁垒，形成区域发展的差异与不平衡，由于历史沉淀与政府导向上的差异，再加上西部地区经济发展中多元化与复杂性，政府的介入与干预更具有效应。同时，我们也必须明确，政府的介入与干预要严格限制在市场失灵的领域，政府不能替代市场，市场才是经济运行的主体，政府干预的目的也是为了使市场能够更好的运行，而不是代替市场去运行经济；政府的活动要立足于非盈利性的公共产品的生产与供给领域，要着眼于市场失灵"缺陷"的纠正，市场运营规则的制定与市场秩序的维护，政府自身应转型到为市场经济的健康运行提供更好的服务上来。政府干预经济的方式主要采取经济手段调控经济运行，对经济运行实行计划指导与宏观调控。除了一些必要的防止市场失灵的干预外，尽量减少或是停止不必要的对要素市场的行政干预，建立明晰的产权制度，把支配资源的权利交由市场。当然，政府放弃了其寻租的权利，这从短期来看必然会给政府带来利益上的损失；但是从长远来看，市场的健康运行所带来的经济利益必将大大超越政府蒙受的损失。

(二) 建立现代企业制度，培育市场主体

构建市场经济的主体，是社会主义市场经济体制的基础工作与核心内容，离开了具有独立经济利益和自主经营的市场经济实体——企业，市场机制就缺乏载体，也就没有市场经济可言。而现代企业制度是与市场经济发展相一致的企业制度，其核心就是要建立法人治理结构，而规范的法人治理结构就在于：在所有权与经营权相分离的背景下，形成一套有效地选择经营管理者、激励与约束经营管理者的机制，以适应现代市场经济要求的企业经营制度。给现代企业制度下定义，需要特别把握好四个基本点：一是从生产关系的角度看，现代企业制度对应的是市场经济；二是从生产力的角度看，现代企业制度对应的是社会化大生产；三是从法律的角度看，现代企业制度对应的是企业法人制度；四是从产权的角度看，现代企业制度对应的是有限责任制度。因此，现代企业制度是指以完善的企业法人制度为基础，以有限责任制度为保证，以公司企业为主要形式，以产权清晰、权责明确、政企分开、管理科学为条件的新型企业制度,其主要内容包括:企业法人制度、企业自负盈亏制度、出资者有限责任制度、科学的领导体制与组织管理制度。现代企业制度具备以下基本特征:(1) 产权关系明晰,企业拥有包括国家在内的出资者投资形成的全部法人财产权,成为享有民事权利、承担民事责任的法人实体。出资者享有企业的产权,企业拥有企业法人财产权。国有资产的终极所有权与企业法人财产权的明晰化是我国在走向市场经济过程中的一大突破,是现代企业制度的一个重要特征。(2) 法人权责健全,现代企业制度的一个很重要特征就是使企业法人有权有责。企业以其全部法人财产,依法自主经营,自负盈亏,照章纳税;但同时企业要对出资者负责,承担资产保值增值的责任,形成法人权责的统一。(3) 出资人承担有限责任,出资者按投入企业的资本额享有所有者的权益,即资产受益、重大决策和选择管理者等权利,并以其投资比例对企业积累所形成的新增资产拥有所有权。企业破产时,出资者只以投入企业的资本额对企业债务负有限责任。(4) 政企职责分开,政府和企业的关系体现为法律关系。企业按照市场需求组织生产经营,以提高劳动生产率和经营效益为目的,政府不直接干预企业的生产经营活动。政府调控企业主要用财政金融手段或法律手段,而不用行政干预。企业在市场竞争中优胜劣汰,长期亏损、资不抵债的应依法破产。(5) 科学的组织管理,科学的组织管理体制由两部分构成:一是企业要有一套科学、完整的组织机构,它通过规范的组织制度,使企业的权力机构、监督机构、决策和执行机构之间职责明确,并形成制约关系;二是要有高效率的管理制度,如:机构设置、用工制度、工资制度和财务会计制度等。

我国西部地区国有企业的成长是与我国工业化建设同步而行的。在中国工业化进程中最主要的组织要素就是政府的行政系统,而不是西方国家中的由企业家和经理阶层所构成的组织要素系统。因此，西部地区企业的活动主要由政府行政系统所左右，表现出高度的有序性、有组织性，企业的设立，乃至企业内部分工和组织结构安排都是由政府按统一的计划进行的。因此，严格意义上讲，不仅企业的目标是非市场化的，而且更多的考虑到国家发展的战略布局，企业作为国家行政附属物，而非产权主体，不具有法人产权。随着我国市场经济体制的确立，企业建立与市场经济体制相适应的现代企业制度就显得极为迫切。

由于民营企业的出现与成长及国有企业建立现代企业制度的改革与发展，中国的企业开始初显现代企业的内容与成分，企业也开始以市场化经营为其经营目标。但是受非均衡发展战略的影响，广大西部地区的市场化进程还比较缓慢，表现在企业制度方面存在着三大差异。一是企业的所有权结构上，西部地区国有经济的比重过大，非国有经济发展比较缓慢，国有企业转型转制严重滞后。2003年，西部地区的国有及国有控股企业共8654户，在西部全部国有及规模以上非国有企业总户数中虽然只占36.38%，但其资产总额占75.73%，销售收入占65.14%，利税总额占75.62%，全部从业人员占60.4%，各项比例均高于全国平均水平，更高于东部地区[①]。二是企业建立现代企业制度的改革进展缓慢，产权不够明晰，管理不够科学，改革不够深入。由于"三线"建设时期形成的军工重型结构，包袱重，转换能力弱，转让、出售、转制速度不快，一些地方性的中小企业改制也因此步履维艰。三是在企业的经营目标与分配制度上，过分地强调稳定与倾斜，改革力度不大，企业有较强的外部依赖性。再加上企业经营中观念陈旧、管理落后、资金短缺、结构不合理、规模小、档次低等问题，企业的效率不高也就在所难免。因此，必须加快西部地区建立现代企业制度工作的速度，工作中要加大力

---

① 《西部地区国有企业产权多元化问题研究》，载《中国工业经济》。

度。当前，西部地区的企业改制应从以下几方面开展工作：

（1）对西部地区传统的国有企业进行股份制改造，组建现代化的企业集团。首先，要明确公有制并不等于国有制，国有企业也可以通过其他的组织形式来达到其实现公有制的目的。混合所有的股份制已经被证明是至今最好的公有制的实现形式，西部地区还没有进行股份制改造的传统的国有企业应该向这一具有活力的企业组织形式迈进，通过股东多元化来实现西部地区股份经济的发展，通过股份制企业的建设，形成一批成为西部地区经济一体化发展龙头的现代企业集团。国有控股须实行战略性的转移，撤出竞争性行业，转向关系到国民经济命脉的、适合国家垄断经营的战略性行业，为国民经济的健康运行发挥基础性作用。对一些债务负担较重、产品没有市场、长期处于亏损状态而又扭亏无望的国有企业，要坚决实行关停与破产，避免国有资产的继续流失。竞争性行业要吸引更多的民间资本，包括外资，并通过兼并、重组与联合等多种方式，加快企业发展，形成规模经营。同时要鼓励要素的跨区域流动，积极培育法人股东，鼓励东部发达地区对西部地区的国有及非国有企业实施兼并、收购及控股，实现优势国有企业及非国有企业集合效应；西部地区在吸引东部发达地区资金投入的同时，也要积极吸引外资，包括国外先进的技术、科学的管理和高素质的人才，从而实现资金、技术、管理、人才的优势效应。

（2）调整企业尤其是国有企业的股权结构，形成能够使公司治理效率最大化的股权结构。人们普遍认为，相对于高度集中和高度分散的股权结构而言，适度集中的制衡型股权结构从总体上更有利于内部监控制衡机制、接管和代理权竞争的发挥，能够有效地提高公司治理的效率[①]。因此，对于西部的多数国有企业，

---

① 裴琪：《制衡型股权结构与公司治理研究》，载《山东经济》2006年第1期。

国家应适度地减持国有股的比例，引进国内外非国有的投资者，形成前几名股东拥有较高比例的股权、但彼此相差不大的制衡型股权结构，鼓励民营企业和外资企业参与国有企业的资产管理，改变国有股一股独大的现状。政府应当消除歧视，积极鼓励民营企业和外资企业通过兼并、控股、参股、托管等方式参与国有企业改革与管理，以推进西部地区国有企业的战略性调整，提高西部地区经济市场化程度，推进西部地区经济一体化的发展。在国有企业实行战略性调整的同时，还要大力发展非国有制经济，放宽民营经济的经营范围及相关限制，只要民营经济有进入竞争性行业及项目的积极性，同时又对西部地方经济发展有利，都要优先安排，大力扶持，特别是在西部地区乡村经济、县城经济的发展中更要重视非公有制经济的作用。

(3) 加快西部国有企业的现代企业制度建设。目前，西部地区国有企业的改革还较为滞后，公司的治理结构、管理方法还不够科学。建立现代企业制度的核心是明晰产权，为此，国有企业要按照"委托—代理"的现代公司治理方式，通过"市场契约的联结"方式，投资方将企业的经营管理权授予其聘用的经营管理者，把决策权授予所有者的代表——企业董事会，构建企业权力制衡机制，实现两权分离，形成高效率的公司治理结构，从而保障企业所有者的合法权益。在建立了科学的公司治理结构之后，企业还要有一套以市场为导向、以发挥人力资本与技术的作用为重点的科学管理制度。西部地区的企业缺少一套行之有效的既能调动企业各方积极性，又能使企业管理层行为长期化、合理化的企业激励与约束机制，更加缺少高素质的企业家人才，这是影响西部经济一体化发展的关键问题。现阶段应着手从两方面做好此项工作，一是经营者报酬制度的构建，要大力推行股权激励机制，鼓励经营者持股，对经营者进行激励，构建多元化、激励性的薪酬制度；二是推进经营者市场职业化改革，培育独立的适应现代化市场经济发展需要的职业经理阶层。

（三）建立与完善市场体系

开放性、平等性和竞争性是市场的本质属性，不论是发达地区，还是欠发达地区或西部地区，完整而有效的市场在区域布局上是统一的，在运行规则上是规范的，市场的效率体现在要素与资源的流动与有效。在西部地区区域经济一体化进程中，建立完整的市场体系是至关重要的。目前问题的关键就是要打破区域分割，消除制度障碍，实现规范运行，以提高与发挥市场配置资源的效率。

市场化的区域经济一体化的发展依赖于完善的市场体系，完善市场体系不仅包括多样、流动、分散、易变的商品市场，而且包括劳动力市场、资本市场、技术市场、土地市场等要素市场与产权交易市场。通过建立健全产权交易市场，推动不同地区企业之间并购重组的产权交易和技术产权交易，促进资产的整合、技术的扩散和产业的合理分工，解决由产业同构化所带来的恶性竞争。市场建设不仅包括有形市场的建立，更为主要的是市场机制的建设。在推进西部地区区域经济一体化发展的进程中，要扩大与规范产品市场的范围空间与运行机制，打破地区封锁与各种壁垒，扩大商品交易的品种与范围；要建立适宜劳动力流动的劳动力市场，撤除阻碍劳动力人才流动的障碍，从当前来看，要逐步取缔传统的户籍管理制度与过于僵化的人事档案制度，制定优惠政策，加强人才的合理流动；要建立适宜资本流动的资本市场，积极推进市场化利率政策，加速资本的流动。资本要素短缺是西部地区区域经济发展的突出问题，在中央财政及国家政策银行加大投入的同时，要大力培育与发展西部地区的资本市场，尤其要拓宽西部地区对内对外的直接融资渠道，优先支持西部地区的基础产业与资源型企业的资金需求，放宽与加大西部地区企业的筹融资的规定和力度，不断寻求国际资本市场的支持。要建立适宜技术扩散与技术创新的市场,加快西部地区区域经济发展的技术支持的力度,扩大技术对经济发展的贡献。建立有利于提高土地使用效率的土地交易市场,建立包括国家土地市场、土地开发市场和土地使用权转让市场的三级市场体系。在产权交易市场建设方面,取消所有制限制与歧视,积极鼓励企业间的兼并、收购与破产。这些完整的产品与要素市场构成一个有效的市场体系,确保产品及要素的流动与效率,有利于发挥市场在资源配置中的基础性作用。

不仅如此,在市场体系建设中,必须重视市场的法制建设,建立健全市场运行的法律、法规,要加大市场法制化建设的力度,规范市场主体的行为,规范政府的行为。利用市场机制的力量,通过经济规则的逐步趋同,推动宏观层次区域经济一体化的实现。通过经营规模化、功能多元化、管理科学化,实现区域的技术创新和资本扩张。最终促进地区产业结构的优化,形成结构合理、分工明确、核心强大、充满活力的产业集群,推动西部城市群经济一体化深入发展。

7.2.2 规范并优化区域政策,实现西部地区经济发展的政策一体化

在市场经济深入发展和各地方政府利益独立化的制度背景之下,区域内各地方政府之间的合作行为是一种利益驱动下的战略选择,区域政府合作框架必须是基于各地的共同利益之上,并且使区域内的地方政府意识到只有选择合作策略才能增进和分享共同的利益。一体化的区域经济体需要一体化的经济政策,在统一政策的引导下,实现区域内各要素资源的整合,利用比较优势促进区域经济的整体发展。

政策一体化,是指在经济区域内达到各区域经济政策的协调一致;前面提到的贸易一体化和要素一体化使各分割的经济区域

形成了一个共同市场；政策一体化在共同市场的基础上又进了一步，各经济区域之间不但实现商品和生产要素的自由流动，建立起对外的共同关税，而且制定和执行某些共同经济政策和社会政策，逐步废除政策方面的差异，形成一个庞大的经济实体。在当今世界，典型的实行经济政策一体化的经济实体就是目前的欧洲联盟。

打破地方封锁、统一区域市场的前提是有统一的区域经济政策。区域经济的一体化说到底，是区域内规划、制度和政策的一体化。只有将各分割区域的投融资、税收、土地使用等一系列政策统一起来，才能形成一个凝聚力、竞争力极强的经济实体。长期以来，西部区域经济发展缺乏统一规划、区域基础设施建设缺乏统一规划、政策体制存在明显落差，从而造成市场分割、重复建设、优势不能互补、恶性竞争。随着西部大开发计划的启动，区域经济一体化的框架逐渐显现出来，如何实现区域性专业化分工与协作，促进商品贸易的自由化和生产要素的自由流动，最大限度地发挥每一个地区的经济潜力和比较优势，增进一体化区域的经济福利，逐步缩小区域经济发展的差距，有效地利用各地区的资源，获取区域分工的利益，促进区域经济的共同发展与繁荣，成为区域内各成员面临的普遍问题，在这样的背景下，统一的区域规划、统一的区域政策以及统一的区域制度就显得更为重要与迫切。

区域经济一体化具有两个层面：一是区域政策、规划和基础设施的相互协调、衔接和整合，形成整体的软硬环境；另一个层面是生产要素自由流动，形成无障碍的市场体系。政策体制决定着要素流动的基本状况和效率。区域政策是政府干预区域经济发展与区域经济关系的主要工具，是政府公共政策的一个主要组成部分，是经济发展空间格局发展到一个阶段的产物。区域政策是对区域问题与问题区域开出的药方。我国西部地区经济、社会发展水平较低，人民生活和地方财政收入水平较低，经济增长速度偏低，失业率高，产业结构高度化不够，科学教育与文化事业不发达，可持续发展能力差等。只要存在区域问题和问题区域，就需要区域政策，区域政策始终致力于解决区域问题与协调区域利益矛盾。

另一方面，区域政策可能在经济发展与区域利益协调方面产生矛盾，要解决好这一问题，首先要区分区域政策目标的主次，因为有些目标是一致的，有些目标在一定范围及区域内是有矛盾的；区域政策一定要体现在其对主要目标的倾斜上，最大限度地推进区域经济的发展。纵观世界各国的区域政策的实现目标，主要集中在区域与区域利益协调两个方面，可用表7-1说明。

表 7-1

政策目标内容	政策目标效应	区域对政策的反映
提高区域内资源的利用水平 更为有效地在区域内各种用途间分配资源 实现区域内的最快增长 区域内有效地分配生产要素使收入最大化，增长率最高	追求效率 关注区域经济的增长与发展 可能牺牲部分公平	发达地区期望政策，落后地区的利益会受到不同程度的损害 区域发展差异较大
实现区域内增长的均等化 实现区域间收入均等化 缓解通货膨胀压力而缩小区域差异	实现公平 关注区域经济发展中的区域利益协调 可能以牺牲效率为代价	落后地区期望的政策，发达地区利益会受到一定的损害 区域发展差异较大

续表

政策目标内容	政策目标效应	区域对政策的反映
减少区域拥挤度与其他由布局造成的外部成本，重新进行人口、产业布局而形成最佳社会利益的空间发展结构 诸如区域文化与发展个性等非经济目标任务实现与保护	兼顾效率与公平 既关注区域经济发展，又重视区域经济发展中的利益协调	区域发展基本实现平衡发展 整体社会期望的理想政策与发展目标

注：根据《区域经济政策—理论基础与欧盟国家实践》有关内容整理，张可云著，中国轻工业出版社，2001年版。

国家在对西部地区进行区域政策的投入过程中，首先要有科学、合理、规范的政策制度设计，核心是明确责任权利，并要有相应的评价、监督机制和奖惩措施。科学而有效的政策，既包括一定时期内在公平范围内的效率提高，也包括对效率提高的促进。在区域政策实施的主体选择上，为达到统一规划和政策的有序落实，权力（包括经济权力）不宜过度下放，区域政策的主动权要掌握在中央手中，同时也要从区域的实际出发，考虑区域经济社会的现状诸如民族、宗教、习俗、文化等因素，增大区域政策的灵活性与透明度。区域政策要与区域发展阶段的区域经济和人口的地域结构、布局因素与宏观经济和社会发展的转变相符合。

在区域政策工具的选择上，要处理好"胡萝卜"与"大棒"的关系，"胡萝卜"指的是政府的直接援助，包括政府财政投资、贷款优惠和税收减免，还包括改善投资环境的诸如基础结构发展、创建工业园区和科技园区的间接援助政策。"大棒"指的是政府的管制包括控制与处罚以及许可制度。一般而言，在利益约束机制与获利规则尚不完善时，"胡萝卜"政策容易使政策倾斜区产生"偷懒"的机会主义行为，诸如思想上的"等、靠、要"，行动上的无休止的政策"寻租"；而"大棒"政策，有时会出现"鞭打快牛"问题，抑制地区积极性与创造性发挥，这两种现象并不是区域政策设计者与实施者所看到的，但在现实生活中又不可避免，很难防范，实践中应尽可能减轻政策的负面影响，尽可能使政策完善。

在西部地区区域经济一体化发展中，各级政府要发挥其组织协调职能，完成由"无限政府"向"责任政府"和"作为政府"的转变。政府在推进西部地区区域经济一体化发展进程中的职能应切实转移到规范市场，消除区域内产品、要素流动障碍，改善区域的投资软环境，保护地区平等竞争与公平合作；进行基础设施等公共物品的建设与环境生态保护的区域协调；制定产业规划与产业发展政策，确立区域分工、定位，引导产业的有序发展与布局；协调效率与公平的矛盾，推动区域经济共同发展上。

(一) 区域经济的一体化建设必须有政策上的统筹规划

从总体上讲，我国西部地区地域广袤，资源丰富；但是各省区之间的自然地理环境和经济社会发展水平又有较大的差异；因此，要构建一体化的区域经济体，实现区域内各地区的共同发展与繁荣，政府就必须有一个整体上的规划，而不是仅仅停留在制定优惠政策上。统筹区域发展规划能使各地区有效利用自然资源，发挥绝对优势和比较优势，发展各自的优势产业，避免市场分割，杜绝重复建设和恶性竞争，从而实现专业分工、优势互补、利益共享、协调发展，在区域内形成一个良性发展的大经济圈。区域经济发展规划包括区域内的基础设施及生态建设规划、产业发展规划、市场体制规划等等，并统筹个别地区难以自行解决的重大问题。相对于单个项目的合作来说，一个整合与统一的政策平台，一个有利于无障碍流动的环境，可以使区域内各地方的经济行为协调、和谐，减少交易成本，出现更多的经济合作行为。需要特别指出的是，经济的发展离不开有效的基础设施建设，当今的经济发达地区无一不是基础设施完备、发达的地区。我国西部基础设施较为薄弱，对经济发展的统筹规划必须以对基础设施建设的一体化为基础，强化区域内能源、交通、通讯等基础设施的统筹与管理。基础设施建设对经济发展有着巨大的影响，基础设施的一体化是区域一体化的基本架构，能源、交通、通讯等设施建设是推进区域一体化的重要基础，也是区域整体规划的核心。没有基础设施的一体化，不仅使现有的资源与设施空置与浪费，而且也极大地影响地区间生产要素的自由流动，提高了区域内的交易成本。在基础设施的建设过程中，要避免地区行政分割的影响，实现跨区域基础设施的衔接，杜绝地区之间竞相追求大而全、小而全的重复建设现象，降低经济发展的成本，提高效率。

（二）区域经济一体化建设必须有统一的市场体制

有了统筹的区域经济发展规划和完备的基础设施，就等于具备了区域经济一体化的硬件；当然只有硬件还不能满足一体化建设的要求，还需要统一的市场经济体制这一软件，包括统一的要素流通体制、统一的投融资政策、统一的财政政策、统一的市场竞争规则等等。尽管我国实行的是社会主义市场经济体制，但各地区市场运行还是有很大差异的。与发达国家的市场经营主体相比，我国西部企业在规模和实力、组织程度、经营管理水平和市场竞争力等方面，存在着相当大的差距，主要原因是企业制度因素和历史因素。地方政府的行政干预和保护主义也阻碍了市场的健康发展与壮大。这种体制将从事区域内流通的商业企业与区域外的市场分割开，缺乏来自外部的冲击和竞争挑战，总体呈小、弱、散、差的特点。因此，在建设区域统一市场的进程中，政府应从西部地区区域经济关系的依存性与融合性特点出发，不断加速区域内外的产品、资本、人才、技术、信息等要素的交流与传输,使区域经济的运转步入有序发展与协调平衡的轨道,建立和谐的区域竞争与合作关系,保障区域经济的持续协调发展;从区域政策环境的无差异性与协同性特点出发,构建低成本的兼顾效率与公平的区域政策体系,减少经济发展中的冲突与矛盾,以机制创新与市场建设为手段,充分发挥市场的基础性作用与政府的理性干预政策的作用,构建西部地区区域经济发展一体化体系,实现西部地区经济的可持续协调发展。

世界上最大的区域经济共同体——欧盟的实践经验表明,一个统一的协调的市场对建立区域经济一体化的发展机制是至关重要的。像要素流通体制、投融资政策、市场竞争规则这些制度性的东西一经规范统一就应当以政策法规的形式确定下来,经济区域内的各成员都必须遵守;否则,建立一体化的区域经济就只能是一句空话。统筹规划的实施必须以规范、统一的体制作为保障。如果没有体制框架的支撑,就无法在区域大市场范围内,协调各地方的政府行为,无法限制地方政府主导的盲目重复建设的冲动,无法使区域内市场主体进行充分、有效的和公平的市场竞争,无法防止市场竞争被各地区行政权力和垄断势力扭曲,无法实现区域范围内的资源有效配置。因此,区域内各政府应实行统一的非歧视性原则、市场准入原则、透明度原则、公平贸易原则,清理各类法规文件,逐步取消一切妨碍区域市场一体化的制度与政策规定,取消一切妨碍商品、要素自由流动的区域壁垒和歧视性规定,促进市场的发育与完善。为使区域内的市场逐渐统一,各地区政府可以采取以下几点市场监管手段:

(1) 在贸易一体化的体制中,加强市场监控,整顿市场秩序,治理市场环境,这是政府政策的重点之一。政府可以通过立法和行政管理,约束和规范区域内外企业的经营行为,鼓励企业合法经营,杜绝恶性竞争,加强对消费者的保护力度,维护消费者的正当权益。

(2) 建立明晰的产权制度，促进生长要素的自由流通；大力加强对知识产权的保护，维护知识产权人的合法权益。

(3) 制定区域内统一的投融资政策和税收优惠政策，利用比较优势和专业化生产经营吸引资金。

(4) 建立健全市场信息传导系统，及时、准确地向社会传达国内、国际市场行情变化、市场中长期变动情况以及各种商品需求信息。

(5) 建立市场风险预警系统，健全产品及要素的价格变动的预警机制和对应机制。

(6) 建立健全市场纠纷调节机构，公平、妥善处理和化解各地区企业之间及企业与消费者之间的矛盾和纠纷。

上述各种政府建立的市场监管制度是建立区域一体化市场体制所必须具备的内容，需要通过政府的政策导向，加速各种制度的建设进程。可以看出，在建设区域统一市场的进程中政府始终是作为一个监管者的角色存在的，政府并不直接参与到市场运行当中去，而是为市场的健康运行提供环境和服务，不去改变市场的主体地位，这是今后各地区政府在一体化进程中需要注意的。

(三) 适宜的产业调整政策

西部地区在区域经济发展中，应在一体化经济发展的总体目标要求下，以深化改革与区域推动为动力，以可持续发展为主线，从产业发展的互利性与整合性特点出发，加快产业间的合作与协调，发挥产业优势，提高整体产业水平；从区域资源和生产要素的流动性与聚集性特点出发，充分发挥区域内中心城市与重点地区经济的聚集与扩散功能，形成空间广阔的区域经济协作体系，促进西部地区经济的协调发展。为了实现西部地区整体的经济繁荣，使各地区能够利用自身的比较优势，发展各自的优势产业，利用规模经济，避免低水平、低效率的重复建设，就必须有一个统一的产业政策来协调西部各地区产业的发展，使西部产业在统一的规划下实现产业结构的优化。

1. 西部地区的产业优势

根据上述对产业选择的优势原则的理解，我们认为西部的优势产业，仍应突出西部自然资源丰富、劳动力丰富、土地面积大等优势，并在此基础上，加大科技投入的力度，把资源优势与高科技相结合，变资源优势为经济优势、科技优势，努力形成有资源优势的特色经济。

西北省区要进一步发挥能源工业、原材料工业优势，主攻工业，大力发展高技术产业和轻工业。新疆、内蒙古煤炭远景储量分别居全国的第一和第二，油田开发、西气东输前景诱人。西北原有的工业城市兰州、酒泉、克拉玛依、玉门、包头、西安等仍应继续发展能源工业、原材料工业，特别要着重发展能矿产品的深度加工，才能大幅度增加附加值，为西北摆脱落后的面貌积累资金。根据西北企业组织结构中大型企业比重大、中小企业比重小的问题，大企业要继续强化技术优势，大力发展出口创汇和替代进口的高技术产品，同时要利用大企业的前向、后向和旁侧扩散效应，带动中小企业和乡镇企业的发展，形成能矿产品深加工的优势产业群。针对西北轻工业落后的现状，应大力发展轻工业。轻工业大多以农牧业为基础，因而大力发展轻工业将带动农牧业的发展。西北农牧业发展的潜力很大，但要大力改良草原、草场的环境，变放牧为圈牧，大力发展种草业。西北地区拥有发展轻工业的资源优势和有利条件，应该积极兴办轻工业，包括发展棉毛纺织业，使西北工业结构趋于合理。

西南地区应该重点发展工业和旅游业。西南产业结构的特点是第一产业过重，工业结构偏轻。第一产业比重过大，说明第二、第三产业落后，工业结构偏轻，说明重工业不发达。云南和广西的轻工业比重占工业的比重超过一半，但是云南轻工业只注重卷烟、制糖、制茶等少数部门，而其他丰富的农副产品和土特产品资源却没有得到充分开发和利用。重工业内部的采掘、冶金工业发达，但加工业不发达，特别是深加工能力弱，因而产品附加值低。因此，西南地区应大力发展重工业，发展能源原材料工业，特别要重视能矿资源的深加工工业。与此同时，也要注意发展与农业关联性很强的轻纺工业以及日用消费品工业。西南地区旅游资源丰富，应是重点发展的产业。云南、西藏、贵州、广西、四川都有极为丰富的旅游资源，旅游业收入逐年大幅度增加。当前除了要重点改善旅游环境，提高服务意识，还应该注意保护旅游资源，做到旅游业的可持续发展。

2. 推进西部地区产业结构调整

为适应西部大开发的要求，西部地区必须立足自身的比较优势，以市场为导向，积极发挥产业结构政策、产业组织政策、产业技术政策的导向作用，大力推进产业结构调整，促进结构优化和产业升级。

(1) 以产业结构政策为导向，加大西部工业结构调整力度

集中力量扶持优势行业发展。西部地区具有丰富的电力、石油天然气、煤炭、有色金属、化学矿产、中药材和旅游等资源，应集中力量，支持这些具有比较优势的行业尽快做大做强，使之成为支撑西部地区经济发展的支柱。用高新技术和先进适用技术改造和提升传统产业。现阶段传统产业仍然是西部工业经济的主体，要抓住信息化带动工业化这个机遇，通过微电子、计算机、网络技术的应用，推动传统产业研究开发、设计、制造及工艺技术的变革。西部地区要把机械工业、轻纺工业、建材工业、钢铁工业和煤炭工业作为重组、改造和提高的重点，尽快提高这些行业的整体水平，实现跨越式发展。

(2) 以产业技术政策为导向，加快企业技术进步和产业升级

科技进步是西部工业结构调整的根本动力。要充分发挥老工业基地、科研机构和高等院校现有科技力量的作用，积极引进和

推广国内外高新技术和先进适用技术。紧紧围绕增加品种、改善质量、节能降耗、防治污染和优化进出口商品结构，加大对西部地区技术改造的支持力度。支持西部地区建立和完善以企业为中心的技术创新体系，加快建立大企业技术开发中心和依托中心城市面向中小企业的技术服务体系。进一步加强产学研合作，优化科技资源配置，加强技术集成，解决科技与经济脱节的问题。要适当集中相关资源，发挥政府产业政策在发展高新技术产业方面的导向作用，在信贷、财政、税收、外贸等方面给予相应的支持。

（四）经济一体化区域须形成统一的对外经济政策

前面讨论的都是在区域内经济一体化的建设问题，但是一体化的区域经济并不是一个被分割出去的系统，一体化区域仍然要与区域外的经济体发生经济关系，而且我们认为这种经济关系更为重要。区域经济的一体化只是手段，其目的，从短期来看是要将各经济区域整合成为一个统一的经济实体，缩小地区间发展水平的差距，实现区域内各地区经济的协调发展和共同繁荣；从长远来看，区域内经济一体化是要以经济区域作为一个整体参与区域外部的市场竞争，区域经济的一体化本质上是为了使经济区域在国内的大市场乃至全球市场更具有竞争力；后者才是我们实行西部区域经济一体化的初衷。因此，除了对区域内的一体化做好统筹规划和市场统一外，整个区域还应形成统一的对外经济政策，使自身能作为一个更具竞争力的实体，参与到外部的市场竞争当中。因此，加快针对区域外的经济政策体系建设，是加速推动区域经济一体化的必要手段和措施，也是区域经济一体化建设本身的一项实质性内容。目前，构建针对区域外的经济政策体系，应从以下几方面的政策入手。

一是协调对内贸易与对外贸易的关系。在区域经济一体化体制下，要协调好对内贸易与对外贸易的关系；以对内贸易为基础市场，以对外贸易为扩展市场。基础市场要协调发展，做强做大，为参与扩展市场的竞争提供保障；区域内的企业不仅要关注基础市场，更要把眼光放得长远，关注区域外市场乃至国际市场的需求，在需求的引导下进行生产经营，这样才能更好地利用比较优势和规模经济。对内贸易与对外贸易的协调运转和互动效应，应成为衡量区域内市场与外部市场有机结合的重要标志和尺度。

二是协调国内市场与国际市场的关系。在当前经济全球化大潮中，国内市场与国际市场联系得更为紧密，一方面本国市场构成国际市场的一部分；另一方面本国市场对国际市场的依存性也越来越高，国际市场与国内市场在市场制度上的同质化倾向越来越越明显。西部地区的发展不仅要关注国内市场，更要关注国际市场，参与国际市场的竞争。但从目前来看，我国国内市场仍然存在很多旧体制遗留下来的与国际市场共同准则不相容的规章制度，西部地区的市场化建设更是落后于东中部地区，这已经成为西部一体化区域参与国际市场竞争的重大障碍，需要进行彻底的清理和规范。我们要尽快使国内市场与国际市场接轨，以国际化的市场准则为标准来建设国内市场，这是国内市场与国际市场对接和融合的过程，也是国内市场建立并适应新的市场体制的过程。

7.2.3 科学合理地进行投资布局，充分发挥投资对西部区域经济一体化的引导作用

经济发展相对落后的地区要实现经济的跨越式发展，必须重视和解决好投资问题，尤其是区域投资的布局与规模；投资布局即是指投资结构，包括投资来源分布、投资在地域上及产业上的分布，它决定着西部地区整体的产业结构布局是否合理，因此，要实现一体化经济的高效率的运行就必须安排科学的投资布局；投资的规模即是指投资的数量，它决定着经济规模，因此，要实

现一体化经济的规模效应,就必须有足够的投资规模。由此可见,区域投资的布局与规模对影响西部经济发展的重要因素——产业结构布局——具有引导作用,直接影响着西部区域经济一体化的构建与运行。

总结近年来西部投资的情况,主要有以下几点结论。一是经济布局不合理的情况逐渐得到改善。建国初期由于特殊的历史和国情原因,经济布局不是依据现代产业布局理论,而是带有政治化的特点,产业结构不合理,侧重重工业,忽视轻工业;结构严重趋同,忽视基础产业和地方优势,地区资源不能合理配置;片面追求"大而全"、"小而全"的工业体系。在改革开放以后,市场经济体制开始逐步确立,西部的煤炭、石油、天然气、水能、有色金属和稀有金属等优势资源产业获得了较快发展,产业布局也依据自身优势进行了大调整。二是总体的投资规模依然不大。政府对西部的投入主要是通过财政转移支付等手段直接投资,一方面它与西部经济发展对资本的需求相比,仍然存在着较大的缺口,另一方面投入的总量仍不及过去政府在东部沿海地区的投资规模。三是政府投资依然是西部地区投资的主体。自国家实施西部大开发战略以来,在全社会固定资产投资构成中,虽然公有制经济政府投资部分有所下降,民间投资部分有所上升,但总体格局并没有改变,民间投资的规模及外资利用规模依然不大,不论是从总量上,还是从增长速度上看都赶不上全国平均水平,更不及东部沿海发达地区,投资的主体仍然是政府,西部经济增长的动力主要依赖政府的投入。这样的一个投资规模、投资结构限制了西部发展的进程。上面提到的问题关系到西部经济布局的成败,必须引起我们足够的重视,并采取相应的措施加以改善或解决。思路主要有以下两点:

(一)把握投资布局规律,大力扶持西部地区的优势产业

现代投资布局明显显示出分散与开放的变化趋势。分散是指

投资一般在其相对优势的地域形成生产力，在某些区域相对集中，但随着时间的推移，原有投资区域的相对优势丧失，投资会转向另一些相对优势的地区，由此形成投资的均衡，在总体规模上呈现出均匀分散的趋势。这种动态的均衡分布投资态势，直接导致了工业布局结构。开放是指地区间社会分工的出现，使得区域间的经济交往更加广泛密切，要使地区间生产要素合理而有效地流动，就必须保持投资布局的开放性；随着社会化大生产的发展，不同经济区域的经济联系趋于开放，开放的经济体系，要求投资布局也具有开放布局之势。

　　了解投资布局的规律可以帮助我们在西部地区形成更佳的投资结构，进而实现西部地区更为合理的经济布局。投资布局的规律概括起来就是要实现最具经济发展优势的产业和地区对资本的占有，从而达到资本能够被最有效率的利用这一目的。进入"十五"时期，受投资边际效益规律的影响，西部地区又显现出其相对的发展优势，国家发展的重心开始西移，西部地区作为一个整体经过50多年特别是改革开放25年的发展，有了一定的基础与优势，投资运作进入了西部有效运作期。而在西部地区内部，各地的产业优势和地域优势又各不相同；这就产生了如何分配投入到西部地区的资金的问题。依据投资布局的规律，西部地区的投资对象必然是西部地区最具优势、最具发展潜力的产业和区域。在市场经济条件下，投资这一经济活动是由市场这只看不见的手来调节的；但是由于市场失灵的存在，政府需要适时地对投资活动进行引导，使资本退出丧失优势的领域，进入具备新的发展优势的领域。如何对投资活动进行正确引导是在西部区域经济一体化的发展过程中，中央和地方政府所面临的课题之一。国家在确定各产业在全国布局中地位的同时，要对西部的主导产业、关联产业和重点支持与重点限制产业加以积极考虑，西部各省区市都应在国家整体布局的大背景下，有所差别，有所突出，因地制宜发挥区域优势。我们要把握西部大开发这一难得的历史机遇，加大对西部地区的整体投入，合理布局，充分发挥投资的带动效用。

(二) 优化投资环境，吸引民间资本与外资投资西部地区

从历史发展观点看，世界上至今没有哪一个国家能够仅仅依靠中央政府财政的投入来改变一个地区的贫困落后的境况的。这方面失败的情况很多，相反成功的区域开发与发展都无一例外地由中央政府财政诱导民间资本参与开发实现的，发挥其挤入效应。因此，政府一方面要解决包打天下的做法，另一方面通过对基础设施的投入，投资环境的优化扶持政策的配套以及增加教育与人才培养等，吸引更多的民间资本进入到西部地区区域经济开发与发展中。政府特别是地方政府，要在改善投资的软环境方面，规范政府行为，规范市场运行规则，保证司法公正及土地、劳资、社会保障与社会治安等方面制造一个良好的投资环境。在吸引外资方面，一个根本的政策就是要给予外资与内资相同的待遇，不搞区别，更不能歧视，要通过税收优惠、放松管制、信贷便利、放宽行业限制等办法，加大政府的诱导力度。进一步开放市场，将长期处于保护、垄断，并已经形成既得利益的金融、电信、中介服务及商业领域向外资开放；鼓励外资参与国有企业并购与重组，放宽及取消部分产业对外资参股的比例限制。进一步开放外商投资项目，开展包括人民币业务在内的项目投资，支持外资企业在境内外发行债券与股票融资上市；积极鼓励外资参与并发起产业投资基金与风险投资等多种形式的基金，吸引外资用境内的投资利润再投资等。实施资源置换战略，在矿产资源的勘测及开发方面除严格限制战略资源外，一律开放，允许其进行勘测开发和后续经营。在引进外资方面要树立"民族经济转向全球经济"、"政府变小，企业变大"和"按照国际惯例运作"的整体观念，实施"点开放、线开放、面开放、体开放"的总体开放战

略,形成可持续发展的对内对外扩大开放的机制。

7.3 区域经济一体化的运行

在具备了实施区域经济一体化所需的统一的市场体制和统一的政策支持之后,唯一的问题就是一体化的经济如何运行。下面将通过一体化的规模、一体化的结构和一体化的组织来阐述一体化经济的运行。

7.3.1 壮大经济规模,实现西部区域经济一体化的规模经济

规模经济是由大规模生产产生的经济效果,是指在产出的某一范围内,平均成本随着产出的增加而递减。在比较利益理论中,我们讲到过机会成本变化的问题,这里讲的规模经济实际上就是机会成本递减或规模收益递增的情形。经济学的基本理论告诉我们,当生产规模太小时,劳动分工、生产管理等因素会受到限制,产品的平均成本会比较高;随着规模的扩大,可以进行更有效的劳动分工和专业化生产,使得劳动生产率提高,平均成本下降。

规模经济通常有两种表现形式,一种是内部规模经济,另一种是外部规模经济。内部规模经济是内在于一个企业里的,指厂商的平均生产成本随着其自身生产规模的扩大而下降。这就给了大企业以成本优势,大企业由于生产规模比小企业大,因而平均成本比后者低,在市场竞争中更占优势。内部规模经济取决于从事工业的单个企业和资源、它们的组织以及管理的效率。外部规模经济对单个厂商来说是外在的,而对整个行业来说是内在的,即平均成本与单个厂商的生产规模无关,但与整个行业的生产规

模有关，平均成本随着整个行业生产规模的不断扩大而下降。外部规模经济常常由于"聚集效应"而产生，在对区域产业集聚的考察中，马歇尔提出了外部规模经济的概念，即市场规模的扩大带来了中间投入品的规模效应、劳动力市场规模效应以及信息交换和技术扩散，从而可以导致外部规模经济，这和专业的地区性集中有很大关系。行业内的企业数目越多，竞争越激烈，整个行业的生产规模越大，其中的单个企业就越能在信息交流与知识分享中获利，提高劳动生产率，降低成本。外部规模经济是企业利用地理接近性，通过规模经济使企业生产成本处于或接近最低状态，使小规模企业自身无法实现的规模经济通过外部合作来获得，并且正是这种外部的规模经济导致了产业集群的产生。生产和销售同类或相似产品的部门或存在产业关联的部门集中于某一特定的区域会使企业在使用人力资源、设置专门机构、利用原材料生产等方面有很高的效率，而这种使用效率是处于分散状态下的企业所不能达到的，这种高效率形成外部规模经济，从而促进企业集中在一起，形成了产业集群。

在7.2节，我们谈到了西部区域经济一体化的问题。实际上，在西部地区实行经济一体化，就是要利用西部各地区在不同领域上的优势，把生产相同或类似产品的企业集中起来对生产过程的各个阶段进行专业化分工，形成多个产业集群，进行专业化生产、规模化经营，利用其经济性提高西部地区的竞争力水平。

在西部地区建立特色优势产业带的外部规模经济主要体现在以下七个方面：

一是可以利用具有绝对优势和比较优势的自然资源、地域资源等。

二是可以在该区域形成具有专用性性质的劳动力市场，降低人力资源大规模流动的成本，提高流动效率，产业区内集聚了许多潜在的劳动力需求和潜在的劳动力供应。由于路径依赖和累积因果效应，劳动市场共享造成了企业集聚活动，劳动市场共享使企业节约了劳动力要素成本、搜寻成本和培训时间及搜寻时间。

三是存在产业关联的部门的集中便于中下游企业所需的中间产品的取得，降低了交易费用，产业集聚可以支持该产业专用的多种类、低成本的非贸易投入品的生产。众多使用中间投入品的企业与生产中间投入品的企业集中在一起，不仅使生产中间产品的上游企业能够使用专业化的、高成本的机械设备，以降低中间产品的单位生产成本来供应众多的消费者；而且还消除了中间商这一环节，缩短了下游企业的供应链，降低了最终产品的成本，提高了产品在市场上的竞争力。

四是有利于技术与信息的扩散与传播。企业在特定地区的集群有利于新知识、新技术、新创意在扎堆的企业之间传播和应用，"行业的秘密变得不再是秘密，而成了众所周知的事件……对于机械流程和企业一般组织上的发明和改进，因其所取得的成绩，将迅速地为他人所研究。如果一个人有了新思想，就会为别人所采纳，并与别人的意见结合起来，因此它又成为新思想之源泉"。这样就营造了一种协同创新的区域环境，知识信息的扩散是创新的源泉，不断的创新使这些产业区的经济持续增长，更加激励着相关产业的新企业的加盟。

五是可以共享辅助行业提供的专门服务。由于辅助行业或者采取了高度专业性的机械，或者只是采用了生产或服务专门化的方式，所提供的服务的平均单位成本是低廉的，而如果在某一区域没有聚集数量较多的同质企业，提供这样的专业服务成本就较高[1]。

六是可以共享该地区的基础设施，从而减少经常性成本开支；在政府统一的科学规划之下，避免基础设施的重复建设，节

---

[1] 安虎森：《区域经济通论》，经济科学出版社，2004。

约资源。

　　七是可以弥补企业无法获得的内部规模经济。中国企业普遍存在的一个问题就是规模较小，制约了内部规模经济的形成；尽管中国目前也产生了一些规模庞大的企业，但是这些大企业的形成大部分是依靠对资源、产品和服务上的垄断才实现的，企业生产经营的效率不高；而且与经济发达国家相比，我国大规模企业的数量甚少，大部分都集中于经济发达的东部地区。在经济全球化时代，西部地区的企业要实现规模经济，仅仅通过自身的原始积累来扩大规模是不够的，也是不现实的；必须通过企业间的分工、合作来实现外部的规模经济。

　　要利用外部规模的经济性，形成具有规模的产业带，前提是要有一定量的企业在某一特定区域的聚集，国家和西部地区的地方政府可以通过政策上的引导与支持，在具有产业优势的地区以经济开发区、产业新区等形式建立经济特区，为企业的投资建厂和生产经营提供良好的环境，从而达到吸引同类企业在此聚集的目的。集群一经形成，就会通过其优势将有直接联系的物资、技术、人力资源和各种配套服务机构等吸引过来，尤其是吸引特定性产业资源或生产要素。随着产业链的延伸，将吸引更多的相关产业甚至不同产业，扩大地区产业规模。而且，随着集群竞争力的增强，这种资源吸引效应还会逐步加速。这种基于路径依赖形成的"集群—资源吸引—集群扩张—加速资源吸引"的循环累积过程，便于企业快捷获取所需资源，促进企业迅速成长。产业集群具有四大优势：

　　一是集群内部的产业之间能形成互助关系，新观念、新战略、新技巧能够快速便捷地在产业间扩散，激发产业的升级效益，在不断强化产业集群内的关联作用的同时，也带来新的竞争观念、新的机会、新人与新智慧的新的组合等；

　　二是产业集群帮助产业克服内在惯性与僵化、破解竞争过于沉寂的危机，进而将这些现象转为竞争升级；

三是完整的产业集群也会放大或加速国内市场竞争时生产要素的创造力；

四是产业集群会产生竞争力放大效应，使产业集群的竞争力大于各个部分加起来的总和。

总之，产业集群不仅降低交易成本、提高效率，而且改进激励方式，创造出新的生产方式、专业化制度、知名度等无形的价值。更重要的是，集群能够改善创新的条件，加速生产率的成长，也有利于新企业的形成。产业集群实质上已成为区域产业成长的重要动力机制。产业集群，通过不同的经济效应，形成区域产业发展的强大动力，不断促进区域产业乃至区域经济的发展。

7.3.2 优化经济结构，促进西部一体化区域经济结构的高度化、合理化

区域经济结构是指一个区域内各经济单位之间的内在经济、技术、制度及组织联系和数量关系，是影响区域经济增长的重要因素之一，它决定了区域资源配置的基本模式。就结构的属性而言，区域经济结构包括了产业结构、所有制结构、企业结构、技术结构、要素结构等。但至今经济地理学对区域经济结构研究的重点仍然是集中于区域产业结构对经济增长的作用。原因在于，经济地理学对区域经济问题的研究基本上是在经济体制一定、并忽略企业运行效率差异的前提下进行的。需要指出的是，现代经济地理学也开始关注经济体制和制度、企业结构等对区域经济发展的作用。

区域产业结构是指区域内具有不同发展功能的产业部门之间的比例关系。区域产业结构是全国经济空间布局在特定区域的组合的结果。在特定区域内，之所以拥有某种类型的产业结构，是由该特定区域的优势和全国经济空间布局的总体要求所决定的。

区域经济的本质就是要充分发挥区域优势，在空间市场一体化条件下，实现区域间的合理分工，以最大限度地获得空间经济的整体效益。区域产业结构分类是一种产业结构功能分类，是以一般产业结构分类为基础，根据各产业在特定区域经济发挥中的功能、地位和作用，划分区域产业类型，以反映区域的优势和区域分工的要求。区域产业结构是区域进行资源配置，实现资源增值的载体。在经济体制和企业效率一定的前提下，区域经济增长的效率与发展的状况在很大程度上取决于区域产业结构的先进性及变化[1]。

（一）西部产业结构的现状及存在的问题

在西部大开发政策的带动下，西部地区产业结构的优化速度有所提高，产业结构高度化进程明显加快。但是，与东部地区产业结构相比，仍然存在着较大的差距，产业结构问题突出。

1. 西部产业结构中企业生产水平低。西部长期以来一直被作为东部的能源和原材料供应基地，企业大多属采掘工业和能源材料工业。但西部地区未能将资源优势转化为商品优势，加工工业一直处于较低发展水平，初级产品的深加工能力弱，致使工业产品的附加值较低，丧失了利润空间。同时由于加工层次较低，使主导产业与周围地区的联系相对松散，难以形成集团和规模优势，也难以形成由中心城市向广大周边地区辐射的生产要素传递网络，使西部广大地区的经济处于待开发状态，这便从整体上降低了西部经济发展水平。

2. 西部产业结构发展不协调，三大产业发展不平衡。西部大开发计划实施以来，西部地区产业结构发生了较大的变化，区域产业结构高级化程度有所提高。产业结构由 2000 年的 22.3:41.5:36.2 调整

---

[1] 杨公朴、夏大慰：《产业经济学教程》，上海财经大学出版社，2002。

为2004年的19.5:44.4:36.1[①]。三大产业都有较快的发展,实力也都有所增强,但仍存在着产业结构不合理的问题。

与全国产业结构相比,西部地区产业结构表现出一种特殊的状态,即区域产业结构呈两头偏大、中间偏小状态。总体上看,西部地区尚处于工业化的初期阶段,其产业结构在一定程度上表现出明显的早产型特征：

尽管第一产业的比重下降了2.8%,且比重今后还会进一步下降,但目前的比重仍高于全国,农业经济特征明显。同时,第二产业发展的速度仍显迟缓,比重低于全国,工业总量规模小,发展水平低,重复建设现象严重,竞争力不足,产业结构效益低,工业化进程推进缓慢。尽管如此,通过对西部12省市区的数据分析,工业生产规模的迅速扩大仍然是西部地区经济快速增长的主要支撑之一,第二产业对经济发展的带动作用明显。第三产业的比重高于全国,但是以传统的服务业、机关事业为主,现代服务业的发展落后。东部地区已经进入工业化的中后期阶段,西部地区与其差距更大。从产业结构上看,西部地区与东部地区处于两个完全不同的经济发展阶段。

3. 第二、第三产业内部结构仍很不合理。主要是基础工业与加工业的增长不协调,高附加值、高技术含量的产业和产品比重不高；过度发展重工业,轻工业发展缓慢。由于利益机制的推动和投资主体多元化,低水平的一般加工业发展速度更快,重复建设,盲目扩张,形成一般加工业供过于求,出现相当普遍的产品积压和能力闲置。同时,高附加值的高新技术产业发展慢、其产品在工业总产值中不足10%。第三产业中,传统服务业的比重过高,为现代农业、工业服务的金融、通讯和信息产业以及为提高劳动力科学文化水平和居民素质的服务部门比重较低,现代化水

---

① 根据《中国统计年鉴》整理。

平不高。这种超前发展而现代化水平低下的第三产业对今后的经济发展将带来消极的影响，对经济发展的服务支撑功能较差。

(二) 优化西部产业结构的原则

根据以上比较分析，找出了存在的问题、差距，下面就如何优化西部产业结构，提出相应原则。从西部实际出发，以市场需求为导向，以技术进步为动力，以充分利用和发挥西部优势为手段，以经济效益最大化为目标，推动和加速产业结构向合理化的方向发展。具体说，西部产业结构优化有以下原则：

(1) 符合西部经济发展战略目标的原则。产业结构的优化升级归根到底是以经济持续增长为目的的，脱离了经济发展目标单纯追求产业结构的合理是不可能的，产业结构的合理化要与经济发展相适应，要随经济的增长不断调整，当经济发生质的变化，跨上一个大台阶时，产业结构也要相应地做出较大规模的调整。

(2) 各地区因地制宜、扬长避短、优势互补的原则

西部产业结构的形成与发展不能脱离西部自身的客观条件。脱离自身实际，抛开已有优势，违背分工规律，就会造成地区的产业结构趋同，市场不平稳，竞争力不强，最终影响到经济的发展速度。西部要利用比较优势和后发优势着重发展那些本地拥有竞争优势的支柱产业，放弃那些本地目前或未来一段时间无法做好或不具备优势的产业，利用与其他地区分工协作关系，体现自己的特色，大力发展特色经济，抓住西部经济一体化的机遇实现优势互补，使自己用最小的成本换取最大的收益。

(3) 规模性、开放性、全局性的原则

经济一体化就是要最大限度地发挥各地区的经济潜力和比较优势，整合各地区资源，实现规模经济，增进一体化区域的整体经济福利，西部产业结构作为全国产业结构的一个有机组成部分，在努力发展自己优势产业的同时也受宏观经济政策和产业政策的限制与约束。优化西部产业结构必须考虑到区域之间、区域

与国家之间的分工协作、协调与配合。切忌搞成封闭式的结构，在自己区域内搞"小而全、大而全"的产业体系，在损害自己经济利益的同时也阻碍整个国家经济的发展。要根据国家产业政策和市场机制两方面的要求，发展市场急需的、西部自身又具有优势的产业，同时注意与东部发达地区以及国外其他国家的联合与协作，跟踪国际产业结构的变化趋势，全面制订自己的产业发展计划。

（三）西部产业结构优化的方法

在产业结构优化的方法上，西部必须紧紧抓住西部大开发的契机，对现有的产业结构做出适合经济发展需要的调整，以市场需求为导向，以优势资源为依托，发展具有市场竞争力的产业和产品，实现产业结构的合理化。

1. 按照降低第一产业比重，提升第二、第三产业比重的经济发展要求，实现三次产业间的优化组合。第二产业是经济的支撑行业，第三产业是经济的深化行业，西部大开发要真正加快经济发展步伐，必须在农业基本保证需要的情况下，下决心扩大第二、第三产业的投入比例。加快产业结构升级步伐，在发展中一方面要提高增长速度，另一方面更要注意提高效益，达到持续快速增长的局面。

2. 调整产业内部结构，加快传统行业的改组和改造步伐。由于西部农业结构升级缓慢和农业劳动生产率过低，今后，西部农业将面临增加产量、提高质量，以满足国民经济发展和人口增加对农业产品需求与提高技术水平、加快农业内部产业结构升级和提高农业劳动生产率的双重任务。因此，农业应朝着外向型、集约化、现代化、精细化和深加工的方向发展，支持农业产业化经营，提高农业效益。在第二产业，重点是大力发展高新技术产业，增强企业的深加工能力，提高产品的科技含量和附加值。要以市场为导向，培育收入弹性高、生产率上升快和产业关联度大的产业成为国民经济的支柱和新的经济增长点,把创新作为基点,带动其他产业的升级换代。一方面加强传统产业的技术改造,另一方面要搞先进技术的开发与引进,加快技术密集型和知识密集型产业的发展。在第三产业,重点要缓解基础设施等瓶颈产业,使经济的发展有一个基础保证。同时,借鉴东部第三产业超常发展的经验,重点发展外贸、旅游、金融保险、房地产、咨询、法律服务等比较薄弱的产业,加快第三产业的体系化。

3. 优化西部产业结构必须在财税政策、市场建设、法律保障等方面做出进一步的努力。在经济一体化的统筹规划下,对高新技术产业、先导产业给予税收优惠;加快建立西部要素市场,促进西部地区信息流、物资流、资金流和人才流的畅通,防止地方保护主义,充分发挥各自优势,实现优势互补。西部的政策、法规建设也是保障产业结构顺利升级、经济稳定发展的基本前提条件。

(四)发展高新技术产业任重道远

高新技术产业是当今世界经济、贸易活动中起主导和核心作用的产业,这个产业主要由从事知识密集型的高技术产品的研究、开发、生产、经营、服务等活动的企业群及相关部门组成。这个产业的基本特征是高科技研究与开发的投入和高附加值的产出、活跃的市场开拓意识和较强的出口竞争能力、稳定的高劳动生产率和较高的经济增长率,具有一兴百兴、带动整个国民经济发展的强辐射作用。西部地区要摆脱贫穷落后的局面,改变目前不合理的产业结构布局,发展高新技术产业是一条必由之路。西部地区已经具备了发展高新技术产业的条件:

(1)在政策的扶持下,西部地区在航空航天、电子工业、核工业、机械制造、通讯设备、激光技术等高新技术领域有着雄厚的科技实力。

(2)西部地区拥有强大的工业资产存量,现有工业体系和支柱产业为发展高新技术产业奠定了产业基础。

（3）西部地区有着丰富可供转化的资源，我国已探明的矿产资源绝大部分分布在西部地区。原材料工业是发展高新技术产业的工业基础，西部地区丰富的资源为高新技术产业的发展提供了物质基础。

为了促进高新技术产业的发展，我们可以采取以下对策：

（1）通过政策支持和市场化运作营造高科技产业发展的大环境。西部地区高新技术产业的发展缺乏资金和人才，这种情况的产生，从根本上讲就是由于西部的自然环境和社会环境长期得不到改善而造成的。因此，要发展高科技产业，首先要为其创造发展环境。西部发展高新技术产业，需要国家的政策支持，在政策的支持下进行市场化运作。以市场手段为主，政策支持为辅，加快深化各项体制改革，促进西部地区市场体制的完善与创新，逐步缩小与东部地区在投资环境上的差距；为高新技术产业的发展创造条件。发展的环境改善了，资金、人才自然会向西部地区流动。

（2）坚持自主研发为主、技术引进为辅的发展思路。高新技术产业的发展模式按照技术来源大致可分为二种：自主开发科技成果进行转化、引进技术。在改革开放初期，引进技术的方式被东部沿海地区大量采用，并获得了成功。但是在高新技术产业领域，技术引进地区"引进、消化、吸收、创新"的步子往往赶不上技术出口地区技术更新的速度，容易陷入引进—落后—再引进—再落后的恶性循环。从目前我国高新技术产业的发展状况来看，采用最多的是第一种。这种模式的优势在于，企业能够形成具有自主知识产权的核心技术，增加值高，企业和国家能够从产出的增长中获得更多的收益。自主开发科技成果并进行转化需要大量的资金投入；但是西部经济发展落后，自有资本本身就不足，资本市场起步又较晚，在融资方面还很不成熟；因此吸引外来资本就显得尤为重要，这其中也包括国家对高科技产业的投资。吸引外来投资不仅可以解决发展高新技术产业的资金问题，而且也有利于科技成果的转化。

(3) 突出优势地区。西部的一些地区，包括关中高新技术产业开发带、成德绵地区，以及重庆、兰州、昆明、桂林、贵阳等少数中心城市已经具备了发展高科技产业的科技和人才优势并有了一定的产业基础。这些地区是西部目前高科技发展水平最高的地区，应将有限的资源集中投入到这些优势地区，使这些地区先行一步加快发展，然后带动周边地区的发展。

(五) 发展特色经济

西部经济的发展不仅要产业化，规模化，更要特色化，努力发挥自身的资源优势，发展特色产业，生产特色产品。发展特色经济已经成为西部地区发展共同关注的话题。

1. 特色农业

西部地区蕴藏的丰富、独特的农牧资源，是其发展农牧业的天然优势，新疆的棉花种植、羊肉羊毛的生产加工，内蒙的乳制品、皮毛制品，陕西的苹果种植，云南的烤烟、菌类，青藏的冬虫夏草、青稞等闻名全国，有着巨大的发展潜力。但是，我们也应看到，西部的经济发展落后，市场化水平低，深加工能力弱，这些因素制约了其特色农牧业的发展。西部地区的特色产品市场的发育程度低，供求不平衡；绝大部分产品未经过经一步的深加工就进入市场，附加值低，不能为西部带来高额的回报，这也在一定程度上降低了产业发展的积极性。因此，要加快西部地区特色农牧业的发展，首先需要一个良好的市场环境，使供求信息能够及时的得到反应，以市场需求为导向，为特色产品的提供销路；同时要大力发展深加工能力，引进先进的技术和管理手段，改造传统产业，提高科技成果在经济增长中的比重，努力提高特色产品的科技含量，提高附加值；建立特色产品的研发、生产、推广及售后服务体系，形成具有地方特色的名优产品，加快实施名牌带动战略。

2. 旅游业

旅游业是一个土地密集型、生态密集型、文化密集型、消费密集型以及劳动密集型的"无烟产业"和服务行业。人们生活水平的不断提高和闲暇时间的不断增加,为旅游业发展开辟了广阔的前景。我国西部地域辽阔,地形复杂,气候多样,自然旅游资源十分丰富;同时,西部还是中华民族的发祥地,历史悠久,民族文化深厚,孕育了绚丽多彩的人文旅游资源,旅游业一直以来也都是西部许多省、区的一大经济来源。因此,西部具有大力发展旅游业的资源优势,加强生态环境保护也要求西部减少高能耗、高污染产业,注重发展旅游业。西部基础设施的加快建设和生态环境的逐步改善,有利于西部充分利用各具特色的旅游资源;但也要防止过度开发和人为破坏,使生态环境保护同旅游资源的开发相互协调,形成良性循环。

7.3.3 区域经济一体化的组织形式

在本章的7.1节介绍过,经济一体化的组织形式按照商品和要素自由流动的差别及成员国经济政策协调程度的不同可以分为六种类型,即:自由贸易区、关税同盟、共同市场、货币联盟、经济联盟和完全的经济一体化。一体化组织具有不断升级的成长特征,这六种形式的一体化分别就是一体化组织从低级到高级的发展阶段。当然,这里针对的是国际上经济一体化组织的分类,我们要根据我国的实际情况建立西部地区经济一体化的组织协调机构和机制。

(一)组织机构的建立

我国西部地区的区域经济一体化是属于国家内部的区域经济一体化,这就给西部地区经济一体化的实施带来了很多的便利条件。由于西部地区都处于中央政府的统一管辖之下,中央政府可以利用宏观上的调控在西部地区实行统一的贸易政策、关税政策、货币政策以及市场运行机制，使西部的经济发展不再受到地理上的行政区域分割的影响，使西部地区形成一个统一的自由市场，推动西部地区一体化的发展。现在，关键的问题在于地方政府能否执行中央政府的宏观政策促进西部地区的经济发展。在一些经济落后、优势缺乏的地区，地方贸易保护主义仍可能存在，因此有必要建立一个跨行政区的制度性的政府职能机构，专门针对西部经济一体化的运行进行管理、协调和监督，与地方政府协作，向中央政府负责。

由于我国区域经济一体化是建立在跨行政区基础之上的，为了消除局部利益对区域共同利益的侵蚀，必须在分立的行政区基础上形成共同的内在机制，并在保证共同利益的基础上制定具有约束力的共同政策和制度规范，实现组织体系内的超行政区的协调与管理。没有统一的跨行政区的区域协调管理机构，区域合作就很难进入到真正的实质性阶段；没有明确的协议或制度，就很难保证地方政府在追求地方利益的同时不会对共同利益产生消极影响。但值得注意的是，这样一种框架性制度结构必须建立在相关地区自愿合作的基础之上，而且是一种对各地具有明确的约束性机制。这种机构应该有明确的职能和权限，并且所作出的决策可以以立法等形式，对各级地方政府的行为构成有效约束。

此外，区域内已建立的各行业协会、中介服务机构等组织也应在政府职能部门的领导下发挥其组织职能。行业协会、中介服务机构是处于政府和企业之间的中间环节，对于企业执行国家的宏观政策具有关键的引导作用。中央和西部的地方政府应利用好行业协会、中介服务机构这一优势，建立沟通区域间经济联系的现代市场网络，充分发挥市场的空间优势作用，为西部地区的均衡协调发展做出贡献。

（二）协调机制的建立

创建区域一体化协调机制，要按照市场经济的要求，推动制度建设，规范政府行为，消除行政分割，建立多层次的协调机制。协调机制的制度安排和组织形式的形成主要有两条途径：第一，主要的途径，在市场的作用下，在经济主体之间自发形成或主动建立的制度和组织形式。第二条途径，有的制度安排和组织形式将在区域内政府之间以协议或某种制度的形式确立下来。这两类制度安排和组织形式，大致会在三个层次上形成：一是企业层次，通过企业间结成战略联盟等多种形式的联合和合作，企业专业化协作和其他各种产业联系形成。这是西部区域经济一体化的组织基础；二是行业层次，主要是各类行业协会和服务机构，行业协会、中介服务机构不仅要发挥对企业执行国家的宏观政策的引导作用，更要协调西部地区各产业、行业的发展，建立起产业、行业发展的沟通、协调机制，从产业的长期可持续发展出发，弥补企业间短视行为的不足，针对问题不断的调整，推进产业结构的高度化、合理化；三是政府层次，在西部地区区域经济发展的历史过程中，政府一直发挥着主导性的作用，尽管转变政府职能和减少行政干预是中国体制改革的一项主要内容，但是囿于西部地区经济发展的现状与水平以及国家梯度开发战略的影响，在西部地区区域经济合作的过程中，政府依然起着十分重要的作用，依然有很强的影响力。也就是说西部地区区域经济一体化的形成和运行，表现出明显的政府主导的特征。中央政府是西部地区区域经济一体化的外部协调力量。由于西部地区内各地区的资源条件、社会和经济特点都具有较大差异，各区域经济发展水平和市场发育程度极不平衡，因此，需要中央政府从宏观经济、政治、安全的大局利益出发，协调西部地区各地区的区域经济，在保持西部地区各区域经济的灵活性和多样性基础上，构建一个多层次的一体化经济体系。地方政府是西部地区区域经济一体化的内部主导力量。地方政府在区域经济协调发展中的作用之大，不可忽视。除了上面提到的建立一个跨行政区的制度性的政府职能机构外，还要建立起一套协调机制，例如定期或不定期地举行针对西部经济一体化发展的研讨会等，对西部的重大发展问题进行协调、决策；除协调机制外，信息反馈机制、监督机制也必不可少，政府职能机构要经常听取专家、咨询机构以及各级企业的意见，大量搜集信息，采纳合理建议，及时对政策做出调整，以保证政策、决策的科学性。同时，对企业执行政策、决策的情况进行监督，保证政策、决策的有效性。

经济一体化和协调发展的过程，是与市场经济体制相适应经济制度安排和组织形式不断建立、完善和形成的过程。要突出"双重协调"原则，综合发挥政府调控和市场调节的作用，协调不同空间主体的发展利益。

第八章 日本北海道综合开发及美国西部开发的启示

8.1 日本北海道综合开发的历程

8.1.1 日本北海道概况

北海道是位于日本北端的岛屿，面积8.3万平方公里，约占日本国土总面积的22%，在日本47个都道府县中面积最大。北海道地处寒带，年均气温6~10℃，年平均降水量800~1500毫米，气候寒凉。北海道人口约572万，占日本人口总数的4.5%，人口密度为68人/平方公里，是全国的1/5，为全国最低。北海道居民的收入与全国比相差不大，据国土交通省北海道局的资料统计，1998年北海道居民的年均收入大约相当于全国平均水平的91%。北海道的自然资源十分丰富，森林面积占北海道总面积的71%，占全国森林面积的22%，是日本天然林的主要产区。农业、林业、水产以及旅游业具有较高的发展水平。

2002年，北海道内生产总值占全国的4%，从产业构成比例来看，第一产业为3.6%，第二产业为25%，第三产业为74.3%，其中建筑业为14%，制造业为10.8%。当时日本全国三大产业的比重是1.9%:35%:67.3%，建筑业为10.3%，制造业为24.5%。在第一产业方面，北海道作为日本最大的粮食供应基地，耕地面积为119万公顷，占日本耕地总面积的1/4，每个农户人均耕地面积16.1公顷，是全国平均水平的10.7倍；专业农户比例高，土地利用率在不断提高。在第二产业方面，尽管有着宽阔、廉价的土地及可利用的资源,但工业开发特别是制造业的发展比较落后;制造业中食品、纸浆、造纸等资源型为主的产品比重占到半数以上,而高附加值的电器机械及金属加工等加工工业的比率很低;建筑业的比重高于全国的平均水平,但主要依赖中央政府和地方政府对公共事业的投资。以旅游观光为首的第三产业也得到快速发展。札幌是北海道的政治、经济中心,也是世界最著名的冰雪旅游城市之一。其雪雕节从1950年开始举办,每年吸引了200多万的观光游客。旭川是北海道的第二大城市,同样是赏冰玩雪的好去处。

8.1.2 北海道开发的历史

北海道的开发始于明治维新之后,1869年也就是明治维新后的第二年,日本政府把"虾夷地"改称"北海道",并在北海道设置了"开拓使",从此北海道开发逐渐成为一项重要的国策。当时的北海道几乎是一片荒野,人口只有5万人,大部分居住在南端的函馆附近。在此后的7年中,日本在大量移民去北海道开垦的同时,还投资巨额资金,从地理与气候条件与北海道相近的美欧等国请来专门人才,对北海道的农、林、地质、工矿等进行调查和测量,制定了详尽的开拓规划。"开拓使"致力于土地的开垦,建设铁道、港湾、道路,开采煤矿,设立官营工厂。

从1886年到1918年间,日本政府进一步加大了对北海道的开拓,专门设立了北海道厅,加强中央政府的宏观领导,执行以长期开拓计划为基础的开拓政策,并强调民间资本在开发事业中的作用。直到1946年,北海道的开发都是在北海道厅的组织下实施的。尤其是1901以后,日本政府制定了作为开发基本方针的长期计划,采用"综合开发方式",形成了北海道开发的特有模式。通过土地改良和新品种的培育,并充分吸收欧美畜牧业发展经验,逐渐形成了以农业为依托的"酪农"农场业。同时,造纸、制铁和制钢等工业在北海道相继开展，工业发展步伐加快。此后，农林水产业、煤、钢铁、造船等基础产业逐渐形成，城市建设也进入了增长阶段。

1918年至1945年间，由于长期战争，北海道的开发受到了严重影响。战后50年代，日本政府制定了新的北海道综合开发计划，投入了巨资开发农牧渔业、地下资源，发展工业，加强道路、港口、机场等基础设施建设，使北海道的农业、工业和旅游业得到了迅速发展。北海道逐步完成了向现代化社会的过渡。

1947年，日本对地方自治制度进行了修改，把原国家机关的北海道厅改组为地方公共团体。但是，在战后困难的经济形势下，北海道作为日本的粮食基地，消化了新增加的人口，成为带动日本经济发展的重要地区。事实上，从1945年到1950年的五年间，北海道的人口总共增加了80万。正是基于北海道开发对日本经济发展的支撑、促进作用，日本政府认为有必要继续通过国家机关推进北海道的开发；因此，在1950年，日本才有了第一个地域开发法——《北海道开发法》，并在东京设置了北海道开发厅。1951年，在北海道首府札幌设立了作为北海道开发厅的派出机构并实施公共事业的北海道开发局。1956年，在北海道开发厅的监督下成立了相当于地方开发银行的地区开发的金融机构——北海道开发公库，对扎根于北海道的特定产业经营者提供长期低息贷款或债务担保，从而形成了一元化的开发体制。作为专门负责北海道开发的中央政府机构——北海道厅及北海道开发局，加上负责金融的北海道东北开发公库，一直是负责北海道开发的国家机构。1957年，北海道开发公库改为北海道东北开发公库，把整个东北地区作为其融资对象；1999年，北海道东北开发公库与日本开发银行合并，成立新的日本政策投资银行，新银行延续了原北海道东北开发公库的职能，继续支持北海道的综合开发；2001年1月，日本的政府机构改革，北海道开发厅与国土厅、运输省、建设省一同合并为新的机构——日本国土交通省，北海道开发厅成为该省内设的北海道开发局，但其作为国家专门负责开发北海道的行政机构的职能和作用没有改变。

从1952年到1997年，北海道开发厅依据《北海道开发法》连续实施了五期综合开发计划，分别投入资金132万亿日元。这期间，北海道人口增加了140万，并发展成为日本重要的食品供应和加工基地，还为日本经济的发展提供了部分能源保证。但随着日本经济形势的不断变化，北海道开发计划也面临调整压力。1998年，日本政府又制定了第六期北海道综合开发计划，计划的实施时间为10年。

最初制定的第一期北海道综合开发计划包括了两个五年实施计划，实施期间为1952年到1961年的十年间。第一个五年实施计划的重点是对北海道的基础设施进行扩充和完善，大力发展农、林、水产以及工矿业等基础产业，并对各地区进行基本调查以及对地下资源进行调查。需要进行扩充和完善的基础设施主要包括作为产业开发动力能源的电能、公路、港口、河流以及城市居民住宅和城市公共设施等。

表8-1　第一个五年实施计划资金计划概算表　　　单位：亿日元

事业费	资金负担的划分					
	国库预算			北海道财政	市町村财政	民间负担
	公共事业费	产业经费	特别会计预算			
4335.7	1300.06	102.04	321	166.32	151.89	2294.39

从资金计划概算表上看国家财政支持占计划资金的39.74%，地方财政占7.34%，民间资本占了52.92%，这说明民

间资本在北海道的开发中发挥了重要的作用。

　　1955年12月，日本政府制定了国家经济自立的五年计划，之后的两年日本国民经济快速发展，经济形势也发生了相当大的变化，日本政府针对形势的变化，重新制定了自1958年开始的新的长期经济计划。在国家整体经济形势变化的情况下，北海道综合开发的第二个五年计划也不得不依据国家长期的经济计划以1958年为起始年度重新制定。第二个五年计划的目标是以北海道当地能够为国家经济发展做出重要贡献的物产的大幅度增产为中心，促进对未开发资源的开发，同时充分利用北海道用地和用水充裕的有利条件，积极开发和振兴主要以这些物产为原料的各种工业，推进产业结构的高度化，吸收大量的劳动力人口，增加北海道居民的收入。第二个五年计划继续延续第一个五年计划的政策，进一步强化北海道基础设施建设，支持产业振兴；其中，积极开发和振兴各种产业是第二个五年计划的重点，同时还要兼顾相关的文化卫生劳动设施的建设。需要振兴的产业主要是农、林、水产、工矿以及第三产业。

　　日本政府北海道综合开发的第二个五年计划于1962年结束，当时，日本经济已进入新的发展阶段，日本政府制定了"国民收入倍增计划"及其实施纲要，决定通过发展以重化学工业为中心的第二产业推进产业的高度化。但是，在此之前对经济快速发展起主导作用的工业发达地带，由于工业集中度已经过高，发展资源出现瓶颈，发展的环境条件趋于恶化；另一方面，日本出现的大城市问题、地区差距问题等导致经济、社会矛盾日益突出。要解决这些问题，就必须调整产业结构，推进产业结构的高度化、合理化。与此同时，北海道丰富的自然资源、较为完善的基础设施却还没有进行开发利用，发展的潜力很大。由此，日本政府认为，在北海道发展重工业化的条件已经成熟，发展北海道的重工业将会对日本全国的工业发展起到积极的促进作用；此外，北海道前期开发的农牧产品还有很大的增长空间,应继续扩大规模,增加产量。这样,作为日本国内产业结构调整计划的一部分,第二期北海道综合开发计划被制定出来,计划实施的期间为1963年—1970年的8年,该计划以产业的高度化为主要目标,从而实现经济规模的跨越式发展。表8-2是1960年的经济数据与目标完成年度预计将达到的经济数据的对比;在1970年,经济的规模应成倍的增长,产业结构的高度明显增强,第一产业收入比重从23%下降到15%,第二产业收入比重从29%上升到34%,第三产业收入比重从48%上升到51%。

表 8-2

类 别	1960年（基年）	1970年（目标年）	增长倍数	年增长率%
总人口（万人）	504	586	1.16	1.52
就业人口（万人）	218	269	1.23	2.12
农林水产业产值（亿日元）	2369	3900	1.65	5.11
工矿业产值（亿日元）	5198	16187	3.11	12.03
生产收入（亿日元）	6061	14135	2.33	8.84
其中：第一产业（亿日元）	1399	2172	1.55	4.50
第二产业（亿日元）	1766	4770	2.70	10.45
第三产业（亿日元）	2895	7193	2.48	9.53

注：价格为1960年不变价

本计划除了谋求各产业的积极开发和振兴外,还要求强化完善交通、通信和国土保全设施等产业基础设施、住宅以及住宅开发相关的生活环境设施等社会生活保障基础设施。

从资金投入上看，第二期综合开发计划的资金预算延续了第一期的政策，仍是以民间投资为主（71.52%），政府投资为辅（28.48%），且政府投资主要集中在产业和社会发展所需的公共产品的提供上。

表8-3 第二期北海道综合开发计划资金计划概算表

行政投资		政府企业、民间企业等投资	合计
产业基础建设	产业振兴、社会生活基础设施建设等		
5500亿日元	3900亿日元	23600亿日元	33000亿日元

在1970年，日本政府制定的第二期北海道综合开发计划已基本上达到了预期的目标。基于此，日本政府又制定了1971年—1980年的第三期北海道综合开发计划，力图通过开发北海道优越的发展潜力，继续强化基础设施建设，发展现代产业，巩固传统产业，对产业结构和社会生活结构进行革新，实现生产生活相互协调的区域社会。第三期北海道综合开发计划的目标见表8-4：

表8-4

类 别	1968年（基年）	1980年（目标年）	增长倍数
总人口（万人）	524	600	1.15
就业人口（万人）	244	282	1.16
农林水产业产值（10亿日元）	504	858	1.7
工矿业产值（10亿日元）	1249	5492	4.4
生产收入（10亿日元）	1905	5754	3.02

续表

类　别	1968年（基年）	1980年（目标年）	增长倍数
其中：第一产业（10亿日元）	308	515	1.67
第二产业（10亿日元）	538	2038	3.79
第三产业（10亿日元）	1059	3201	3.02

注：价格为1968年不变价

通过对比第二期目标年1970年与第三期基年1968年的数据可以看出，第二产业收入在数量上已经超额完成了第二期的目标，但在比重上却不升反降，其原因在于第三产业的收入增长过快。因此，在第三期的综合开发计划里，各产业收入比重的目标是第一产业收入比重从16.2%下降到9%，第二产业收入比重从28.2%上升到35.4%，第三产业收入比重则保持在55.6%的水平上。

从资金投入上来看，资金投入力度继续加大，但资金投入的构成仍是以民间企业的投资为主，政府投资为辅。

表8-5

政府投资（包括政府企业和地方公用企业投资)				民间企业等投资（主要指企业设备和个人住宅投资）	合计
产业基础建设（公路、港口、治山、治水）	社会开发基础设施（住宅、生活环境）	产业振兴（农林水产矿）	调整费		
53500	12500	15500	4000	122000	207500

注：价格为1968年不变价，单位：亿日元

计划制定后，经济形势的变化非常快，特别是国土、能源等资源制约开始出现。由于在石油危机后采取了总需求抑制政策，

北海道综合开发也受到了影响，开发进程不能按计划完成，各产业的增长开始出现滑坡，产值低于计划的设定值，在工业中起主导地位的基干资源型工业建设严重推迟。鉴于这种形势，日本政府认为有必要制定出新的北海道开发计划来代替第三期综合开发计划。第四期计划的目标是通过改善北海道的国土条件，建设良好的国土环境，从而解决北海道开发所面临的资源、环境上的制约问题，实现人口、产业的理想配置，计划的实施期间为1978年—1987年。到目标年度，预计人均可支配收入比1975年增加1.8倍，达到180万日元，消费支出达到140万日元；经济规模比1975年增加2.3倍，其构成中第一产业比重从7%下降到4%，第二产业比重从45%上升到47%，第三产业比重从48%上升到49%，产业高度化继续增强；在资金投入方面，预计政府投入18.1万亿日元，民间企业等投资29万亿日元，政府投资的一半用于国土资源保全及交通通信设施的建设，另一半用于产业的持续发展和社会开发基础建设。

在北海第四期综合开发计划实施的第一年，也就是1978年，世界范围内的石油危机又一次发生，致使一直带领日本经济增长的钢铁和造船等重化学工业陷入了结构性的不景气状态之中，拉动经济增长的投资大幅减少。以重化学工业为基干产业的北海道经济也因此受到巨大的影响，陷入了长期低迷的状态。在第四期北海道综合开发计划实施的末期，由于基础设施建设取得了进展以及补充预算的作用，北海道的经济开始有所起色。但是，北海道的煤炭、钢铁等产业的生产规模已经开始缩小，并且由于政府对北洋渔业限制的强化和农产品市场开放要求的高涨，北海道外部的经济环境也处于严峻的形势当中。处于这样的背景之下的北海道开发，一方面要致力于克服不利的气候条件，继续推进生产生活的基础设施建设；另一方面，要致力于振兴支撑北海道经济发展的食品加工工业，推进新产业的引进，实现产业升级和经济发展；同时还要努力确保符合北海道风土人情的生活模式和舒适的生活环境。为了解决以上问题，日本政府制定了自1988年—1997年为期十年的第五期北海道综合开发计划。该计划的目标是要推进北海道的产业结构调整，形成多极化分散的国土资源，稳定粮食供应，改善居民生活。为了达成计划的目标，要在经济和社会的各个方面将北海道各地区之间以及北海道外部联系起来，形成多层次的网络结构，推进北海道统一的经济圈的建设，同时通过城市居民和农村山村渔村居民的广泛交流，开展城市和田园复合性共同体。多层次网络结构是北海道地区各项活动的基础，要通过促进地区间的竞争、合作和北海道区域内外的人、物、信息的流通，使众多小规模的生产体和市场结合起来，从而达到产业聚集的效果。计划预计在目标年度产业活动的规模扩大至1985年的1.5倍左右，特别是工业产业要达到基年的2倍左右，即10万亿日元，三大产业的比例基本保持在基年的水平上；总支出达到基年的1.6倍，即21万亿日元；政府和民间投资共计约为60万亿日元。

进入90年代，随着冷战的结束，经济全球化的时代已经到来，日本追赶式的经济发展模式宣告结束，日本的经济环境发生了相当大的变化，社会经历了很大的变革。按照第五期开发计划的预测目标，北海道综合开发的进展并不顺利，虽然社会资本在整体上取得了进展，但是很难说已经形成第五期计划所设想的那样高度化的网络格局；替代原有基干产业的新产业成长缓慢，而依赖政府公共投资的倾向却越来越大。为了使北海道摆脱对政府的依赖性，形成自立的经济发展模式，需要对其进行相应的体制变革。因此，在1998年4月，日本政府制定了第六期北海道综合开发计划，实施期间是1998年—2007年的十年间。第六期计划的三大目标是：实现北海道的开放与自立；保护好得天独厚的自然环境；建设可以享受多种生活模式和文化的、安全富裕的北海道。为实现上述目标，日本政府计划采取以下措施：

实现立足于全球视点的食品基地，培育可增长型产业；

形成北方国际交流圈；

保全北海道壮美的环境；

形成旅游和疗养等国民实现多样化自我和交流场所；

形成安全且富裕的生活场所。

通过推进上述措施的实施，预计到目标年度，北海道的产业活动规模大约为1995年的1.3倍，人口约为580万人。

新的综合开发计划强调，要重新认识地方自治体和民间企业的作用，走内涵发展之路，让地方自治体和民间企业充当地区开发的主体，自主选择发展方向和采取相应的措施。中央政府在继续实施基础性项目的同时，通过推进"产—学—官"（产业界、大学、政府研究机构）联合，对富有创造力的地方自治体、民间企业和个人的开发热情予以支持，并通过促进同一地区内不同开发主体之间以及地区与地区之间的竞争，使开发方向及措施更趋合理。

基于这一认识，北海道从1999年起开始实施"培育地区产业群工程"。目前，北海道道南、道中、道北、鄂霍次克、十胜、钏路和根室等地区都开始集中发展与本地区基础产业相关的行业，力求形成产业群，以改善地区产业结构，谋求经济发展。有关部门还设立了"北海道地区技术振兴中心"，支持风险企业和个人的创业活动，为"培育产业群工程"创造环境。

为突破产业基础薄弱、基础产业落后等不利因素的制约，北海道近年来采取的另一重要措施是，将有限的资金、人力和研究开发力量集中投入具有优势的产业部门，对有可能在21世纪起主导作用的产业进行重点培育，以增强经济发展的后劲。目前，火力发电厂、石油储备基地、煤炭中心已经建成，五十铃等汽车企业以及机械、金属、医药、玻璃等制造业和流通领域的企业也先后进入基地，其中有34家企业已开始运行。为基地内企业提供服务的技术中心也已建成开放。通过10年的继续开发，这一地区有望形成以新材料和信息产业等为中心的大型工业基地，从而把北海道开发推向新的层次。

表8-6 北海道在日本经济中所占的位置

分类	单位	北海道	全国	占全国比率	年度
1. 面积·人口					
面积	平方公里	83,454	377,887	22.1	2002
人口	千人	5,683	126,926	4.5	
人口密度	人/平方公里	72.5	340.4		2000
2. 经济构造					
就业人数	千人	2,731	62,978	4.3	
第一产业	〃	218	3,173	6.9	
第二产业	〃	603	18,571	3.2	2000
第三产业	〃	1,881	40,485	4.6	
人均北海道(国)民收入	千日元	2,856	3,101	—	
北海道(国)内生产总值	亿日元	208,190	5,074,554	4.1	
第一产业	构成比率	3.3	1.4		2001
第二产业		21.0	27.7		
第三产业		77.5	74.8		
3. 资本形成					
总资本形成	亿日元	49,587	1,243,791	4.0	
民间	〃	26,514	915,999	2.9	2001
官方	〃	23,073	327,792	7.0	
4. 农·林·渔业					

续表

分类	单位	北海道	全国	占全国比率	年度
农户数（销售农户）	千户	63	2,337	2.7	2000
其中专业农户数	〃	29	426	6.8	
耕地面积	千公顷	996	3,734	26.7	2002
每家农户的耕地面积	公顷	16.9	1.2	—	
农业毛产值	亿日元	10,563	89,361	11.8	2002
水稻收获量	千吨	580	8,876	6.5	2002
木材原材料产量	千立方米	2,798	15,092	18.5	2002
海面渔业捕鱼量(雇用人)	千吨	1,531	5,767	26.5	
5. 矿工业					
制造业事业所数	事业所	7,798	290,848	2.7	2002
制品出货额等	亿日元	53,476	2,693,618	2.0	
6. 商业					
商店数	店	66,477	1,678,840	4.0	2002
批发业年间销售额	亿日元	135,711	4,134,249	3.3	
零售业年间销售额	〃	66,762	1,351,253	4.9	
7. 金融·证券					
金融机关店铺数	店	3,017（1,556邮局）	—	—	2002.3月
存款余额	亿日元	337,980	9,839,264	3.4	2000.3.31
贷款余额	〃	212,347	6,977,331	3.0	
8. 贸易					
出口	亿日元	2,118	545,484	0.4	2003年
进口	〃	7,096	443,620	1.6	

续表

分类	单位	北海道	全国	占全国比率	年度
9. 财政					
市町村数	团体	212	3,186	6.7	2003 年
都道府县年度支出额	亿日元	32,232	539,625	6.0	2001 年度
10. 交通					
道路实际延长	公里	87,034	1,164,795	7.5	2001 年
道路铺路率	%	60.6	77.0	—	

* 全国数值为 2000 年的数值，数据来源：http://www.pref.hokkaido.jp/

8.2 日本北海道综合开发的评价与总结

从 20 世纪 50 年代开始的日本北海道地区的综合开发取得了很大的成功，被认为是对欠发达地区成功开发的典范。经过长期、有效的开发，北海道社会经济取得了长足的发展，城市开发日趋活跃，人口稳定增长，人口过疏化现象得到明显缓解。首府札幌市和道内其他中小城市的开发都取得了明显的进展；全道的基础设施和三大产业均得到快速发展，产业结构明显提升，经济实力增强，居民收入水平与生活质量显著提高。近年来，北海道通过开发 IT 农业，极大地提高了农业的竞争能力，已经成为日本重要的粮食供应基地；同时，以旅游观光业为首的第三产业也得到快速发展，正在成为北海道新的支柱产业。纵观北海道综合开发的历史，有许多独到之处值得我们参考借鉴。

第一，法律先行，重视规划。

从立法入手是日本政府推进北海道开发的重要举措。这些法律目标明确，措施具体，具有极高的权威性，不受政府内阁频繁更替的影响。1950 年 4 月，日本政府在东京成立了北海道开发厅，并颁布了第一个地域开发法——《北海道开发法》。《北海道开发法》成为北海道综合开发的基本法，为北海道的综合开发指明了大方向，是北海道开发过程中所遵循的根本。从 1952 年开始，日本政府连续制定并实施了 6 期北海道综合开发计划；6 期综合开发计划，从依据、内容、程序、机制、实施等方面，均是在《北海道开发法》及其他相关法律、法规的规范下进行的。另外，依照《北海道开发法》又相继出台了《农业改良促进法》、《农业机械化促进法》、《低开发地域工业开发促进法》、《新兴产业都市建设促进法》、《自然环境保全法》等法律法规。至此，日本政府已将北海道的综合开发置于比较健全的法律法规体系之下，为北海道的综合开发提供了较为完备的法律上的保障。

纵观北海道整体开发的历史可以看出，北海道综合开发进程中始终伴随着科学合理的综合开发规划。一共六期《北海道综合开发规划》，每期规划都有明确的规划目标、开发重点、推进措施；各期规划也随着国内环境的变化而变化，相继把基础设施建设、资源开发与产业振兴、产业与生活和谐、经济持续发展与环境保护等作为重点实施的内容。每期计划从制定到实施都是统筹协调的，涵盖了北海道全部的开发活动，集基础设施建设、治山治水、产业开发与振兴、生活富裕和谐、环境保护与可持续发展于一体，统筹规划、统筹安排。中央直辖部分与地方辅助部分之间的分歧意见，要在计划制定前协调，并要将协调结果体现在计划之中，而对计划的实施只是分工负责，很少再存在责任不清和扯皮现象，保障各项政策的有效执行。每期综合开发计划都有一个重心：第一期综合开发计划的重点是基础设施建设和农林等基础产业开发；第二期综合开发计划是推进产业结构调整，实现产业结构高度化；第三期综合开发计划是进一步强化设施建设和产业革新，实现生产生活相互协调；第四期综合开发计划是解决开发所面临的资源、环境的制约，实现人口、产业的理想配置；第五期综合开发计划是实现产业升级，改善居民生活；第六期综合开发计划是在保护好得天独厚的自然环境的前提下实现北海道的开放与自立，使北海道经济在国内外具有更强的竞争力，能够为日本的长期发展作出更大贡献。

每期综合开发规划编制及实施都体现了广泛征求民意、反复科学论证、详实预算保证、不断评估修编等科学、严谨、务实的特点，使计划具有完备的程序和广泛的认可程度。以1998年开始实施的第六期综合开发计划为例：从1995年8月起，组织对现行计划（第六期）进展情况进行调研，整理分析与人口动态、宏观经济、产业、社会资本建设的变化等各种数据。1996年上半年，从国民中征集与北海道开发相关的意见，并在全国征集论文，作为制定计划的参考。从1996年8月起，在北海道开发审议会（该机构是依法在北海道开发厅内设置的，其成员由总理任命的众议院议员5名、参议院议员3名和北海道知事、北海道议会议长、学者等20名以内的成员组成）及其下设的各分会进行详细的讨论。讨论内容包括制定计划前期的重大课题调研情况、计划的基本框架以及面临的新情况、新问题。各领域分委员会共讨论49次，审议会共讨论8次。原则通过北海道开发厅汇总的计划草案。1996年11月，召开与北海道综合开发计划相关的省、厅联席会议，主要是协调与各专业开发计划之间的关系。1997年听取北海道知事（综合北海道居民）的意见，在此基础上再进行调整。1998年4月由内阁会议审议决定。从以上完备的程序可以断定其规划的认可程度。

第二，成功的开发有赖于有效的制度保证。

在北海道的开发过程中，日本政府逐渐建立起了一套行之有效的开发制度，主要体现在以下三个方面：

一是设立了专门的、垂直管理的区域开发行政机构，创新了管理体制。日本行政体系由中央政府、都道府县和市町村三级构成。按地方自治法，国家不能干涉地方行政，只能在法定范围按照事权和财权实施区域政策。北海道综合开发实行以北海道开发厅为主体和北海道地方政府为主体构成的二级行政。按照《北海道开发法》的规定，日本在中央政府中专门设立了北海道开发厅，地点设在东京，厅长官为国务大臣；厅下设北海道开发局，地点设在北海道的札幌市，局直接对厅负责，从而明确了责任。北海道开发厅中的工作人员只有少部分在东京的厅本部工作，绝大部分工作人员在北海道工作。北海道开发厅、开发局只负责北海道开发中的中央直辖部分，北海道开发厅在开发上拥有开发计划调查、制定综合发展规划、统管预算、推进法定事业项目的实施、监督北海道东北开发公库等权限；北海道开发局作为中央驻道机构，负责实施和完成农林水产省、运输省、建设省等部门所管辖的国家直接项目，建设国道、河流、水库、海港、机场、农业基础等设施，对地方政府项目进行补助和指导。另有辅助部分交由北海道地方政府负责。这是一种双重负责的开发体制，其特色在于中央为地方开发设立机构，与地方机构并存，而且开发的主要责任不是交给地方政府，而是由中央政府的开发机构负责。这种行政体制，确保了跨地区、跨部门的综合开发得以高效实施，便于开发工作在中央政府的各省、厅之间进行协调，杜绝了各部门之间责任不明、互相推托现象的发生，有利于北海道综合开发的推进。

二是设立了专门的区域开发金融机构，为落后地区开发提供资金保障。1956年政府全额出资成立了北海道东北开发公库，作为北海道开发的特别金融机构。日本中央政府在北海道综合开发中实施的金融政策，主要体现在北海道东北开发公库形式多样的金融借贷措施上。北海道东北开发公库主要履行了四大功能：

一是支持创新型高风险事业的风险弥补功能；二是向城市基础设施等投资回报期较长的事业提供资金的周期弥补功能；三是向研究开发等低收益事业提供资金的收益弥补功能；四是向实力不强的地方中小企业提供资金的信用弥补功能。此外，日本开发银行、中小企业公库、农林中央公库等政府金融机构在各专门领域也为北海道综合开发提供了大量优惠贷款。

三是重视发挥政策性金融、政府投资等政府干预手段在区域开发中的先导作用。北海道的综合开发一直是在政府的主导之下进行的，区域开发离不开中央政府的支持，国家的政策基本保持延续性。中央政府的职能就是明确北海道的发展方向，并通过政策手段、市场手段引导北海道综合开发的开发主体走到政府确定的发展道路上来；金融政策、政府投资都是有效的引导手段。在现代经济增长中，仅仅依靠商业性金融按照市场原则配置金融资源不能完全解决资源的有效配置问题。在高度信用化的市场经济中，政策性金融和政府投资是满足公共物品需求、保持宏观经济稳定、推动经济增长、增进社会平等的重要金融手段。政策性金融和政府投资是政府财政手段的延伸，是政府利用行政计划手段分配金融资源产生的一种特殊金融制度安排。在政府宏观经济管理体制上，建立政府干预型的投融资体系，能够保证重点产业发展和提高支柱产业竞争力对信贷资金的需要，从而保证国民经济在正确的方向上运行。战后日本政府不断扩大对北海道地区的公共投资力度，2004年北海道开发事业费约为9,500亿日元，相当于1970年的5倍。日本政策性金融制度的主要实现形式是实施财政投资和贷款计划，这样既可以弥补税收手段的不足，增强政府的干预力量，又能够通过金融媒介的载体实现财政目的，从而在很大程度上提高了财政资金的使用效率，保障了有部分收益和较好经济前景的城市基础设施、基础产业以及公益事业的供应。

第三，国家实施资金倾斜，重视民间资本。

北海道综合开发所需资金来自政府财政和民间资本两个方面。日本法律规定，国家设立北海道开发事业费预算，其直辖部分交北海道开发厅支配，其辅助部分交北海道地方政府支配。1951 年北海道开发时的年费用是 70 亿日元，到 1995 年年预算已达 9450 亿日元，以后又逐年递增。为了加快北海道的经济开发，日本政府对北海道综合开发实施资金倾斜政策。北海道开发预算由国家财政开发预算进行统管，单独列支。在河流改造、国家公路、港口等公共事业补助上，北海道享有的国库补助率为 80%，而北海道以外地区的国库补贴率一般不超过 2/3。在农业开发方面，则根据不同的实施主体分别予以资金支持。例如农业土地改良所需的调查费用，国营事业是全额由中央政府出资的，道营事业则 50%～100% 由道政府出资，也有部分由中央政府出资的。团体营事业则由中央政府出 50% 的补助金。20 世纪 50 年代以来北海道开发事业费占日本全国公共事业开发费的比重基本在 10% 以上，60 年代初曾高达 15%，在日本 47 个都道府中始终名列第一。

中央和地方财政在大力支持北海道开发的同时，日本政府还注意积极利用市场机制引导民间资本投入到北海道的开发进程中，作为政府投资的重要补充。例如，对城镇土地和非公益性基础设施，实行市场化供给和有偿使用；采取出让项目经营权、道路冠名权、环境管理权、可利用空间使用权以及级差地租等方法，将地域资源多方位推向市场。在六期的综合开发计划中，民间资本的预算比重始终占到一半以上，数量远大于政府的财政预算。由此可以看出，日本政府在北海道的开发过程中是相当重视发挥民间资本的作用的。在政府预算和民间资本的使用范围上，政府预算基本上都集中在生产生活的基础设施、环境保护等公共品的提供上，而民间资本则主要用于北海道各产业的振兴、调整与结构升级。从这里可以看出政府的作用就是为经济的发展提供一个良好的宏观环境，而经济发展真正的推动者仍是市场的主体——企业，要推动落后地区的经济发展，其中关键的一点是要做到政府与市场的有效结合，政府为辅，市场为主。

第四，恰当地选择开发的重点。

事实上，关于如何选择开发重点的问题已经被包括在综合开发计划的制定当中，在此提出这个问题只是将其作为一个要点重新强调一下。北海道六期的综合开发，每一期都有其开发的重点，每期的开发重点又有所不同，从基础设施到基干产业。由此可以得出结论，区域经济开发的重点并不是一成不变的，要结合不同时期国内外不断变化的经济形势进行适时的调整，要利用自身的资源优势和比较优势，因地制宜，扬长避短，将优势产业做大做强，起到带动区域经济发展的作用。

第五，发展经济的同时重视环境保护。

对自然环境和生活环境的保护始终伴随着北海道的综合开发，尤其在20世纪60年代以后，日本政府日益重视对环境的保护。每一期的综合开发计划都包括了治山、治水、海岸维护、气象等国土保全措施，并且有专门的财政预算支持；在保护北海道现有国土资源的各种特性的同时，建立保护自然与丰裕的人类生活之间稳定性的协调关系，努力形成符合这种关系的国土环境，对于原生自然和特异性、固有性、稀少性的自然要进行特别保护。对于城市生活环境也出台了保护措施，包括绿地建设、防治公害等等。在第六期的综合开发计划中，更是将"自豪地将北海道得天独厚的自然环境传给下一代"作为三大目标之一，可见日本政府对于环境保护的重视程度。

北海道开发在取得了上述成果的同时也存在着一些问题，有些问题在开发的过程中逐渐得以解决，而有些问题则一直悬而未决，给今后的北海道开发带来了困难与挑战。

一是在北海道开发的初期，日本政府曾一度将开发战线拉得过长，重点不够突出。战后的日本，百废待兴，由于战争的消耗，用于恢复生产、振兴产业的资金严重不足，政府对此的认识不足，既造成了用于北海道开发的资金分散，又导致国家财政不堪重负，直到后来日本政府及时调整了政策，开发才取得了良好的效果。

二是日本政府在北海道开发过程中曾因为盲目追求经济增长而忽视环境保护，导致日本在上世纪60年代成为公害大国。自然环境和生活环境的恶化以及由此带来的问题使日本政府逐渐认识到忽视环境保护的严重性，开始制定并实施环境保护政策。这也正是后来日本政府如此重视环境保护的根本原因。

三是北海道开发是建立在中央政府的高度投入和财政支持基础之上的，在政府财政预算紧张的情况下，北海道开发加重了国家财政负担；同时政府主导的开发导致了北海道地区对中央政府的过度依赖，依靠政府公共设施投资的倾向有增无减。1999年北海道官方部门的支出占北海道内需求的24.9%，而全国平均水平为18.1%。一旦政府减少对开发事业的支持，北海道的经济发展必将受到影响。开发需要在政府的主导下进行，这是没有争议的，关键的问题是政府不能代替开发主体。此外，政府主导型的开发必然反映政府在宏观问题上的决策，但是并不能保证政府在每一个问题上的决策都是完全正确的。日本政府制定的北海道产业政策是否有利于北海道今后的经济发展还有待研究。长期以来，中央政府将北海道作为粮食和水产供应基地，优先发展农、林、水产、工矿以及旅游观光等依赖自然资源的产业，同时对公共事业大力投资，改善基础设施。这样的政策使北海道的基础设施建设较为完善，环境保护比较到位，但是没有形成很好的产业结构，工业基础较差，特别是制造业的比重低于全国水平，经济发展的后劲不足。目前，日本政府已经意识到北海道发展存在的这一重大问题,并提出要更多地依靠北海道自己的力量,独立发展自己的产业,尽快实现北海道的经济自立。主要对策有:产、官、学一起开发研制技术;形成技术园区计划,建设高等研究基础设施;促进信息技术、生物工程等知识型经济的转化;高附加值产品的开发;提供补贴金,招商国内外企业。

8.3 美国的西部开发

准确地说,美国的西部开发运动在美国建国之初就已经开始了,到19世纪中期进入高潮,至20世纪中期才基本结束,共持续了100多年。从地域上看,美国西部开发的范围和面积相当于美国最初建国的13个州总面积的7.5倍。美国西部的开发,是在市场经济背景下,在大规模人口迁移的基础上,充分利用资本主义工业化所提供的先进物质技术手段,开发各种自然资源,促进美国西部地区社会经济发展。经过开发,美国西北部的十几个州成为美国小麦、玉米等农作物的主产区;采矿、铸造、机械、木材、交通运输等工业发展迅速,特别是国防工业逐渐成为西部的主导产业,为西部创造了大量就业机会,刺激了西部经济发展。到1980年,西海岸的经济发展速度远远高于全国的平均水平,其大都市已经崛起为美国新的经济中心。

美国的西部开发有两个较为集中的大规模开发时期,第一个时期是从19世纪中期到19世纪末,这一时期美国西部开发的一个突出特点是农业、采矿业和畜牧业三大开发性产业的兴起。在美国建国后,其国内大量的移民涌入中西部荒芜的地区进行垦殖。俄亥俄、伊利诺伊、印第安纳等地逐渐成为美国小麦的主产地。到1859年,整个中西部生产的小麦已占美国小麦总产量的54.9%。19世纪70至90年代,美国的农业开发深入到大平原的干旱和半干旱地区。到 1900 年，美国西部地区的小麦和谷物产量分别占到全国产量的 58% 和 32%，西部地区已经成为美国重要的粮食生产基地。

牧牛业主要集中在得克萨斯州南部，牧羊业多在新墨西哥州。牧业的影响仅在西南部地区和加利福尼亚州等太平洋沿岸地区。内战以后，牧牛业从得克萨斯州向北扩展到美加边界，向西延至洛基山区，遍及 10 个州和领地。牧羊业由太平洋沿岸地区向东拓展到洛基山和大平原。牧业的崛起，又使得美国西部成为美国主要的畜牧产品生产基地。到 1900 年，美国西部肉牛和羊的产量分别为全国总产量的 54% 和 62%。

西部的采矿业始于 1849 年的加利福尼亚"淘金热"，直到 19 世纪 90 年代，采矿者的足迹遍及整个洛基山区。1858 至 1876 年间，新的四大矿区分别在科罗拉多、爱达荷、蒙大拿和达科他建成；此外在怀俄明、犹他、新墨西哥和亚利桑那等地都建立起大大小小的矿区。除金矿之外，在内华达发现的康斯托克矿脉藏有"世界上最富的银矿"，亚利桑那中部的希拉和图森也以丰富的银矿而著名。在 1898 年之前，美国一直是世界最大的黄金产出国。

第二个较为集中的开发时期是从 20 世纪 30 年代中期至 70 年代末。自罗斯福新政以来，美国政府陆续出台相关法规，实行各种优惠政策，调整西部的经济结构，实现了西部产业的高度化、合理化。在农牧矿业的开发之后，美国政府开始把开发重点转移到尖端武器生产、航空工业和电子工业等高科技产业，这极大地促进了该地区的产业结构调整。在两次世界大战期间，美国迅速崛起的军工企业大都分布在美国的西部地区。在朝鲜战争和越南战争期间，美国国防开支剧增，成为联邦政府财政支出中的最大项目，这直接导致大量国防开支流入西部，为美国西部的发展提供了大量的资金，有力地保障了西部经济的增长。据统计，从 20 世纪 60 年代到 80 年代，美国西部获得的防务合同始终保持在40%以上，最高年份达60.6%。从1950年至1990年这半个世纪中，美国工业中心向西移动了350公里。

8.4 美国西部开发中值得借鉴的经验

（一）坚持以市场为主体，充分发挥政府在西部开发中的引导作用

在美国西部开发过程中，美国政府的作用不可替代。美国政府对西部开发事务的介入，涉及到许多方面，从西部移民政策到有关西部开发的政策法规的制定以及专业行政部门的建立和西部开发的资金投入与收入所得的再分配等等。尽管政府在开发过程中发挥了巨大作用，但美国的西部开发仍然是在市场经济体制下以自发性的开发为主，企业和个人的积极性和创造性得到了充分发挥，虽然存在资源浪费和环境破坏的现象，但资本和人力资源的解决没有遇到大的困难。

1. 政府鼓励移民和人才的流动

在美国西部开发史上，移民起了至关重要的作用。加利福尼亚金矿的发现和淘金热的兴起，吸引了欧洲大量移民，仅1848—1860年的十余年中，这里就从一个西部小镇发展成为拥有38万人口的著名城市——旧金山。如果说淘金热兴起时的移民是靠利润的诱惑和市场的自发作用吸引的话，那么到后来，政府的引导对西部地区的移民起了重要作用。土地的廉价出售和低价租赁吸引了大量移民去西部定居。移民队伍中不仅有普通的劳动者，而且有掌握各种技艺的高素质人才，有商人、资本家和各种手工业者。他们富有开拓精神和冒险精神，对美国西部的开发起了重要作用。为吸引大量外来人口，美国还先后颁布《经济机会均等法》、《农村发展法》和《阿巴拉契亚地区开发法》，进一步

放宽政策。在优厚的投资回报吸引下，1870年后的20年间，从欧洲来到美国的移民达800万人，其中大部分分布在西部。

2. 政府实行"公共土地"政策鼓励土地开垦

从土地开发方面讲，美国于1785年制定了第一个《土地法令》，规定每英亩土地售价为1美元，最小出售单位为640英亩。1800年国会通过《土地法》，把最低出售单位640英亩减少一半即320英亩；1840年，新的《土地法》，又把出售最小单位面积降为160英亩，1854年国会通过的《地价递减法》规定对无人购买的土地可以直降到每英亩25美分为止。1862年5月，美国国会通过了《宅地法》，进一步放宽了西部土地政策，该法规定，凡年满21岁的美国公民，或符合入籍条件自愿作美国公民的外国移民，可免费或只交纳10美元的手续费，得到不超过160英亩的土地，用于定居经营。这几乎是免费赠予土地的政策，极大地调动了开发者的积极性，使拓荒者免除了因购买土地而造成的经济负担，他们的财富可以直接转作经营资本，从而助长了拓宽农业向商品农业演变的势头。1873年至1978年美国又陆续通过并实施了《鼓励西部草原植树法》、《沙漠土地法》、《木材石料法》，进一步促进了西部大量荒芜土地的开发。

3. 政府建立专门机构和配套法规保障政策实施

同日本北海道开发一样，美国对西部的开发也是建立在法律和专门机构的基础上的。从建国初期有关土地开发的法令，到20世纪60年代以后的《地区再开发法》、《加速公共工程法》、《人力训练与发展法》以及1972年的《农村发展法》等，西部开发的各个阶段都有相应的法律法规，涉及土地、农业、商业、生态环境保护、人力资源培养等各个方面。20世纪60年代以后，美国对西部地区的开发进入新的阶段，先后成立了地区再开发署和经济开发署等专门机构，负责落后地区的开发工作。此外，联邦政府还确定了开发落后地区所应遵循的基本战略。这些战略主要有：综合战略，既通过广泛的财政、货币政策等综合措施，使贫困地区的经济发展保持高的增长率；减缓痛苦战略，即通过失业津贴、医疗保健方案、公共援助等长期和短期援助，消除落后地区的困境；根治战略，即通过地区开发计划、职业训练和教育，促进落后地区自我发展。

(二) 重视基础设施，特别是交通运输设施的建设

美国为了改变建国初期交通不便的状况，很重视交通运输设施的建设。联邦政府在推动各州修筑"收费公路"的同时，拨款修建了坎伯兰大道。这是唯一从东部通往中西部的大路。伊利运河成为当时西部与东北部之间主要的交通和贸易通道。靠近五大湖区的西部农场主可以通过水路将农产品运往东部和欧洲。伊利运河在连接东西部的同时，还成为美国对外开放的渠道。但是，尽管修建了公路和运河，对美国西部开发贡献最大的仍然要属美国铁路系统的建立。美国的交通革命是由私人、地方和联邦政府三者共同参与促成的，但大的工程仍须政府主持。联邦政府于1862年授予两个主要的铁路公司——联合太平洋公司和中央太平洋公司——修筑第一条横贯东西铁路的执照时，制定了修铁路即可获得土地、二次抵押贷款等一系列优惠性政策，促进了美国全国交通网络的建设。美国铁路网的建设始于19世纪40年代末期铁路开始繁荣之际，经历了70年代的经济萧条，一直延续到20世纪初期繁荣的头几年。至1900年，将近20万英里的铁路已投入使用，至此，全美铁路网系统已全部完成，共形成5条大致平行的横贯美国东西的铁路。全美铁路网的建立，对西部开发和国民经济产生了巨大的影响，很多经济学家称19世纪的美国历史基本是一部铁路成功史。交通运输业的优先发展，促进了西部经济的地区专业化和全国统一市场的形成，带动了西部建筑业、金融业等相关部门、行业的发展，同时也促进了西部地区的繁荣。

(三) 重视劳动者素质的提高

美国著名经济学家舒尔茨在研究过美国的经济增长后认为，劳动者素质的不断提高可以为经济增长作出巨大的贡献，并进一步提出了人力资源理论。由此可见高素质的劳动者对美国经济发展的重要性。进入20世纪，即在美国西部开发的后期，人力资源对经济增长的作用越发明显，美国政府也不断加大对人力资源的投资，改善劳动者素质，提高人口质量。20世纪60年代，美国投资于全国人口不到1/3的落后地区的教育经费就占到联邦支出总额的45%，并逐步在美国西部建设很多著名的研究型大学，如麻省理工学院、哈佛大学和普林斯顿大学等；另外，政府还颁布《人力训练与发展法》，通过采取补贴等措施鼓励大批科学家、工程师、专业技术人员和熟练工人向西、南迁移。人力资源向西部的倾斜极大地推动了美国西部高新技术工业的发展，如加州"硅谷"、北卡罗来纳的"三角研究区"、佛罗里达的"硅滩"、亚特兰大的计算机工业等。根据美国国会技术评价局的统计，1972—1977年间高技术工业就业人数净增最多的10个地区有8个位于西部。

20世纪60年代，美国制定了《加速公共工程法》、《公共工程与经济开发法》等法律，积极提供信贷，鼓励私人资本投向落后地区，1865—1890年的铁路建设，政府援助仅占10%~15%，大部分投资由私人提供，其中约1/4还是外资。

19世纪中叶，美国为了引导和鼓励更多的人去开发西部，制定了系列的开发西部的法律。这一时期陆续出台的《鼓励西部植树法》、《沙漠土地法》等法律，明确只要在西部地区种草植树或修筑灌溉沟渠达到一定面积和一定时间，就可低价或免费获得一定面积的土地。这些法律规定加速了美国西部土地的开拓和农业的发展。到19世纪末，美国新垦殖的土地面积超过了英、法、德3国土地的总和；农民人数大为增加，从1860年的200万人增至 1900 年的 570 万人；耕种的土地面积，由 1.6 亿多公顷增至 3.4 亿公顷。由于西部地域广阔，农业机械获得广泛的应用，这对农业产生了巨大的影响。在开发西部的热潮中，美国小麦的生产增加了 3 倍，玉米增加了 2 倍多，美国一举成为世界主要的农产品出口国。在西部开发初期，由于一些人进行掠夺式的开发，使得美国西部部分地区生态一度严重失衡。因此，从 19 世纪后期开始，美国开始注重资源保护，将总共近 2 亿英亩左右的土地重新划归森林地带，建设大规模的水利灌溉工程，并加强了对西部资源的宏观控制和管理。美国还颁布《地区再开发法》，通过法律把全国的贫困地区划分为若干经济开发区，覆盖全美 2/3 个县，这种划分往往跨越州界，有利于长期规划和区域经济综合开发。美国在项目审批、自由贸易区建设、税收减免等方面赋予州、县政府相当大和灵活的自主权，很大程度上吸引了企业的进入，巩固了美国西部开发的经济基础。

（四）州和地方政府采取多种政策促进企业经营

首先，税收优惠或减免政策。例如，西部的亚利桑那州不征存货税和法人专利税，并且对以该州为基地的企业免征红利所得税。爱达荷州实行低税率政策，对在该州内的新投资给予 3% 的税收优惠；对企业每新雇一名职工第一年给予减税 500 美元，第二年减税 300 美元，第三年减税 100 美元。蒙大拿州的地方政府有权对新创办企业最初五年的财产税减半征收；州政府有权对增加雇员的企业减征公司所得税。其次，技术和人才培训政策。例如科罗拉多州设立一项计划以满足企业对劳动力的需要，并负责对该州居民进行培训，增加其就业的机会。爱达荷州设立一项培训计划，以满足在该州新出现的行业所需职工和原有行业因扩展业务而增加职工的需要；第三，扶持中小企业发展政策。例如北达科他州州属银行为新创中小企业支付最多达 60% 的创业费用，提供贷款担保和购买厂房的资金。亚利桑那州与联邦政府小企业管理局密切配合，帮助新创或迁移到该州的中小企业领取营业执照，介绍该州和地方政府的税收结构以及有关城市的法规，还帮助这些企业寻求风险资本的投资等。密西西比州仿照联邦小企业管理局的有关计划，设立小企业贷款担保计划，向提供新职位的中小企业提供贷款担保。

（五）重视科技进步，以高新技术产业带动经济发展

美国西部开发十分重视科学技术的作用。例如，农业大规模的机械化生产以及科学种田方法的推广，是美国农业生产力水平不断提高的最主要原因。据估计，从1900年—1935年，美国应用于农场的各类动力增加了8倍，农业生产率增加了4倍。因而，从1873年以来的大部分时间里，美国基本上是处在农产品生产过剩的状况中。

美国军工企业大都分布在西部地区。进入冷战时期以后，美国大量的军工企业转为民用，利用原有的军事高科技基础，再加上西部地区丰富的资源以及廉价的土地和劳动力，迅速发展了宇航、原子能、电子等高科技产业，极大地加快了美国西部产业升级换代的步伐。美国几个最著名的高新技术工业科研生产基地如加州的"硅谷"、北卡罗来纳的"三角研究区"、佛罗里达的"硅滩"、亚特兰大的计算机工业等都位于西部和南部。

我国西部地区由于没有利用军转民时机，大力提高档次，积极发展高新技术产业，所以目前整个西部的产业结构调整进展缓慢，工业效益不够理想，西部地区应该利用原有较强的技术力量和工业基础，在个别地区、个别行业集中发展高科技产业，使其成为带动西部地区产业结构升级换代的"龙头"。

美国的西部开发也留下了不少的教训，最主要有两点：

第一，印第安人成为美国西部开发的牺牲者。美国的西部开发，是同剥夺印第安人土地联系在一起的。在西部大平原和山区，世世代代居住着印第安人部落。内战前，美国白人都把那里

视为没有开发价值的"大沙漠"。然而,随着铁路修建及采矿业、牧业和农业开发,白人移居者不断侵占印第安人的家园。联邦政府也背信弃义,继续采取驱逐和屠杀印第安人的政策,并对他们发动了30年的血腥"讨伐"战争。1887年,美国国会通过《道斯法案》,对印第安人实行强制"同化"政策,解散作为法律实体的印第安人部落,将土地分配给白人移居者。印第安人被赶出了家园,丧失了土地。他们没有被融入西部开发区的白人社会,只能成为联邦政府的监护对象。

第二,美国西部开发的无序性和掠夺性,破坏了西部的生态平衡。虽然美国政府为西部开发提供了一些支持的优惠政策,但基本上没有进行宏观调控和指导。总体上说,百余年的西部开发是在资本主义的自由放任政策下进行的。在大平原的开发中,牧场主把属于联邦政府的土地作为个人牟利的公共牧区。为了在"不花钱"的国有土地上榨取巨额利润,他们毫无节制地把牛羊从四面八方赶入公共牧区。外国投资者也来争吃牧业这块"肥肉"。结果导致牧区存畜爆满,超载放牧,造成牛羊争食青草的"相残"局面。牧业大王们以"竭草而牧"的掠夺式经营,最终毁掉了草原植被,基本灭绝了野牛及其他野生动物,破坏了生态环境,使草地沙化,大片绿地消失,大平原地区经常沙尘暴肆虐,并危害东部大西洋沿岸的居民,这个教训是十分深刻的。

8.5 日本北海道综合开发及美国西部开发的启示

虽然国情不同,但日本北海道开发和美国西部开发的经验教训对我国西部地区开发具有一定的借鉴价值,主要的启示有以下几点:

（一）西部开发应有法律作为保障

日本北海道的综合开发是以《北海道开发法》的制定并实施为标志，这足以说明法律保障对于地区开发的重要性。美国在西部开发过程中也先后建立了相关的法律法规。西部大开发是我国东中部及境外各类生产要素向西部大流动、产业结构大重组、全国资金及人力资本向西部大集中的过程。为使大规模的流动、重组和集中在透明法治框架下运行，在西部大开发战略启动前，应先制定相关法律，以法律的严肃性、规范性、稳定性保证开发的持续、顺利进行。在这方面，政府的政策或规划都不能取代法律。必须借鉴国外及东部地区的经验，加快立法步伐，当前尤其要尽快研究草拟《西部大开发法》，以界定大开发的战略地位、对策、步骤、目标及各级政府的权限职责等。而且，随着西部开发进程的推进，根据西部开发过程中出现的新情况和新问题，要及时制定和出台相关的法律法规，保障西部大开发的正常顺利进行。从国外立法先行的实践看，健全的法规体系是防止违背科学规律和市场经济原则而导致的盲目性、随意性、无序性和不稳定性的有力举措，是推动开发工作顺利进行的重要保证。

（二）重视规划，循序渐进，适时调整，突出重点

北海道的实践为我们很好地说明了发展规划在落后地区的开发过程中所起的作用，这一点也是我们应当借鉴的。在立法的基础上，根据区域特点在不同的发展阶段有侧重点地制定长期区域开发规划，将对我国西部地区开发的有序进行起到积极作用。避免美国在西部开发初期出现的无序性开发和掠夺性开发，协调好经济发展与环境保护的关系，长远地看待生态环境对经济发展可持续性的重要性。

西部开发是一项庞大、复杂的经济社会系统工程，必须要充分认识其实施的长期性、艰巨性，长远看待在西部开发过程中遇到的问题，切忌急功近利，片面追求短期政绩。在开发计划的制

定上,应坚持长期规划与短期计划相结合、目标分期、依次推进的方式,要根据国家经济发展的整体需要和西部自身的客观情况,因地、因时制定每一阶段的开发目标,适时调整或转换,确保开发的成效。在制定每一期开发规划和目标时,应做到充分的调查研究,反复论证,根据我国西部地区的具体情况,制定出有利于发挥西部地区资源优势、产业优势的规划,保证开发计划的科学性、合理性和实施的有效性。开发计划要尽量制定得详细,避免目标过于笼统,同时还要注意中央与地方之间的协调和分工,避免实施过程中的冲突和扯皮,造成规划和目标空置,应增强规划和目标的透明度、权威性、协调性和可操作性,能够量化的目标要尽可能量化,便于计划的执行和效果的检验,提高其实施的效率和质量,保障开发的有序推进。

在重点产业的选择上,我们要学习美国的经验,重视发挥高科技产业对我国西部产业结构调整的拉动作用。美国在两次世界大战期间,发展了一批具有相当技术水平和规模实力的军工企业,这些军工企业大都分布在美国的西部地区。进入冷战时期以后,美国大量的军工企业转为民用,利用原有的军事高科技基础,再加上西部地区丰富的资源以及廉价的土地和劳动力,西部地区以宇航、原子能、电子、生物等为代表的高科技产业迅速发展,极大地加快了美国西部产业结构升级换代的步伐。我国西部地区早在"三线"建设时期发展了相当一批出于国防考虑的重化工业和军工企业,奠定了西部地区相对雄厚的工业基础,但由于没有利用军转民时机,大力提高技术层次,积极发展高新技术产业,所以目前整个西部的产业结构调整进展缓慢,工业效益不够理想。西部地区应该利用原有较强的技术力量和工业基础,在个别地区、个别行业集中大力发展高科技产业,使其成为带动西部地区产业结构升级换代的"龙头"。例如,西部地区拥有酒泉、西昌两个卫星发射中心、西安飞机制造基地、重庆钢铁和汽车生产基地、兰州石油化工基地等等，都可以为发展高科技产业提供技术和人才，西部地区也可以通过建设自己的"硅谷"来提升自身的产业层次和素质。

（三）建立合理有效的开发管理体制

要使落后地区的开发获得成功，除了重视立法和规划之外，还需要有一个行之有效的开发管理体制，包括针对开发的监管机构以及其运转机制。除了日本在北海道开发期间设置"北海道开发厅"专门负责开发事宜外，世界其他国家在对落后地区进行开发时也都设立了相应的机构。美国在20世纪30年代对西部田纳西河流域进行开发时，专门成立了"田纳西流域管理局"；巴西在对亚马逊流域进行开发时设立了"亚马逊经济开发计划管理局"。国外这些开发机构的明显特点是部门健全、人员充实、职责分明、功能明确，其职能主要体现在决策、规划、协调及监督实施等四大功能上。

目前，我国只是在国务院设立了国务院西部地区开发领导小组，由总理任组长，副总理任副组长，中共中央、国务院27个部门的主要负责人为领导小组成员。国务院西部地区开发领导小组办公室，在国家发展和改革委员会单设机构，国家发展和改革委员会主任兼任办公室主任，具体承担领导小组的日常工作。国务院西部地区开发领导小组在地方没有派驻机构，而是西部各省、市、自治区先后独自设立了本地区的开发办，这往往使地方开发限于地方管理，而地方政府由于权力有限又难以协调中央各部委关系，影响政策的落实和资金的到位，难以形成中央与地方的联动机制，甚至产生中央与地方、地方与地方决策、政策相互矛盾的情况。另外，西部地区开发领导小组以及其下设的西部开发办公室兼职人员多，专职人员少，这必然会分散工作人员的精力，也使得管理机构的人员缺乏专业性。日本北海道总面积仅为8.3万平方公里，而"北海道开发厅"总编制为7362人，下设

"北海道开发局"及其职能机构遍布各地,从而保证了开发规划的实施。所以西部开发应考虑设立中央和地方两级开发机构,地方机构可以考虑按照区域分设,也可以选择特定省市成立相应的中央派驻地方的开发机构;地方开发机构最好是由具备区域开发专业背景的专职人员构成,从而在最大限度上保证地方开发机构职能的发挥。这种开发机构设置,有利于中央与地方的相互协调,能保证中央的开发意图在地方实现,最终建立中央和地方责权利明确、政策制定和实施到位、资金配套和保障、相互分工协作的开发机制。在管理机构之外,我们也可以考虑设立一些专门为西部区域开发提供咨询的科研机构,为西部开发的具体实施出谋划策。

(四)建立支持西部开发的政策性金融体制

政策性金融机构在各国金融制度中普遍存在,甚至一些发达国家在经济复兴时期依靠政策性金融制度扶植重点产业发展、缩小地区发展差距、提高国民生活水平。日本就是政策性金融实践最为成功的国家之一。日本在战后取得巨大成功的经验是在政府导向性金融政策的指引下,私人部门依靠与政府金融机构和法人等机构的紧密联系实现了产业发展和结构调整的目标。政策性金融的一个特点就是其针对性强,体现了一国的经济发展政策。

我国的西部地区经济发展落后,单单依靠自身的发展积累资金很难满足西部开发对资金的需求。因此,要使西部地区尽快摆脱落后的发展局面还需要国家在资金上提供支持。近年来,随着经济的快速发展,我国的财政状况明显改善,财政收入呈跨越式增长,国家财力大增,能够为西部的发展提供资金支持。但是我们也应看到,这种资金支持是有限度的。随着经济发展,在财政收入迅猛增长的同时,围绕经济发展各方面的资金需求也在不断增长,国家不可能拿出数额巨大的资金投入到西部开发中,西部开发的资金需求也不可能是单一的国家财政支持就能满足的。因此，为保证西部开发能够得到足够的资金支持，除了国家财政的直接支持外，政府还应制定出专门针对西部落后地区的金融政策，发挥政府和市场两方面的作用，吸引更多的民间资本，使更多的资金向西部地区倾斜。

政策性银行是政策性金融的具体执行机构，我国目前负责开发性金融的银行就是国家开发银行。目前，国家开发银行的资金筹措方式还较为单一，缺乏有力的财政支持（主要包括向财政足额借款和适时追加资本金）。我国政策性银行的资金来源过分集中于市场化债券的发行，其他资金来源渠道极少。2003年国家开发银行发行债券的余额为10549亿元人民币，占负债和股本总额的比重高达82%，远远高于以市场化资金来源为主的德国复兴开发银行和韩国开发银行。同期的日本开发银行向政府借款占资金来源总额的比重高达77%，而我国国家开发银行尚没有此项来源。这迫使其利用国家赋予的市场特许权进入市场吸入资金成本高、期限短的负债，显然在这种负债硬约束的条件下，仅依靠从事期限长、收益率低的政策性贷款发放无法抵消高资金成本，因此，以政策性金融业务为依托进入市场化金融业务领域甚至与商业银行争利以追求较高收益就在情理之中。由此可见政府应加强对政策性银行的财政支持，使其资金筹措方式多元化。

从下图看，国家开发银行发放的贷款主要用于基础设施和基础产业的建设，贷款数量逐年增长，从2001年的1768亿到2005年的5467亿。但是，贷款发放的地区分布却很不平衡，东部地区最多，中部地区次之，西部地区最少。这一方面说明东部沿海地区经济发展迅速，资金需求量大，另一方面说明国家对西部落后地区的资金支持还不够，没有一个专门负责西部地区融资的金融机构。所以，政府可以考虑建立专门的西部开发银行或者在国家开发银行中设立负责西部融资的部门机构，采取多元化的融资形式，为西部大开发筹集资金。

第八章 日本北海道综合开发及美国西部开发的启示　　349

表8-7　各行业贷款发放　　单位：10亿元人民币

	2005		2004	
	金额	占全部贷款发放百分比	金额	占全部贷款发放百分比
电力	105.9	19.37%	74.2	16.88%
公路	106.6	19.50%	101.5	23.10%
铁路	7.1	1.29%	5.4	1.22%
石油石化	12.6	2.30%	8.5	1.93%
煤炭	6.5	1.19%	5.8	1.31%
邮电通讯	14.5	2.65%	18.2	4.15%
农、林、水利	11.6	2.13%	9.5	2.15%
公共基础设施	188.4	34.47%	165.2	37.58%
其他	93.5	17.10%	51.4	11.68%
总计	546.7	100.00%	439.7	100.00%

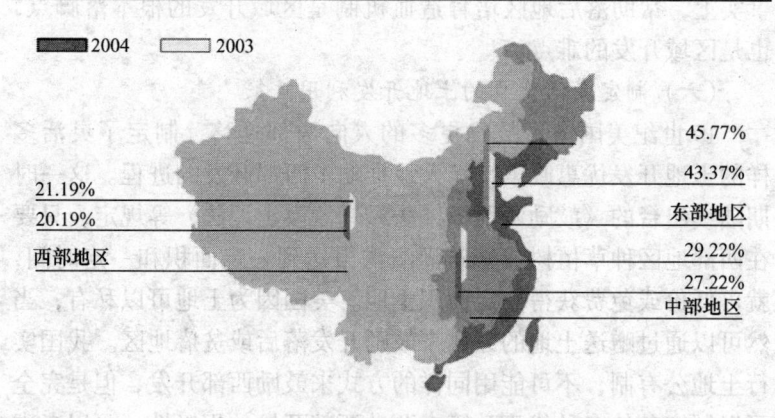

■2004　□2003

21.19%
20.19%
西部地区

45.77%
43.37%
东部地区

29.22%
27.22%
中部地区

图8-1　贷款地区结构图（按项目建设所在地）

注：2004年不分地区的贷款余额占比为6.1%，2003年为6.22%，数据来源：国家开发银行网站

(五）坚持政府支持与自我发展并重，提高西部地区可持续发展能力

日本北海道综合开发的经验证明，对经济发展落后地区的开发应坚持政府支持与自我发展并重。一方面，对于缺乏经济发展条件的落后地区，输血机制是必要的，政府也有责任为其提供基本的产业发展条件和平等的市场环境，支持区域开发的基础设施、生态环境等方面的建设，对重点公共投资项目，提高中央财政补助率，并扩大国家直接管理的项目范围，确保区域开发的顺利进行。但是，对落后地区实行长期的资金和政策支持往往会导致其对中央政府的依赖、自我发展意识淡化的消极结果。从长期来看，政府对落后地区的开发应从经济开发转向社会开发，通过加大对教育、医疗、文化、环境等社会基础设施的投入，增强其"造血"功能，提高居民素质，改善落后地区的人力资本状况，发展落后地区自己的核心产业，提高落后地区自我发展的能力。事实上，帮助落后地区培育造血机制是区域开发的根本落脚点，也是区域开发的难点。

(六）制定灵活优惠的土地开发利用政策

19 世纪美国为了鼓励更多的人向西部迁移，制定了灵活多样的土地开发优惠政策，极大地推动了西部开发的进程。这一时期陆续出台的《鼓励西部植树法》、《沙漠土地法》等规定，只要在西部地区种草植树或修筑灌溉沟渠达到一定面积和一定时间，就可低价或免费获得一定面积土地。美国因为土地可以私有，当然可以通过赠送土地的方式来鼓励开发落后或贫瘠地区。我国实行土地公有制，不可能用同样的方式来鼓励西部开发，但是完全可以制定其他多种优惠政策来调动西部开发的积极性。可以考虑将一定面积待开发治理土地以低价、无偿或先期注入资金扶持的方式，承包、分租或批租给某单位和个人，在治理开发的前期给予贷款、补贴、贴息、雇佣工人工资、医疗有保障等政策，规定

几十年不变，承包或承租者拥有充分的土地使用、转让和经营管理权。政府的目的就是先投钱，慢慢少投钱到不投钱，鼓励、养活并稳定一部分人长时间甚至一生以植树种草、治理土地为业，等到土地治理开发产生明显经济效益时，政府通过各种手段鼓励承租者将所得利润用于土地更大面积的治理开发，而绝不收取利润，一直到形成土地开发的良性循环。

（七）中央政府应因地、因时制宜地赋予我国西部各省区更大的自主权

美国开发西部过程中，除了联邦政府采取了大规模的财政补贴和转移支付政策外，州、县等地方政府具有相当大和灵活的自主权，很大程度上吸引了企业的进入，巩固了美国西部开发的经济基础。我国西部在财政收入、国内生产总值、进出口等方面占全国的比重较低，不可能指望西部近期内为国家作出多大的贡献，因此应该放开对西部各省区的僵硬的"一刀切"管理模式，允许它们拥有更大、更多的政策制定权，八仙过海，各显神通，只要在坚持社会主义市场经济和遵纪守法的原则下，敢闯敢试，多想多干，谁能实现自己的迅速发展，谁能减少对国家的依赖和对中央财政的负担，谁就是正确的，谁就是值得发扬光大的。例如，是否可以允许西部部分省区拥有自己制定税收政策的权力；能否考虑西部部分省区在项目审批、进出口企业登记、企业上市、开发区设立等方面拥有更大的自主权；还可以考虑赋予西部各省区在对外开放、设立边境自由贸易区、引进外资方面更大的权力。另外，在发行地方债券、建立地方银行以及设立地方证券场外交易中心等方面，可以考虑给予西部各省区更大的权力和优惠。

（八）重视西部开发过程中人才的培养

美国的西部开发，不仅重视物质开发，而且还注重对知识、信息、教育、技术等人力资源方面的开发。所以，在西部开发过

程中，要充分发挥现有人力资源的优势，加速科技成果的转化和推广应用，在这方面，西部完全大有作为。据统计，西部科技人员在人口中的比重高于全国平均水平，西安、兰州、成都、重庆科技人才的密度仅次于北京、上海。另外还需要强调的是，许多创新科技企业的形成，需要有很多学院特别是研究型大学的配合，西部有不少我国著名大学如兰州大学、西安交通大学等，应充分发挥他们的优势，加快产学研的结合，通过创建一些具有创新能力的企业，增加其创造价值。另外，要支持西部地区创办高新技术开发区，适当增加国家级新技术开发区的额度。另一方面，要加大人才培养、引进力度。要在西部地区普及初、中等教育和与农业生产和乡村工业发展相适应的职业教育，大力发展高等教育和职业教育。要创造吸引人才、留住人才的环境，搞好国内外人才的招聘，切实改变西部人才严重流失的状况。

参考文献

1. 陈秀山、张可云：《区域经济理论》，商务印书馆，2003年。
2. 杨聪、林克：《区域优势整合——论西部经济的统筹发展》，民族出版社，2004年。
3. （美）福克讷（Harold Underwood Faulkner）著，王锟译：《美国经济史》，商务印书馆，1994年。
4. 钱德勒：《看得见的手》，董武译，商务印书馆，2004年。
5. 《日本北海道综合开发计划和政策法规》，中国计划出版社，2002年。
6. 张贵：《试论西部开发的产业布局战略选择》，载《经济学家》，2004年。
7. 樊桦：《日本北海道地区开发的成效、问题及对我国的借鉴》，2005年。

8. 卢中原：《西部地区产业结构调整思路》，2002 年。

9. 韦苇：《中国西部经济发展报告 2005》，社会科学文献出版社，2006 年。

10. 社科院西部发展研究中心：《西部地区经济结构调整和特色优势产业发展研究》，2005 年。

11. 侯文蕙：《十九世纪的美国西进运动》，1986 年。

12. 何勤华：《美国法律发达史》，上海人民出版社。